2017 中国区域创新专题分析报告

中国创新驱动发展模式的分析

基于创新前沿地区的考察

柳卸林　王　曦　周　聪　著

本报告由广东省省级科技计划项目"广东省创新驱动发展监测评估与区域比较研究"（项目编号：2015B070702004）资助。

科学出版社

北　京

内容简介

中国经济发展正处于从投资驱动向创新驱动的阶段，当前，国家已经出台了很多关于创新驱动发展的战略和政策，中央和地方各级政府也致力于优化科技资源配置，积极提升区域创新能力。中国前沿创新地区的创新驱动发展如何实施，对中国整体未来的创新驱动发展走向具有十分重要的意义。本报告通过分析前沿领先地区（广东省、江苏省、北京市、上海市、浙江省、天津市）政府在创新驱动发展方面制定的战略和政策、区域创新的开放性、本地工业的基础与文化、本地区产业的转型与创新升级，总结归纳了各地区由于资源禀赋不同形成的差异化的创新发展模式与特点。

本报告主要适用于区域创新研究相关的科技工作者，政府部门和对此领域感兴趣的人士阅读参考。

图书在版编目(CIP)数据

中国创新驱动发展模式的分析：基于创新前沿地区的考察／柳卸林，王曦，周聪著．—北京：科学出版社，2018.1

（2017 中国区域创新专题分析报告）

ISBN 978-7-03-055341-6

Ⅰ.①中⋯ Ⅱ.①柳⋯ ②王⋯ ③周⋯ Ⅲ.①国家创新系统–研究–中国 Ⅳ.①F204

中国版本图书馆 CIP 数据核字（2017）第 277155 号

责任编辑：王 倩 / 责任校对：彭 涛
责任印制：张 伟 / 封面设计：无极书装

科 学 出 版 社 出版
北京东黄城根北街 16 号
邮政编码：100717
http://www.sciencep.com

北京九州迅驰传媒文化有限公司 印刷
科学出版社发行 各地新华书店经销

*

2018 年 1 月第 一 版　开本：787×1092　1/16
2020 年 1 月第三次印刷　印张：11
字数：260 000

定价：78.00 元
（如有印装质量问题，我社负责调换）

前　言

党的十八大明确强调要坚持走中国特色自主创新道路、实施创新驱动发展战略，并提出到 2020 年进入创新型国家行列的目标。实施创新驱动发展战略，对于我国形成国际竞争新优势、增强发展的长期动力具有战略意义；对于提高我国经济增长的质量和效益、加快转变经济发展方式具有现实意义；对于我国建设美丽中国、实现中国民族伟大复兴的中国梦具有长远意义。习近平也多次强调创新驱动发展的重要性，指出创新是国家和企业发展的必由之路。

提高区域创新能力对于实施创新驱动发展战略和建设创新型国家十分重要。党的十八大以来，以习近平为核心的党中央与时俱进、科学决策，在区域协调发展方面做出了一系列重要论述，采取了一系列重大创新性举措，提出了西部开发、东北振兴、中部崛起、东部率先的区域发展总体战略，为我国各个区域的经济发展开拓了新的空间，并为实现全方位联动局面指明了方向。

本报告选取了中国经济发展、创新发展均处于领先地位的广东省、江苏省、北京市、上海市、浙江省、天津市六个省（市），从区域创新的视角对各省（市）创新驱动发展概况、发展特点、转型模式及创新驱动类型等方面进行了总结、分析与比较，力求找出各个区域间的共性、差异性及互补性，为后发地区区域创新发展战略的制定和产业创新转型提供参考与借鉴，并引发了更多对区域创新发展的关注与思考，能够更深入地观测我国创新发展的潜力和发展方向。

本报告的资料主要来源于团队思考、《中国区域创新能力评价报告》课题组历年追踪数据、官方发布数据、二手资料及部分其他学者的研究。主要写作人员有柳卸林、王曦、周聪，由柳卸林负责统稿。国家信息中心的高太山博士、中国科学技术发展战略研究院的陈健博士、中国科学院大学经济管理学院的高雨辰博士和徐晓丹研究助理也对报告写作及数据支持做出了突出贡献，在此表示诚挚的感谢。

本报告的研究出版，得到了广东省省级科技计划项目"广东省创新驱动发展监测评估与区域比较研究"（项目编号：2015B070702004）的资助和广东省科学技术厅的大力支持，在此我们表示特别的感谢。

由于本报告是集体完成，文字风格不尽统一，若有表述不足之处，欢迎读者指正，共同为区域创新发展交流献策！

柳卸林
2017 年 7 月

目　录

前言
第1章　从投资驱动向创新驱动的转型 1
1.1　引言 1
1.2　创新与经济发展：从新古典理论到新熊彼特主义 2
1.3　中国模式成功的反思 4
1.4　面向创新驱动发展的体制思考 5
1.5　中国区域创新驱动发展的模式探索 10
1.6　报告的发现 12
第2章　我国区域科技创新资源配置的特点 16
2.1　国家科技资源布局的区域根植性 16
2.2　我国区域科技资源的空间分布特点 18
2.3　我国区域创新阶段的划分 27
2.4　我国科技创新资源配置模式总结 30
第3章　广东省和江苏省创新能力比较分析 31
3.1　分析背景 31
3.2　广东省创新驱动发展的方式 32
3.3　江苏省创新驱动发展的方式 34
3.4　基础指标的对比 36
3.5　大类指标分析 38
3.6　近3年两省增速比较 39
3.7　小结 46
第4章　广东省创新驱动模式分析 54
4.1　广东省创新驱动类型：效率驱动型+客户中心型 54
4.2　从OEM向自主品牌发展 55
4.3　对科技的重视 57
4.4　创新的基因 60
4.5　产业转型升级 62
第5章　江苏省创新驱动发展分析 64
5.1　江苏省创新能力概况 64
5.2　江苏省创新驱动类型：工程技术型+效率驱动型 65

5.3 江苏省创新驱动发展特点 ··· 68
5.4 江苏省创新驱动发展转型 ··· 74

第 6 章 北京市创新驱动模式分析 ··· 79
6.1 北京市创新发展概况 ·· 79
6.2 北京市创新驱动类型：政府主导型+科学研究型 ································· 81
6.3 北京市创新驱动发展转型 ··· 88

第 7 章 上海市创新驱动模式分析 ··· 92
7.1 上海市创新能力概况 ·· 93
7.2 上海市创新驱动类型：工程技术型+科学研究型 ································· 94
7.3 上海市创新驱动发展特点 ··· 98
7.4 上海市创新驱动发展转型 ··· 104
7.5 期望与前瞻 ··· 109

第 8 章 浙江省创新驱动能力分析 ··· 110
8.1 浙江省创新能力概况 ·· 110
8.2 浙江省创新驱动类型：效率驱动型+客户中心型 ······························· 111
8.3 浙江省创新驱动发展特点 ··· 112
8.4 浙江省创新驱动发展转型 ··· 116

第 9 章 天津市创新驱动发展模式分析 ·· 123
9.1 天津市创新能力概况 ·· 123
9.2 天津市创新驱动类型：工程技术型 ·· 124
9.3 天津市创新驱动发展特点 ··· 125
9.4 天津市创新驱动发展转型 ··· 127

第 10 章 六省（市）创新驱动发展若干指数分析比较 ································· 132
10.1 六省（市）创新能力基本指标比较 ·· 132
10.2 中国企业 500 强在六省（市）的分布 ·· 149
10.3 中国创业板企业在六省（市）的分布 ··· 152
10.4 中国大陆创新企业百强在六省（市）的分布 ··································· 152
10.5 六省（市）战略性新兴产业发明专利授权量 ··································· 156
10.6 六省（市）高校资源分布 ·· 159
10.7 六省（市）创新效率比较 ·· 160

参考文献 ··· 165

|第1章| 从投资驱动向创新驱动的转型

1.1 引　　言

2006年，全国科技大会正式提出自主创新、建设创新型国家战略，2014年6月，习近平也在中国科学院第十七次院士大会、中国工程院第十二次院士大会开幕会上发表重要讲话，强调坚定不移地创新、创新再创新，加快创新型国家建设步伐。

中国作为一个发展中大国，在改革开放的30多年间取得了举世瞩目的经济发展成果，成为世界第二大经济体。但是，中国自改革开放以来的经济高速增长模式呈现出了高投资、高消耗、高储蓄、环境代价高、劳动密集和出口导向等特点（王小鲁等，2009）。随着中国步入中等收入国家的发展阶段，传统的经济发展模式已经遇到瓶颈（Liu et al.，2017）。近年来，中国的经济年均增长速度已经无法维持过去30多年接近10%的高增速，而是转为7%左右的中高速增长[①]。因此，中国的经济增长模式已经进入转型期。为适应新的国家发展形势和发展阶段，中国传统的经济增长与发展模式亟须转变。

对中国经济增长与发展模式转型的要求，主要体现在三个方面。第一，是经济增长的动力转变，从要素驱动、投资驱动向创新驱动转变。这就要求新的经济发展模式需要通过技术进步来提高劳动生产率，更多地依靠人才质量和技术进步，让创新成为经济增长与发展的主要动力。第二，是经济增长的结构转变，将以低端产业为主的增长转为以高附加值产业为主的增长，以工业为主的增长转为以服务业为主的增长。同时，在以往对外开放的"引进来"战略基础上，新的经济发展模式应同时鼓励"走出去"战略，积极嵌入全球价值网络，以获取并利用全球资源，赢得在国际竞争中的主动。第三，是经济发展质量的转变，从过度重视经济增长速度向注重经济发展的质量和效益转变，强调经济与社会的协调发展，强调均衡平等的包容式发展。

在这一背景下，中共中央、国务院印发了《国家创新驱动发展战略纲要》，提出创新驱动发展战略，指出创新是引领发展的第一动力，强调"科技创新是提高社会生产力和综合国力的战略支撑，必须摆在国家发展全局的核心位置"。在创新驱动的发展战略中，科技创新能力成为国家力量的核心支撑，推动了国家经济发展向分工更细、结构更合理、形态更高级的阶段演进，进而跨越"中等收入陷阱"。科学探索所带来的不断涌现的创新技术，重塑了世界竞争格局和国家力量对比，为后发追赶国家实现超越提供了机会窗口；通

---

① 数据整理自《中国统计年鉴》（http://www.stats.gov.cn/tjsj/ndsj/）。

过创新培育新的经济增长点,为实现经济保持中高速增长和产业向中高端水平迈进的"双目标"提供了基础。但是,怎样实现从传统经济增长与发展模式向创新驱动发展战略转变?在这一过程中需要具备和发展哪些能力?政府又扮演了怎样的角色?政府如何改善治理模式,鼓励和促进创新等问题仍然需要系统性的回答。因此,创新驱动发展需要新的经济学思考,以更好地构建和发展出一套符合中国国情,同时适用于现代经济发展规律的战略理论体系,进而指导政府制定适合创新驱动发展的制度与政策,使中国完成经济增长与发展模式的转型。

我们认为,以 Romer(1986)、Aghion 和 Howitt(1992,2006)、Nelson 和 Winter(1982)、Lucas(1988)等为代表的新熊彼特增长理论可以作为一个适合的视角来思考、分析和构建创新驱动发展的战略理论体系,以及制定相关的制度与政策。新熊彼特增长理论是在熊彼特理论基础上,结合演化经济学、复杂性科学、系统理论等发展起来的跨学科理论体系(颜鹏飞和汤正仁,2009)。新熊彼特增长理论继承了熊彼特理论"创新是经济发展的关键"的基本观点,认为内生的技术进步是保证经济持续增长与发展的决定因素,强调企业家是创新的主体,企业家精神是创新的主要动力(Aghion and Howitt,1992)。同时,新熊彼特增长理论还具有复杂性和系统性,包含了对创新系统主体间的相互关系和作用的研究(Hanusch and Pyka,2007)。其研究范围不仅局限于微观的企业和企业家层面,还进一步地扩展到了中观的产业层面以及宏观的货币层面和公共层面,探究了创新是如何推动经济系统从微观到中观,再到宏观的根本性质变(Hanusch and Pyka,2007)。此外,新熊彼特增长理论的演化经济学特征又考虑了具有不同特征的经济体在不同历史时期所具有的不同经济发展路径(Nelson and Winter,1982)。这使得我们在使用新熊彼特增长理论进行分析时,可以充分考虑中国国情。新熊彼特增长理论还描绘了创新,以及创新所带来的不确定状态下发展存在的问题和政府所应发挥的作用,从而为讨论和制定创新驱动发展的制度与政策提供了理论依据(Aghion and Howitt,2006)。具体到中国的发展现状,新熊彼特增长理论对中国政府提升企业的创新能力,把握新兴产业技术革命的机会,加强从科学领域出发的原创性研究,促进成果转化政策的落地,发挥重大科技计划的作用,破解国有企业的创新激励机制困局,塑造适于"互联网+"等新业态发展的环境,培养具有创造性的人才等政策的制定具有重要的启示意义。

1.2 创新与经济发展:从新古典理论到新熊彼特主义

针对创新与经济发展联系的讨论由来已久,20世纪50年代以来,先后涌现出的两大发展理论,对中国的经济发展模式产生了重要影响。这两大学派分别是新古典增长理论(neoclassical growth theory)和新熊彼特增长理论(neo-Schumpeterian growth theory)。

新古典增长理论在阐述技术进步与经济发展的联系时,认为经济增长是由于外生技术变革所引起的人均资本增加,以及所导致的储蓄和投资水平的增长(Solow,1956)。新古典增长理论以自由竞争为前提,强调产权,而企业家的出现来自于对私有产权的保护。新古典增长理论还强调市场的调节作用,市场的供给自动创造需求,以保证需求总量充足,从而使经济获得平衡增长（Solow，1956）。新古典增长理论还认为不断的技术进步可以一直增加资本需求，提高实际利率，增加资本存量的储蓄，从而带来长期的经济增长。新古典增长理论还强调劳动力素质的提高对经济发展的贡献（Lucas，1988）。此外，在新古典增长理论基础上发展的专业化模型，将专业化分工作为促进经济发展的另一个重要动力（Romer，1987）。基于新古典增长理论分析，发展中国家在经济发展中不仅仅要依赖于资本和劳动力的增长，还应当逐步提高技术水平，在研发活动和中高等教育中进行投资。

但是，新古典增长理论也存在着明显的不足。第一，这一理论虽然将技术进步看作经济增长的重要影响因素，但是它将技术进步作为外生变量，则无法对影响技术进步的因素进行进一步的解释，从而无法为提高技术进步提出政策建议和进行有效的指导（Witt，2002）。第二，新古典增长理论基于对平衡增长的分析，得到了不同国家的经济增长有着趋同性的结论，但是这无法解释不同国家之间存在的经济增长率差异。第三，新古典增长理论强调自由竞争与市场调节作用，否定了政府的作用，认为无须对经济进行适当干预。但是，数次经济危机的经验证明自由的市场经济不能自动走出危机，需要政府的帮助（Stiglitz，2000）。因此，新古典增长理论在经济发展实践中的适用性受到了质疑。

针对新古典增长理论的不足，以 Aghion 和 Howitt（1992）、Lucas（1988）、Nelson 和 Winter（1982）、Romer（1986）为代表的学者提出了以熊彼特主义为基础的新经济增长理论，并进一步发展出了新熊彼特增长理论。新熊彼特增长理论揭示了经济增长率差异的原因并解释了持续经济增长的可能。新熊彼特增长理论与新古典增长理论的一个显著区别在于，前者将创新与技术进步作为促进经济增长的内生决定性因素（Aghion and Howitt，1992；Romer，1986）。新熊彼特增长理论认为创新是经济发展的源泉，体现在创新是在追求利润最大化的厂商意愿下对新知识、新技术进行投资的结果。如果没有创新，企业的有效供给不足，同时市场上的有效需求也不足，其结果就是经济的滞胀（Hanusch and Pyka，2007；Winter，2006）。新熊彼特增长理论将知识重组视作创新的来源，指出了知识增长以及技术进步对需求和供给产生的根本性影响（Romer，1986）。在微观层面，企业专有知识积累的不同也是企业之间生产率存在差异的根本原因，专有知识积累在企业竞争力的提高过程中起到关键性作用。企业的核心能力则是通过产生知识的学习过程来实现的，即"组织学习"（Levitt and March，1988；March，1991）。因此，在新熊彼特增长理论中，知识是一种重要的资源，学习则是一种重要的经济变量，而经济可以通过知识的积累和学习实现持续增长（Lundvall and Johnson，1994；Romer，1986）。新熊彼特增长理论强调企业家的重要作用，因为只有企业家才能实现生产要素的新组合，产生新的物质，即发生了质变的新型生产力。企业家的创新精神是创新活动发生的动力源泉，使企业家敢于冒风险把一种新发明最先引入经济组织中。企业家与企业家精神是重新架构创新驱动发展新体系的人为动因。因此，在新熊彼特增长理论中，企业家是创新的主体，企业家精神是创新的主要动力，这也是实现经济增长的微观基础。

新熊彼特增长理论同时打破了新古典增长理论中的经济增长是平衡连续发展的结论，认为增长是对现有经济关系的突破，是基于创新的非均衡破坏，是一种"创造性的毁灭"（Aghion and Howitt，1992）。在破坏的过程中，即创新涌现的过程中，机会窗口被创造了出来，使技术落后的后发国家有了追赶甚至超越的可能（Lee and Malerba，2017）。因此，新熊彼特增长理论强调了新兴产业对一国经济增长与发展的重要性。此外，新熊彼特增长理论认为政府应当对经济进行适当干预（Freeman，1989；Nelson，1993）。"创造性的毁灭"制造的不连续未知领域中，增长不是自发形成的，且知识与研发具有的公共性，都需要公共部门的干预与引导，以克服市场失灵，打破现有格局，从而重塑接受创新的社会共识，推动创新的合法性形成。

新熊彼特增长理论为创新驱动发展体系的建设提供了新的视角和理论指导，同时也为经济发展政策的制订提供了新思维。第一，创新驱动发展体系在微观基础上应当确立企业作为创新驱动发展的主体，重视企业家及创业的重要作用。第二，创新驱动发展体系将知识作为其资源观的核心，强调通过学习行为对新知识进行创造、积累、扩散和应用。因此，创新驱动发展体系需要促进知识的流动，促进个体、组织乃至区域的学习。第三，创新驱动发展体系强调了科技突破的重要作用，即重视对研究开发的支持，平衡基础研究与应用研究，弥补市场失灵。同时，创新驱动发展体系重视在科技突破基础上的新兴产业涌现对经济发展的作用，即感知和捕捉机会窗口，打破技术轨道锁定，实现产业的迁移、转型与升级，从而完成技术追赶与超越以及经济的增长发展。第四，从系统性的视角，创新驱动发展体系强调了创新系统内各个主体之间的互动。这主要包括：①大学和产业间的合作，即促进知识创造部门与作为创新主体的企业间互动（Etzkowitz and Leydesdorff，2000），加强大学的基础研究地位，同时加强企业的吸收能力和创新作用；②创业与创新园区的建设，即促进不同类型知识的交互，尤其是面对面的交流和接触，以形成聚集效应；③强调多个要素联合支持的作用，包括风险投资、技术市场、孵化器等创新中介的构建（Armanios et al.，2016）。第五，创新驱动发展体系从演进经济学的视角出发，强调了宏观制度因素的影响，认为不同的制度会产生适合区域特征的差异化的创新系统（Soskice and Hall，2001）。

1.3 中国模式成功的反思

改革开放30多年来，中国经济取得了巨大的发展，跃升为世界第二大经济体。这得益于：一是引进市场经济，源自新古典经济学中；二是加入了WTO（世界贸易组织），强调经济的开放程度，引进外商投资，参与国际市场竞争，获得技术和知识的溢出，源自亚当·斯密思想；三是投资驱动发展模式，源自凯恩斯思想；四是重视科技和创新，源自熊彼特模式。

这种进步表现为四大成就，即30多年内，通过政府投资完成了交通现代化，通过外国直接投资和参与全球分工实现了工业化，通过工业化、信息化战略和政府在科技方面的研发投入实现信息化，同时，通过城乡统筹发展实现城镇化。中国过去30多年保持了中高速的增长，但近两年GDP（国内生产总值）增速开始持续下降，我国的经济发展阶段已进入新常态，主要特征表现为"增长速度的换挡、增长动力的转换、经济结构的转型、发展方式的转变"，进入必须更多地依靠创新驱动发展的阶段。

经济进入新常态阶段后，我国经济面临的挑战主要有：一是中国近 20 年要素型经济的消费结构以煤炭等能源为主，煤炭消费一直占 2/3 以上的份额，带来了能源枯竭和环境污染，二氧化碳等温室气体排放总量约占世界排放总量的 26.7%（2012 年数据）。二是产业缺乏核心技术，基本是追赶和模仿，通过利用他人发明和技术的外溢性为我们的增长服务，国内最具创新基因的华为也不是国际同行内真正具有突破性创新的企业，能在世界值得一提的是中国高铁。三是企业创新的主体地位没有真正确立，2015 年企业、政府属研究机构、高等学校研究与试验发展（R&D）经费支出所占比重分别为 76.8%、15.1% 和 7.0%，大量的政府科技投入在科研院所和高校，与产业的互动和引导很少，中国的大企业对研发重视程度不够，小企业的创新意识和能力不够，创新体系整体结构低效，这其中存在着一个悖论，就是高校和研究院所是科学技术创新的主体，科技投入的增加带来了科技与创新的分裂，大量的人才在高校和科研院所，从科学技术到创新的效率非常低。四是经济的增长并不一定意味着社会的发展，自由竞争的增长导致了资源和环境的不可持续性。

1.4 面向创新驱动发展的体制思考

如何在中国经济多年的追赶道路之后，能够成功跨越中等收入陷阱，转换经济增长的动能，熊彼特主义认为，破坏性创新是经济增长的源泉，只有重视创新才能维持经济的增长。

科技的变化可以带来产业的变化，如"互联网+"、大数据、人工智能，产业的发展是动态的，这种动态的技术变革使得后发国家可以有追赶的机会，越是技术变化快的产业，追赶得越快，如现在的互联网涌现出好多新的业态机会，而在化学化工和医药等传统行业，我国与发达国家的差距还很大。熊彼特主义者认为，后发国家可以在更快的技术生命周期更短的产业中实现追赶。破坏性创新是经济增长的源泉，产业变化的基础是技术变革及演化。

第二次世界大战后日本在一段时期内赶超美国，到 20 世纪 90 年代，美国又再次赶超日本，因为原来的制造业被日本垄断，在汽车和家电等很多领域日本开始领先于美国。但美国发明了软件，用软件改变了传统的制造业，汽车制造、航空医药越来越依赖于软件，美国人把这些产业改造成以软件为基础，重新确立了产业领导地位。

政府在追赶过程中的干涉作用是非常重要的，特别是在追赶的早期阶段。政府可以通过经济政策、产业政策和贸易政策（贸易保护）发挥其干涉作用，但并不是所有的追赶都可以通过这种方式"点石成金"，甚至在有些时候政府作用（以某种很好的理由）对私人企业的成长起到了阻碍的作用。无疑，政府政策对引导私营企业追赶西方国家是起到积极作用的，很多时候甚至不可或缺。这是因为，政府政策（以及政策的执行）可以快速而有秩序地推动追赶过程的结构变化，即推动"过时的"产业向更先进技术产业的转变，提高规模经济的效益，促进产品差异化和需求的快速增长，以及通过技术学习实现产品和工艺的创新及改进等。

通过这种方式，日本经济迅速在其追赶的产业领域中占据了领先地位，首先是在钢铁和造船工业中，接着是在汽车和（消费）电子行业。虽然日本在追赶过程中的创新也包括大量的产品创新，特别是小的创新（以满足消费者的需求），但日本创新的重点更多地落在工艺创新和组织创新，特别是在组织创新方面，以达到经济规模和灵活性的双重统一。这也造就了日本企业在单位时间的高产出、高效率的存货管理、产品的高质量和可靠性，以及良好的贴近终端使用者需求的能力等方面具有明显的竞争优势。

发达国家强调了制度的作用和市场的作用。发展中国家的学者强调了政府的干预作用，而市场失灵是政府干预的基础。但什么是市场失灵的领域，意见不一。从经济学理论可知，仅当外部效应、自然垄断、公共品或信息不对称造成市场失灵时，政府干预才有可能（而不是必然能够）补充市场之不足，改进资源配置的效率。一些市场派经济学家认为产业政策是误导的。例如，汽车行业长期执行向大厂倾斜的政策，今天能在国际市场上与外商竞争的，却并非重点扶持对象，而是当年无法享受优惠政策甚至受到限制的小型民营企业。再看家电、计算机、通信设备、互联网等行业，在具有一定国际竞争力的企业中，又有哪一家是产业政策扶持的结果？

在后追赶阶段，政府的干预需要减少，真正的发展是依靠人的创造性，而人的创造性靠市场竞争的激励和知识产权保护两个基本制度。当技术进入无人区，不知何种技术为最优时，不确定性与风险给企业家带来的高风险需要物权和超额回报作为回馈，难以通过政府干预手段来规划，需要知识创造、生产和扩散部门的合作，大学、企业与政府部门的协同促进。

展望未来，我们认为，中国要从投资驱动向创新驱动的道路前进，需要从以下几个方面进行加强。

第一，让企业成为真正的创新主体。长期以来，我国的企业还不是真正的主体。我国大量的政府资源聚集在高校和研究所，这可从每年毕业的博士生就业中看出。今天，大量的高端人才仍然聚集在高校、研究所和政府，而不在企业。这与发达国家有很大的不同。从公布的2015年中国工程院增选的70名院士可以看出，在新当选的工程院院士中，来自企业和基层一线的工程科技专家只有13人，占比不足20%，且基本上集中于国有企业或者国防部门。

2015年，企业、政府属研究机构、高等学校研究开发（R&D）经费支出所占比重分别为76.8%、15.1%和7%。这似乎意味着，企业在中国科技研发方面已经是主体。但中国企业的研究开发经费占主营业务收入的比例仍然较低，据《中国科技统计年鉴》统计，一直到2015年，规模以上工业企业R&D经费支出占主营业务收入的比例一直以来未超过1%。因此，可以说，企业的实力在增强，但平均企业的R&D投入都很少，企业创新主体地位没有得到根本扭转。国家大量的科技投入集中在高校和科研院所。例如，政府设立的创新重点，核能、北斗、高铁、超级计算机等重大研究项目的投资，与产业的互动还是较少。以机器人专利为例，从日本和中国的对比来看，日本专利主要集中在企业，而中国专利主要集中在高校和科研院所，如图1-1所示。

第1章 从投资驱动向创新驱动的转型

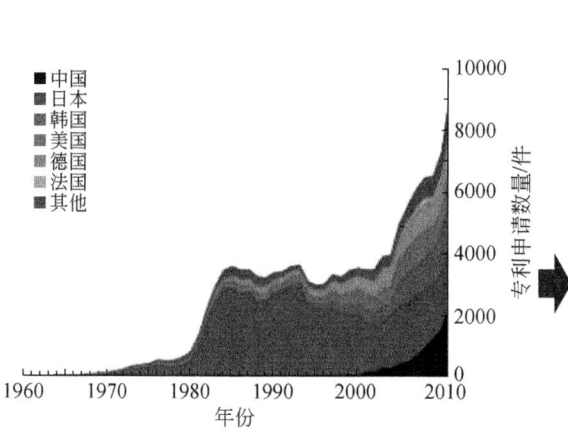

图 1-1 中国和日本机器人专利比较

数据来源：WIPO（2015）

通过表 1-1，比较欧盟发布的产业研发投入数据也能够看出，中国研究开发 50 强企业的研究开发投入与发达国家相比偏低。其中，英国 R&D 强度最高，超过 16%，其他主要发达国家也都在 6% 及以上，而中国则仅为 3.39%。

表 1-1 2012 年中国与发达国家研究开发 50 强企业比较

国家 企业特征	中国	美国	日本	韩国	英国	法国	德国
R&D 投入/10^6 欧元	15 524.9	123 146.1	74 207.9	17 378.8	20 323.3	27 178.3	51 804.9
R&D 强度/%	3.39	12.82	7.28	9.23	16.36	6.47	5.99
R&D 集中度/%	19.63	55.69	64.09	68.12	102.21	93.87	97.79
R&D 增长率（1 年）/%	24.51	15.41	0.289	8.87	11.67	11.82	10.58
盈利能力/%	6.37	17.35	5.16	—	2.60	10.20	8.62
员工数/人	74 058	88 210	88 654	—	56 852	79 676	81 565
全球排名均值	630	69	124	948	488	439	321
全球前 100 企业个数	3	36	22	2	2	5	11

数据来源：基于《2013 年欧盟产业研发投入报告》，转引自崔维军等《中国与发达国家企业研发投入的国际比较——基于研发投入 50 强的实证分析》

从中国企业自身来讲，整体上对研发的重视程度也不够，见表 1-2。首先，从研发投入方面来看,华为遥遥领先,比国内排名第 2 位的中国石油两倍还多;其次,中国石油、中兴的投入也很大,前 3 位与后面的企业拉开明显差距。值得指出的是,除研发投入外,华为在研发投入年增长率、研发强度和盈利能力几个方面也都名列前茅。联想集团作为 IT 企业研发投入年增长率上升很快,中国铁路、中国北车等作为中国经济社会发展支柱性行业龙头企业研发投入增长也不断攀升。虽然研发投入数量和增长率上升,但是整体上研发强度还很低,除华为、中兴超过 10%,其他均处在 3.5% 以下。

表1-2 2012 年中国大企业研究开发投入对比

企业名称	国内排名	国际排名	研发投入/10^6 元	研发投入年增长率/%	研发强度/%	盈利能力/%
华为	1	31	29 345.48	30.3	30.9	13.7	9.1
中国石油	2	66	14 455.28	9.3	13.5	0.7	8.1
中兴	3	94	9 715.15	5.5	14.8	11.5	0.4
中国铁建	4	140	6 587.71	−22.3	8.5	1.4	3.1
中国铁路	5	146	6 419.22	20.1	111.9	1.4	3.3
中国石化	6	156	5 843.2	20.2	13.4	0.2	3.9
上汽集团	7	159	5 757.71	−4.1	—	1.2	5.3
联想集团	8	211	3 883.32	37.2	42.3	1.8	2.5
东风汽车	9	236	3 395.53	−1.9	15.8	2.7	9.4
中国南车	10	260	3 071	3.7	20.4	3.4	6.6
中国北车	11	297	2 589.6	18.6	41.8	2.9	5.1
中国交建	12	326	2 332.3	0.8	10.3	0.8	6.6

数据来源:基于《2013 年欧盟产业研发投入报告》,转引自崔维军等《中国与发达国家企业研发投入的国际比较——基于研发投入 50 强的实证分析》

第二,加强中国产业的核心技术的研究开发。到目前为止,中国产业的核心技术仍然需要依赖他人。中国产业的核心技术基本是追赶、模仿,利用技术的外溢性、利用他人的发明增长产业利益和服务,缺乏真正有突破性创新的企业。如果产业缺乏核心技术,就容易进入中等收入陷阱,而中国目前也面临着严峻挑战。中国只有在产业核心技术领域,能够引领世界产业的发展,才可以说其已经是一个创新驱动的国家。

第三,实现产业的转型发展。我国经济发展进入新常态,主要特征表现为"增长速度的换挡、增长动力的转换、经济结构的转型、发展方式的转变",而且我国 GDP 增速开始持续下降,进入必须更多地依靠创新驱动发展的阶段。由于产业技术革命的加快,产业必须能够赶上这种变革的步伐,才能不被时代淘汰。而对中国企业而言,意义更加重大。一是中国的许多产业原本是低端制造,没有品牌,利润率低;二是可以通过后发优势,向战略新型新兴产业和"互联网+"产业转型。

第四,继续加强对科学技术的重视,尤其是增加对基础研究的投入。随着与欧美发达国家(地区)技术差距的缩小,我国原有的强政府、重计划的干预模式需要转变,更需要一套适应产业发展趋势的创新工具,因为科学技术是一个不确定性的风险行为。

市场失灵，政府不断增加科技投入是对的，要建设成创新型国家还是要增加科技投入，需要增强基础研究能力，而不是盲目的引进、消化、再创新这种循环，这样不会有颠覆性创新和产业的持续竞争力。在增加研究开发投入的同时，要注重提升研发效率。中国目前在基础研究方面的投入还比较少，如图1-2与日本、韩国的比较。基础研究所占比例低会对产业技术变革等产生阻碍作用，研究人员缺乏科学精神，不容易产生颠覆性创新。

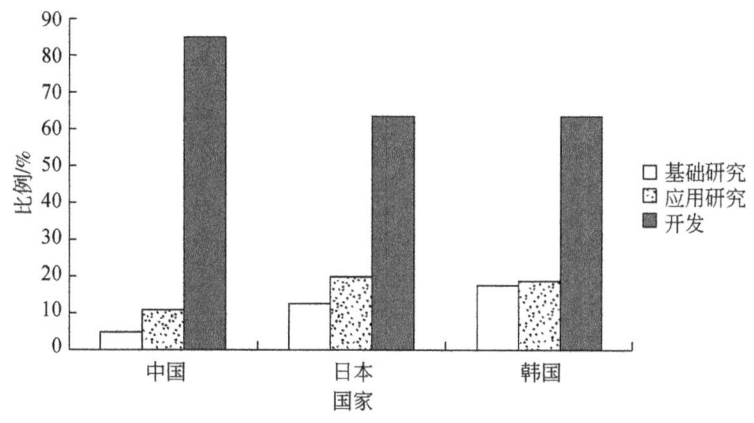

图1-2　2014年中国、日本、韩国三国三种研究投入所占比例的比较

另一个需要注意的问题是，要重视基础研究与应用研究之间的均衡。中国基础研究投入所占比例较低，但又是世界上发表SCI论文排名第二的国家，高校和科研院所都过于强调顶级期刊论文的发表，都热衷于参与政府的科研项目且作为科研水平的衡量标准，这是很大的误区。国内一流的高校和科研院所，往往都不愿意与产业进行合作。但在发达国家并非如此，麻省理工学院、斯坦福大学等高校都高度强调与产业的合作。中国必须要改变这一现状，否则难以出现真正领先世界的新兴产业。

第五，要继续重视创业。重视小企业的作用，重视创新创业。以往对国有大企业的管理投资、保值增值、规模经济的思维与开展新业务是冲突的，要重视人才激励和科技人员的待遇，鼓励中小企业的发展。政府减少针对大企业的优惠，强调公平竞争，制定更多的普适性政策而不是选择性政策，建立允许试错的体制机制。

第六，重新确立政府市场关系。以往是强政府。但进入科技和创新的无人区之后，需要更多地鼓励新思想涌现的环境，重视企业家的作用，重视科学突破的作用，减少计划与规划的作用。增加政府投入的同时减少政府的干预是当前最大的挑战，政府干预的传统思维与现在的创新模式有冲突，盲目地做大项目，注重规划，过度地政策供给，并不能判断出影响未来的新型技术，政府需要的是营造环境，做好服务，对政策的执行实时监督，适时退出。政府要重新定位对市场的干预行为，如可以将服务进行外包，增强对知识产权、创新生态等创新环境的建设，提高创新体系的效率。

第七，未来的创新驱动需要一些制度的变革，如允许地方根据本土优势和产业基础来设立大学，允许大学的差异化。有些大学专注教学育人，有些大学专注基础研究，有些大学专注技术开发和成果转化等。此外，还需要一些新的研究开发机构，并且要注重研究机构的多样性和差异化。中国缺乏一批像德国法郎霍夫那样的研究机构，在科学研究与产业需求之间建立起桥梁。

第八，需要更多的包容性创新，实现包容性增长。过于强调经济效应不利于创新，一些技术创新可能会是社会负效应，如全球变暖、贫富差距扩大等，新熊彼特主义要兼顾创新的社会和可持续发展。

第九，构建各具特色的区域创新体系。在强调创新型国家建设的同时，区域创新发展也很重要。党的十八大以来，习近平审时度势，提出了新的区域发展战略思想，谋划了新时期我国区域发展新战略，为我国经济发展开拓新空间，注入新动力。习近平强调：要切实推进统筹协调，坚持陆海统筹，坚持内外统筹，加强政企统筹，鼓励国内企业到沿线国家投资经营，也欢迎沿线国家企业到我国投资兴业，加强"一带一路"建设同京津冀协同发展、长江经济带发展等国家战略的对接，同西部开发、东北振兴、中部崛起、东部率先发展、沿边开发开放的结合，带动形成全方位开放、东中西部联动发展的局面。

区域创新能力的提高是建设创新型国家的一个重要方面。一方面，区域创新作为经济发展的重要动力，对于区域发展有着不可磨灭的贡献，进而影响地区乃至国家综合竞争力的提高，区域创新能力如果上不去，建设创新型国家就是空谈。另一方面，中央政府出台政策后，政策效果如何，主要取决于地方政府的能动性，只有地方政府积极实施创新驱动发展战略，中央的政策才能真正得到落实。因此，研究区域创新发展意义重大。

1.5 中国区域创新驱动发展的模式探索

本报告从区域创新的视角来观察我国当前创新能力前列省份的创新发展形势，力求找出各个区域之间的共性、差异性以及互补性，为区域创新政策和国家创新政策的制定提供参考和建议。由于广东省现处在创新能力第一名的位置，因此，我们以广东省作为参考点。

中国是大国，即使分到各个省份的经济总量也非常大，可以与许多国家的经济总量相比。同时，中国又是一个强调政府作用的大国，这就导致了我国各种产业政策比较强调普适性，会产生产业发展趋同的现象。但由于中国地域广阔，各个地区所处的地理位置、人口素质、资源禀赋、历史文化、发展水平以及政策方案各不相同，各区域省份之间创新发展呈现较大的差异。

因此，区域的差异性是一个值得思考的问题。现在各个地区都特别强调创新的发展，但由于市场和人才等资源的有限性，发展创新的同时更要关注差异性的发展，避免重复建设，否则很容易陷入同质化的恶性竞争。

长期以来，我国区域创新能力排名的前两名是江苏省和广东省。2017年，最新的区域创新能力排名出现了变化：广东省取代江苏省成为中国创新能力的第一名。为此，我们对广东省和江苏省的创新能力的差异进行了深入的分析。

而在讨论我国区域创新发展过程中，我们尤其要关注创新能力比较强的一些地区的发展，来更好地观测我国创新发展的潜力和未来发展方向。因此，本报告选取广东省、江苏省、北京市、上海市、浙江省和天津市这六个创新发展较好的省（市）为主要研究对象，着重研究这六个省（市）创新发展的现状、共性和差异。

本报告对于六省（市）共同的关注点在于：各区域是不是关注创新，对创新的投入如何，创新的环境是否改善，是否重视人才等。又由于每个区域的资源禀赋不同，工业发展路径不同，地理优势不同，最终形成了差异化的创新发展模式，因此对六个省（市）的产业升级、政府的战略与政策、新经济的产业增长点等方面也会有一些差异性的分析，试图把握六个省（市）各自创新发展的显著特征和发展变化。在了解六个省（市）的共性和差异性后，我们又将进一步探究各区域之间创新发展的互补性，探究在这一过程中，不同要素、关系、模式的合作与互动。

因此，本报告基于新熊彼特的创新发展理论与资源基础观，围绕图 1-3 的框架对我国六个前沿领先地区的创新驱动发展进行了分析总结。

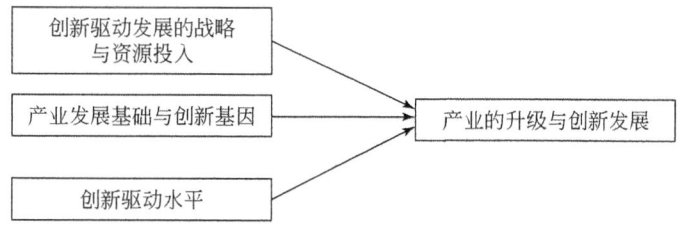

图 1-3　创新驱动发展分析框图

一是一个地区面向创新驱动发展的战略与资源投入。这主要考察的是政府的行为，包括一个地区政府对本地区创新驱动发展的战略定位、政策导向和投入的资源。其中，有些地区利用后发优势，有些地区强调本地的产业优势，有些地区注重面向科学前沿的努力。

二是一个地区的产业发展基础与创新基因。某种意义上说，一个地区的创新驱动发展会受到历史积淀的影响。当地的企业是否重视科技发展和创新。当地的比较优势、历史基础和文化，这些都会对创新驱动发展产生重要影响。例如，深圳市是一个从渔村发展起来的高技术产业密集的城市。深圳市没有很强的科技资源，但深圳市有很强的创业创新文化，企业家非常活跃。而一些地区，如上海市，会受制于传统的制造中心，就比较关注大企业，关注于制造业的创新发展。

三是一个地区的创新驱动水平，还取决于区域经济的开放性，包括国际的技术合作、产学研合作、经济的外向性，如"走出去"与"请进来"的水平、引进人才的水平等。

四是创新驱动发展体现在产业的升级与创新发展，包括产业的数字化，以及战略新型产业的发展水平。产业从简单的制造向设计研究开发的深度发展等。

在关注六个省（市）区域创新发展的过程中，我们要着重关注企业创新对区域经济的带动作用。尤其是大中型企业，其经济效益的持续增长对国民经济的持续稳定增长具有重要的现实意义，且带动了大量的就业，同时，大中型企业是我国技术创新的重要主体，其技术创新活动不仅有利于改善企业自身的经济增长，对促进整个区域的创新发展也具有重要意义。

此外，本报告还试图捕捉出各个区域最有活力的创新增长点并进行比较，并从中得出一些启示，判断国家未来创新发展的走向，探究我国经济发展的新动能、新趋势，从而看到我国创新型国家建设的步伐。现在我国经济发展正处于转型时期，尽管中国经济增速放缓，但以"互联网+""工业4.0"为代表的数字经济发展迅速，在新能源、人工智能等前沿创新领域，中国发展紧跟时代潮流，未来发展不可限量。本报告认为，未来中国经济发展还是要靠自主创新、靠科技、靠前沿创新领域的发展，这些创新模式不仅将提高生产效率，还能引领消费新趋势，为经济发展提供新动能。

1.6　报告的发现

本报告对中国各区域的创新发展动力展开了深入细致的分析，参考麦肯锡全球研究院2015年发布的《中国创新的全球效应》及其他文献资料，本报告将各区域按照其特点划分为五种类型：效率驱动型、客户中心型、政府主导型、工程技术型和科学研究型。

1）效率驱动型地区。这类地区的产业发展以制造业为主，主要依靠通过创新提高生产效率的方式来促进经济增长。经济增长不能光靠消耗资源，还必须依靠生产效率的提升，提高资源利用率，提高生产效率，节约管理成本。效率驱动型创新主要涉及生产、产品设计和供应链管理方面的流程改善，以此达到降低成本、加快市场投放速度的目的。

2）客户中心型地区。这类地区的产业发展重视互联网、智能手机、家电等领域，且紧密关注市场动态，识别客户需求，着力针对客户需求开发新的产品、服务与业务模式，随后依据市场反馈进行频繁的修改和更新。

3）政府主导型地区。这类地区往往有多家大型国有企业，且受政府政策影响较大，集群效应明显，总部经济特征突出。

4）工程技术型地区。这类地区产业以航空航天、汽车制造等工程技术类企业为主，强调利用知识储备，结合供应商与合作伙伴提供的技术来解决工程问题，进而设计出更好的产品，促进经济发展。

5）科学研究型地区。这类地区强调基础研究，教育资源丰富，重视产学研合作，强调获取新的研究发现并将其转化为产品的能力。

我们通过大量的数据收集整理分析及多次专家学者讨论，最终将本报告中涉及的六个省（市）划分为不同的类型。

（1）广东省创新驱动类型是效率驱动型+客户中心型创新

广东省是开放创新的典型，是重要的制造业基地，但劳动力成本高。当地企业家思想观念开放，重视电子信息产业，重视技术及人才培养。在过去，广东省承载了大量的产业转型，制造业大都是订单生产和来料加工，帮助外国企业进行简单的产品制造。现在是致力于打造自主品牌，研发自主核心技术，发展国际化的本土企业。向客户中心的创新转型，出现了如华为、OPPO、vivo等众多知名企业。当然，这也与当地企业家具有冒险精神有关。

广东省已经成为国内创新地区的领头羊，我们的结论是：他们的创新是基于客户中心的开放创新，已经是当今中国最具影响力的一种创新模式。在客户中心的模式中，政府重视市场导向和企业家精神的发挥。同时，广东省企业注重设计和品牌建设，这使当地企业具有很强的创业精神。在开放创新理念下，广东省注重从全球获得创新要素。

广东省也是中国产业转型最为成功的地区。原有的制造业基础差使他们的产业转型成本低，外向型经济的模式使他们更重视开放创新。因此，创业精神和开放文化的价值在创新驱动发展中远高于资源禀赋的作用。只要注重创业创新，后发地区可以实现跨越追赶。

（2）江苏省创新驱动类型是工程技术型+效率驱动型创新

江苏省产业实体经济实力雄厚，是江苏省创新发展的基石。说工程技术型是因为江苏省是制造业大省，优势产业为装备制造业、船舶制造业、海洋工程装备业、黑色金属矿采选业等，均属于工程技术，实力强的多为中央企业或者大型国有企业。苏南地区新材料、重化工、沿海新医药产业的竞争力很强。2010年以来，工业经济规模总量一直稳居全国第一。

说效率驱动型是因为化学纤维制造业、化学原料和化学制品制造业、纺织服装业是江苏省的优势产业。纺织服装行业是江苏国民经济传统支柱产业，也是国际竞争优势明显的产业，绝大多数为民营乡镇企业或者中小企业，有波司登、红豆等国际知名品牌。

江苏省的创新驱动中，民营经济也发挥了重要作用。江苏省是中国乡镇企业的发源地，民营经济占到江苏省GDP的50%以上。

江苏省十分注重产业转型，且在新一代信息技术、新能源与新能源汽车、节能环保、生物技术和新医药、新材料等领域具有一定的全球领跑优势。从专利看，江苏省的科技能力突出。江苏省六项专利重点指标全部位居全国第一，知识产权发展指数年均增长率全国第一。

江苏省是一个实体经济很强的发达地区。这一模式在我国工业化过程中起着重要的作用。但随着经济从实向虚，这一模式会受到一些影响。江苏省企业在面向市场端的产业中，没有像华为和美的那样的全球化公司，也缺乏掌握海量市场客户端如阿里巴巴那样的公司。但江苏省的创业精神在，创新文化在，工业基础在，将仍然是中国创新最前沿的地区。

（3）北京市创新驱动类型是政府主导型+科学研究型创新

北京市是全国政治中心、文化中心、国际交往中心、科技创新中心。说政府主导型是因为各类中央在京企事业单位是首都经济的关键组成部分；从资产上看，中央单位资产总额占到全市的83.4%；但北京市也是科学研究型的创新中心。2015年，北京市的研发强度高达6.01%，位居全国首位，高于全国3.94个百分点；中关村核心区就有以北京大学、清华大学为代表的高等院校32所，国家及省市级科研院所206个，拥有全国1/3的两院院士等。中关村是中国首个国家自主创新示范区，带动了创新创业和前沿技术的聚集。北京市 IT 技术产业领域发展迅速，是全国互联网普及率最高的地区。同时，北京市创新资金充足。2015 年，北京天使投资和风险投资投资额为 5254.9 亿元。但北京市的制造资源不足，环境、土地、人力资源成本很高。

北京市是首都，拥有大量的中央资源，如中央企业，且是总部经济聚集地，因此，北京市是一个政府主导型的创新地区。但北京市有一类的大院大所和一类的大学，也是一个科学研究的创新地区。中关村科学城不断为北京市注入新的企业活力。从过去的联想，到今天的百度、京东、滴滴，都是一个个生动的例子。但由于中央企业的规模大，加上一些体制的因素，其创新效率不高。科学研究的创新有链条长、外溢性强的特点，使北京市的创新能力没有成为全国最强，但北京市仍然是创新活力极强的地区之一。

(4) 上海市创新驱动类型是工程技术型+科学研究型创新

上海市是一个国际大都市，其目标是要建成全球具有影响力的科技创新中心、国际经济中心、国际金融中心、国际航运中心、国际贸易中心。

电子信息产品制造业、汽车制造业、石油化工及精细化工制造业、精品钢材制造业、成套设备制造业和生物医药制造业是上海市重点发展的工业行业和优势产业。2016 年占全市规模以上工业总产值的比重为 67.6%，汽车制造业发展最快。上海市大企业主导作用强，大体处于国有企业 50%（中央企业 25%，地方国有企业 25%），外资 25%，民营企业 25% 的所有制结构。

上海市也是一个重要的科学研究创新中心。上海市科教资源丰富，截至 2015 年，拥有 67 家高校、206 家科研机构、55 家重点实验室、177 位院士；上海超级计算中心、蛋白质科学研究、类脑人工智能、大飞机等一系列前沿研究落户上海市。上海市具有国际化的创新基因。截至 2016 年末在上海市投资的国家和地区达 168 个。在上海市落户的跨国公司地区总部达到 580 家，投资性公司 330 家，外资研发中心 411 家。

上海市建设了多个特色园区，形成了以张江高新技术园区为核心的高新技术企业、研发机构和教育机构集聚的产业集群。上海市典型的创新企业有上汽、宝钢。上海市是一个创新强市。它有良好的创新资源，是传统的制造中心，也是许多大型制造企业所有地，有一大批富有技能的产业工人。同时，上海市又是一个外向型城市，而且还是中国的科教中心之一。但上海市似乎缺乏一些创业的氛围，对中小企业的培育还不够有力，从制造中心向以客户为中心的模式转型较慢，但上海市的潜力无限。

(5) 浙江省创新驱动类型是效率驱动型+客户中心型创新

首先，制造业对浙江省经济的拉动作用明显。浙江省有纺织业、通用设备制造业、化学纤维制造业、塑料制品业、工艺品等十大优势产业，工业企业结构都偏轻型化。说效率驱动型是因为这些产业在浙江省地位重要。

客户中心型是浙江省创新的一大特色。浙江省电子商务的发展最为突出，中国约 85% 的网络零售额、70% 的跨境电子商务交易额（含 B2B）和 60% 以上的电子商务交易额是在浙江省平台上实现的。互联网、大数据、云计算等新兴技术拉动了浙江省信息经济和分享经济，如阿里巴巴。

浙江省是民营经济大省，以民营经济和中小企业为主，企业家有良好的洞察力和冒险精神，重视创新创业，国有企业较少。特色小镇是浙江省独特的发展模式，目前已经有近百个，主要有三种创建模式，一是企业主体、政府服务型；二是政企合作、联动建设型；三是政府建设、市场招商型。

浙江省国际贸易也很发达，义乌是全球最大的小商品集散中心。浙江省最为典型的创新型企业是阿里巴巴。浙江省缺乏传统的工业基础，国家投资有限，导致浙江省传统上是一个农业经济省份。如今，浙江省发展成为一个效率驱动和客户中心型的创新地区，且在中国处于创新强省的地位。其中，阿里巴巴是一个基于互联网的新兴企业，展现了巨大的经济和创新活力。但浙江省要向高端制造中心升级，仍需不断努力。

（6）天津市创新驱动类型是工程技术型创新

天津市的优势产业有航空航天、石油化工、装备制造、电子信息、生物医药、新能源和新材料、国防科技和轻工纺织。现阶段天津市也在实现产业转型，一方面是要素驱动的重工业向高精尖产业转型，大力发展先进制造业，提高制造业核心竞争力；另一方面是打造"天津智港"，发展都市型农业，实施"互联网+"，建设电子商务试验区。

天津市是一个工程技术型的创新强市。天津市的创新能力虽然排在全国前列，但与北京市、上海市相比，仍有一定差距。相信，借助京津冀协同发展和协同创新的新战略，天津市会在创新发展中更上一层楼。

第 2 章　我国区域科技创新资源配置的特点

2.1　国家科技资源布局的区域根植性

狭义的中央与地方关系主要集中在政府层面,而从广义的角度则涉及由中央政府主导的国家创新体系和由地方政府主导的区域创新体系之间的博弈与合作。

我国国家创新体系和区域创新体系在地域、目标、结构和功能等方面具有高度关联性。两者均由政府、企业、科研机构、大学、中介服务机构等组成,都强调体制、制度及互动的学习网络的重要作用,但区域创新体系中的"区域"一般表现为空间接近,自然环境和社会、经济、文化环境相似,具有一定的地理单元,且具有区内一致性和区外差异性的特征(黄鲁成,2000)。由于各个地区的资源禀赋、自然条件及经济发展水平、产业特征、科技发展基础的差异和不同时期国家科技资源配置导向等因素的影响,不同地区的科技发展在历史积累的过程中呈现多样性和根植性。

(1) 区域经济发展水平

区域经济发展水平、发展阶段和结构决定了区域科技发展的供给和需求水平,发展区域经济是区域科技的主要目标和服务对象,反过来又导致了不同地区在科技投入总量、科技发展基础、科技活动结构和类型等方面的差异。例如,在东部沿海经济发达的地区,区域科技的重点在于转变本地的经济增长方式,通过自主创新能力的建设积极参与国际竞争,带动国家整体科技经济水平的提高;而在经济发展相对缓慢的省份,发展区域科技主要是通过信息化建设等手段,提高本地吸收、模仿与利用科技的能力,走资源节约、环境友好的新兴工业化道路,使本地区能够实现跨越式发展。例如,江苏省的经济和科技实力都处于全国前列,是我国创新活力最强、创新成果最多、创新氛围最浓的省份之一。近年来,江苏省坚持走以应用开发为主的自主创新道路,提高原始创新、集成创新和引进消化吸收再创新能力,更加注重协同创新,并提出在全国率先建成创新型省份的战略目标;甘肃省则致力于建立循环利用型、环保节约型农业体系,大力加强科技惠民和科技富民强县政策,完善科技基础设施建设,以提质降耗、节能环保为核心,用高技术对有色金属等传统产业进行大规模的技术改造,利用差别化政策推进欠发达地区转型发展。

(2) 区域产业特征

区域产业特征与区域科技发展的需求与供给的结构、产业科技投入的规模和强度等息息相关。即使是经济发展水平相似的区域,产业特征也往往差异巨大。如今,企业正日益成为区域科技要素中最活跃的行为主体,科技引领与支撑本地区产业发展已经成为区域科技发展的最主要内容。我国各地的主导产业类型差异巨大，不同产业技术轨迹和组织形式的差异，使得科技活动的投入、规模、强度存在巨大差别。例如，全球汽车、飞机制造等产业主要以少数大企业的组织形式而存在，各大企业集团凭借雄厚的经济实力大规模开展研发活动，以保持垄断地位和进入壁垒；而纺织、食品等产业的组织形式以中小企业为主，整个产业的研发投入强度相对较低。产业集群作为集中于一定区域内特定产业的众多具有分工合作关系的不同规模等级的企业与其发展有关的各种机构、组织等行为主体的空间积聚体，成为产业发展的重要组织形式。特别在经济比较发达、市场化程度高、民营经济发展迅速的东部沿海地区，产业集群现象非常明显，如浙江省的纺织、服装、五金产业集群，珠江三角洲地区的IT和电气制造产业集群，云南省等西部地区依托于当地资源的特色产业集群等，从而影响了各地区的科技发展。

（3）国家科技活动的区域布局

国家科技活动的区域布局主要由中央政府根据国家发展战略等因素对国家科技资源在空间分布上的安排，国家科技活动区域分布的不均衡性导致不同地区在获得国家科技资源或科技投入等方面存在着巨大差异（杨忠泰，2008）。例如：

1）科学研究资源的区域布局。由国家重点投入的国家属科研院所、重点高校和军工科技企业，主要从事基础研究、战略高技术和前瞻性技术开发及国防科技研发等具有国家使命的科技活动，这决定了其一般并非完全按市场经济效益最大化原则布局，而更多地是按照靠近资源地的原则，根据区域特殊的地质、地貌、矿产资源、生物物种等部署科研力量，如中国科学院兰州沙漠研究所就布局于沙漠化严重和治理中心的兰州市。

2）出于社会公平的考虑，国家科研机构布局向欠发达地区倾斜，如为配合西部大开发，国家科技投入、重大科技创新项目安排、国家级高新技术产业开发区（带）和大学科技园等布局，都加大了向西部地区尤其是陕西省、四川省和重庆市支持的力度，加强了对西部生态环境和基础设施的科技平台建设。

3）出于政治、军事因素等的国家战略部署，如"一五"时期，国家出于依靠苏联科技的考虑，在东北，特别是沈阳部署了一批国家科研机构；20世纪60年代，出于国防安全考虑与"三线建设"相配合，在陕西省、四川省和重庆市等内陆地区部署了一批军工科研机构。

一方面，这些嵌入地方的国家科技资源必然与当地经济、政治以及区域环境，如制度安排、社会历史文化、价值观念、风俗、隐含经验类知识、关系网络等密切结合，形成很强的地域根植性。另一方面，技术知识溢出的区域性和技术能力的非流动性使得这些国家科技一旦布局和形成，便具有很强的路径依赖性和稳定性，其调整转移成本巨大。因此，在国家科研院所、重点大学和军工高技术企业聚集之地的中心城市，如北京市、上海市、西安市、武汉市等孕育出国内一流的国家级高新技术产业开发区等众多科技园区和高技术产业集群，聚集在一起的高技术企业获得了更多更便捷的获取知识的渠道，以及更多的创业、创新机会，形成创新网络，因而使得国家科技资源布局集中的区域具有较强的技术能力和创新能力。

(4) 区域科技发展的基础

区域科技发展受科技基础影响较大。首先，由于我国大学、研究机构区域分布大部分还保留着计划经济体制下的格局，原来科技基础比较好的区域，科技资源的增量往往继续维持在全国领先的地位，如国家实施的"211"工程，重点发展的高校大多分布在原来重点高校集中的区域，如北京市、上海市、江苏省、陕西省等科技基础比较好的地区。其次，国家重大科技项目等布局也多以科技基础为基本条件，如国家的863计划（国家高技术研究发展计划）、973计划（国家重点基础研究发展计划）、科技攻关计划、国家重点实验室和重点学科等布局更多地基于区域原来的科技基础。同时，科技基础好的区域更有利于当地经济的发展，如国家级高新技术产业开发区、大学科技园等大多位于发达区域的大中型城市，特别是环渤海湾、长江三角洲、珠江三角洲及陕西省、重庆市、四川省等地区，这些地区通过发展高新技术产业或实现传统产业升级，有力地促进了区域经济的发展，反过来又进一步加强当地科技的进步。

2.2 我国区域科技资源的空间分布特点

(1) 我国科技活动各主体 R&D 经费内部支出数量和比例变化趋势

近年来，我国 R&D 经费内部支出中来自政府资金的比例逐年下降，而来自企业的资金不断增加，如图2-1所示。从科技活动的执行主体来看，我国科技活动由企业、大学、科研机构、政府及中介服务机构等多个主体承担。如图2-2所示，从2000~2012年各主体 R&D 经费内部支出数量和比例可以看出，随着我国科研体制的改革及市场经济体制的建立和完善，研发机构在科技活动中的地位有所降低，高校 R&D 经费内部支出持续增加，但占 R&D 经费总量的比例有轻微波动，在近几年甚至出现下降趋势，企业 R&D 经费内部支出所占比例不断上升，其作为创新主体的地位毋庸置疑。

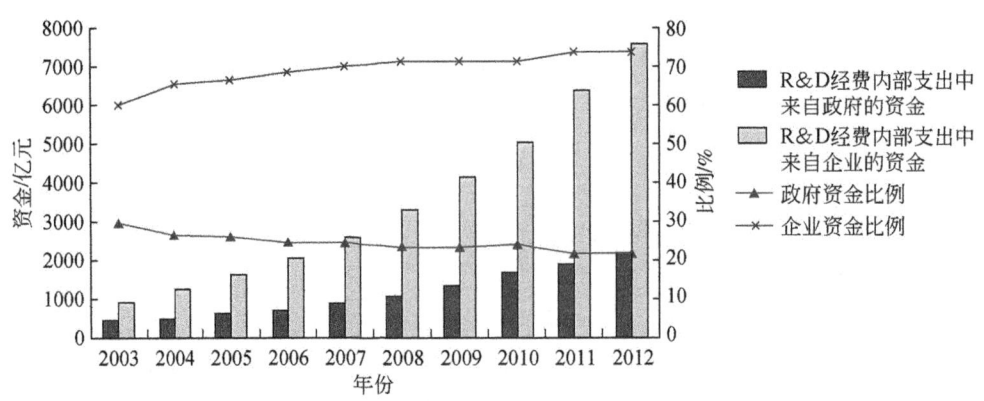

图 2-1 2003~2012 年 R&D 经费内部支出中来自政府和企业的资金及比例

数据来源：《2013 中国科技统计年鉴》

第 2 章 | 我国区域科技创新资源配置的特点

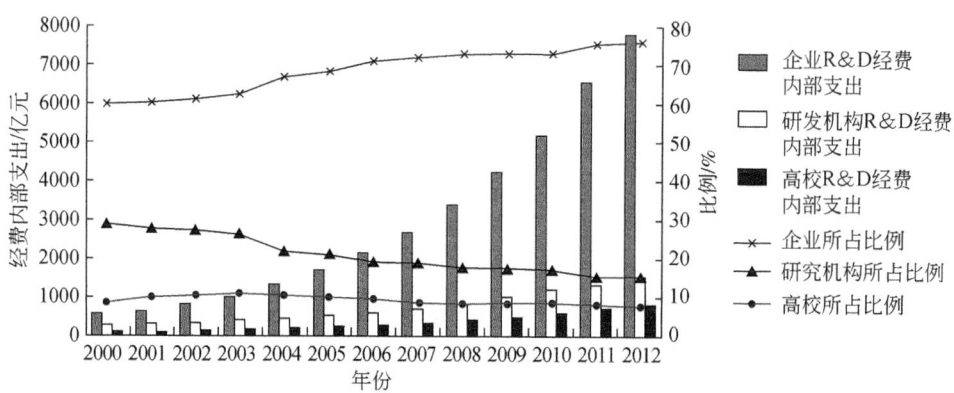

图 2-2　2000～2012 年企业、研发机构和高校 R&D 经费内部支出及所占比例
数据来源：《2013 中国科技统计年鉴》

（2）我国中央与地方政府财政拨款情况

近年来，我国财政科技拨款总量逐年增加。其中，各地政府对科技创新和科技进步的重视程度、支持力度都在不断提升，逐步成为财政科技投入的主要力量。1991～2012 年，我国各省（市、区）地方财政科技拨款，虽然占地方财政总支出的比例略有波动，但数额总体上都呈增长趋势，地方财政科技拨款占国家财政科技拨款的比例也逐年增加，2007～2012 年比例已连续高于 50%，如图 2-3 所示。2012 年地方财政科技拨款居全国前 10 位的省（市）分别为江苏省、广东省、上海市、北京市、浙江省、山东省、辽宁省、安徽省、天津市、河南省，其中，上海市、北京市财政科技拨款占地方财政总支出的比例更分别高达 5.87% 和 5.43%，如图 2-4 所示。尽管近年来我国中央财政科技拨款占国家财政科技拨款的比例减小，但中央财政科技拨款占中央财政总支出的比例持续提高，2011 年和 2012 年比例分别达到 14.91% 和 13.93%，如图 2-5 所示，在国家科技发展中发挥着举足轻重的作用，如北京市仍是中央属科技资源占绝对优势的地区之一，而中央科技资源对于国防工业和垄断性行业等发展的作用不容小视。

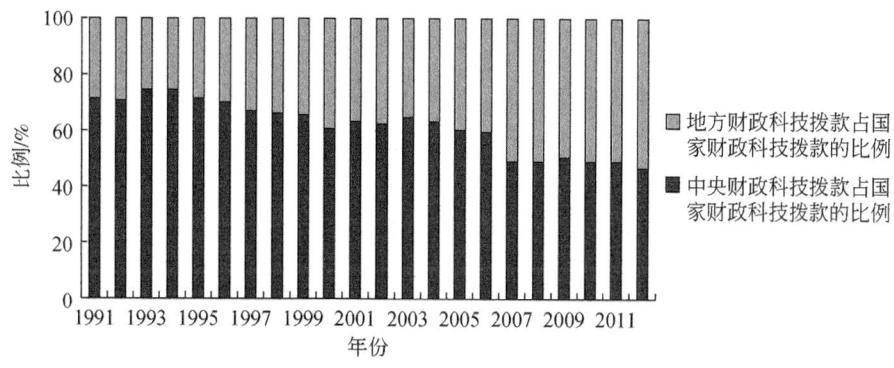

图 2-3　1991～2012 年中央与地方财政科技拨款比例
数据来源：《2013 中国科技统计年鉴》

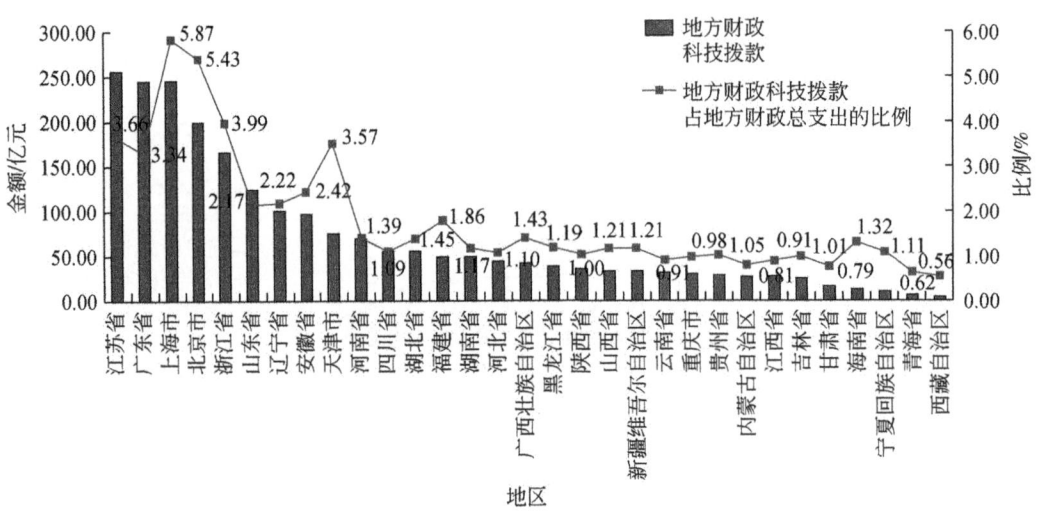

图 2-4 2012 年各地区财政科技拨款及占地方财政总支出的比例
数据来源：《2013 中国科技统计年鉴》

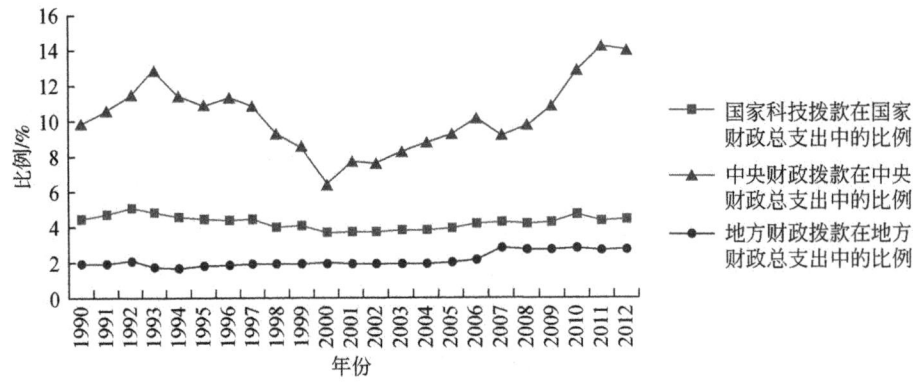

图 2-5 1990~2012 年国家、中央与地方财政科技拨款及占财政总支出的比例
数据来源：《2013 中国科技统计年鉴》

(3) 我国各地区中央与地方研发机构基本情况

研究机构是主要从事具有创造性与新颖性的科技活动的机构，R&D 活动是研究机构的主要活动，以知识创新为目的的基础研究与应用研究在 R&D 活动中占有较高的比例。具体而言，通过对 2012 年我国各地区研发机构 R&D 经费内部支出进行对比，发现北京市一枝独秀，R&D 经费内部支出超过 488 亿元，上海市、四川省、陕西省、江苏省、辽宁省和湖北省 R&D 经费超过 50 亿元，江西省、新疆维吾尔自治区、内蒙古自治区、海南省、贵州省、青海省、宁夏回族自治区和西藏自治区 R&D 经费不足 10 亿元。可见，我国研发机构的 R&D 活动在空间上分布非常集中，主要集中在北京市、上海市等少数地区，而绝大部分地区研发机构的力量非常薄弱，如图 2-6 所示。

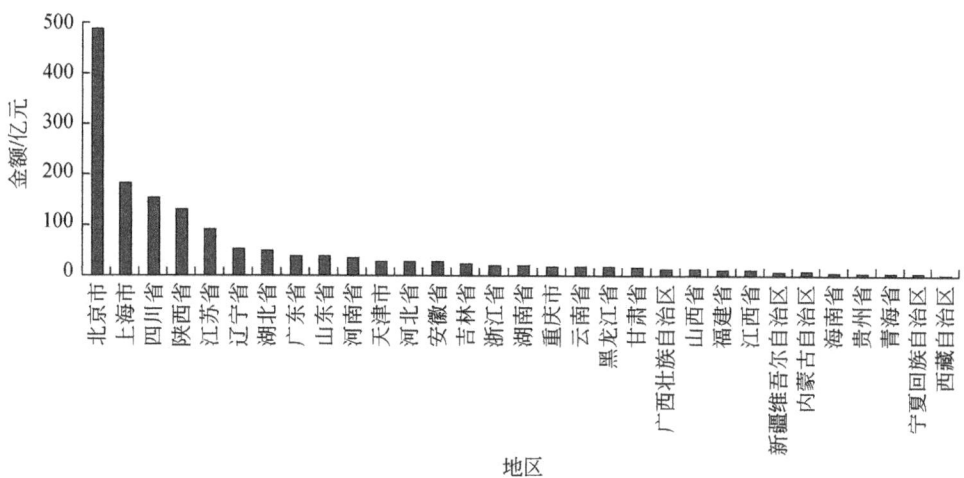

图 2-6　2012 年各地区研发机构 R&D 经费内部支出
数据来源：《2013 中国科技统计年鉴》

从中央部门属和地方部门属研发机构分别占 R&D 经费内部支出的比例来看，陕西省、北京市、四川省、上海市、海南省、湖北省、河南省、河北省和辽宁省等地中央部门属所占的比例高于 90%，而西藏自治区和宁夏回族自治区 R&D 经费内部支出全部由地方研发机构实现，广西壮族自治区、新疆维吾尔自治区和内蒙古自治区等少数地区的地方属研发机构所占比例也超过 50%，如图 2-7 所示。可见，在研发机构的结构中以中央属研发机构为绝对组成。尽管中央属研发机构数远低于地方属研发机构，但研发经费及课题数、发表论文数和专利申请数都高于地方属研发机构，见表 2-1。

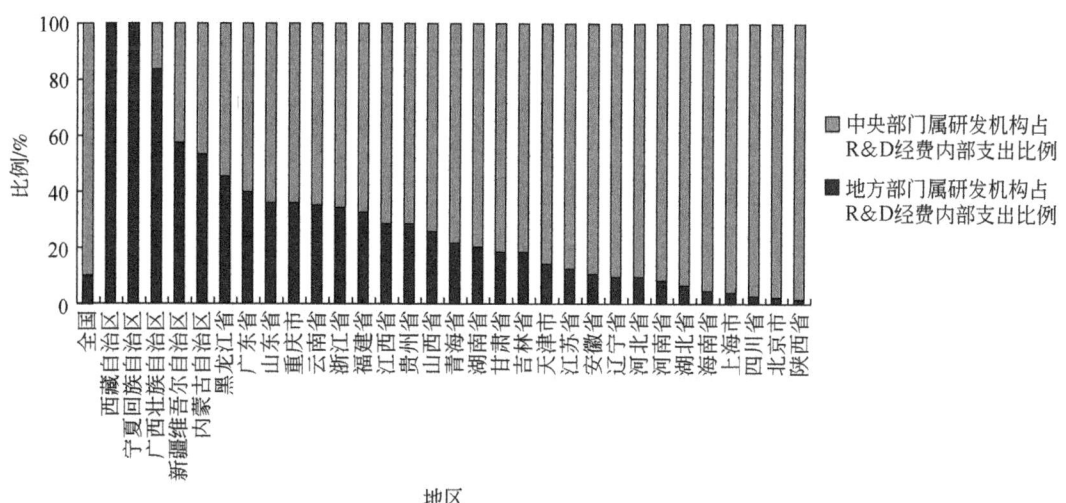

图 2-7　2012 年全国及各地区中央与地方研发机构 R&D 经费内部支出比例
数据来源：《2013 中国科技统计年鉴》

表 2-1　2012 年中央与地方研发机构研发投入与产出基本情况

项目	研发机构数/个	研发机构R&D人员/人	R&D经费内部支出/万元	基础研究/万元	应用研究/万元	试验发展/万元	R&D课题数/项	发表科技论文/篇	专利申请数/件
中央属	710	122 520	13 931 784	1 822 507	4 264 356	7 844 922	52 545	96 898	25 489
地方属	2 964	42 967	1 557 537	156 746	428 664	972 127	26 798	61 749	4 929
总计	3 674	165 487	15 489 322	1 979 252	4 693 020	8 817 050	79 343	158 647	30 418

数据来源：《2013 中国科技统计年鉴》

(4) 我国各地区部属与地方高校基本情况

通过对 2013 年各地区高校科技经费支出的对比分析，发现北京市优势明显，江苏省、上海市、陕西省、湖北省、浙江省、广东省和四川省等地区超过 50 亿元，西藏自治区、宁夏回族自治区、青海省、海南省等地区相对落后，如图 2-8 所示。我国高校总体分布在东部和中部部分地区。北京市、湖北省、陕西省、上海市、四川省、黑龙江省、天津市和吉林省等地部属院校科技经费支出所占比例较高，而河南省、江西省、广西壮族自治区、山西省、云南省、内蒙古自治区、贵州省、新疆维吾尔自治区、海南省、青海省和西藏自治区等地区的科技经费支出完全来自于地方院校，如图 2-9 所示。

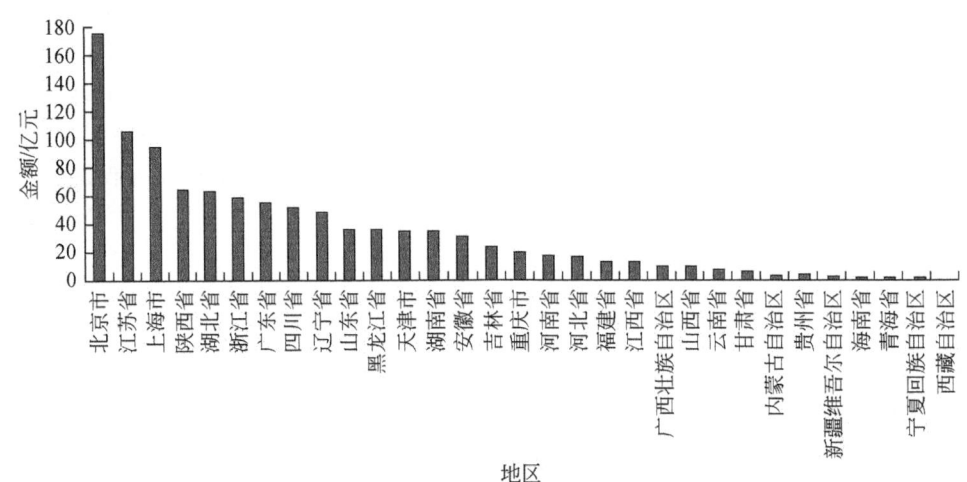

图 2-8　2013 年各地区高校科技经费支出情况
数据来源：《2013 年高等学校科技统计资料汇编》

从各地区高校的数量来看，江苏省、安徽省、湖南省、湖北省、河南省、辽宁省、山东省、北京市等地区的高校总数量排在前列，其中，北京市的部属院校数量高达 21 所，遥遥领先，江苏省、湖北省、陕西省、上海市、四川省的部属院校数量较多，如图 2-10 所示，"985 工程"和"211 工程"等重点建设高校主要集中在少数高校和部分省份，其他地区主要以地方院校为主。尽管部属院校的数量远远低于地方院校，但科技经费拨入和支出额却远高于地方院校，而开展的科技项目数、发表学术论文数量和专利申请数量低于地方高校，见表 2-2。

第 2 章 | 我国区域科技创新资源配置的特点

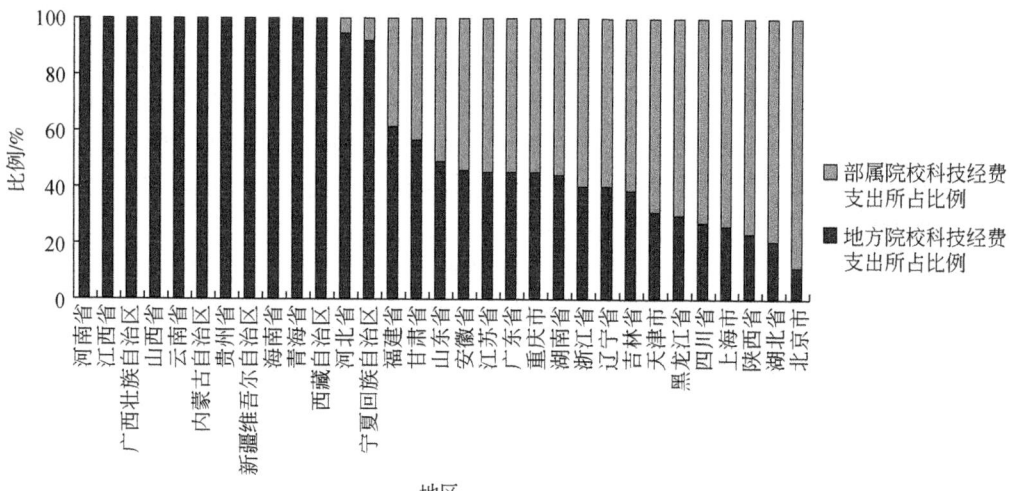

图 2-9 2013 年各地区部属与地方院校科技经费支出所占比例
数据来源：《2013 年高等学校科技统计资料汇编》

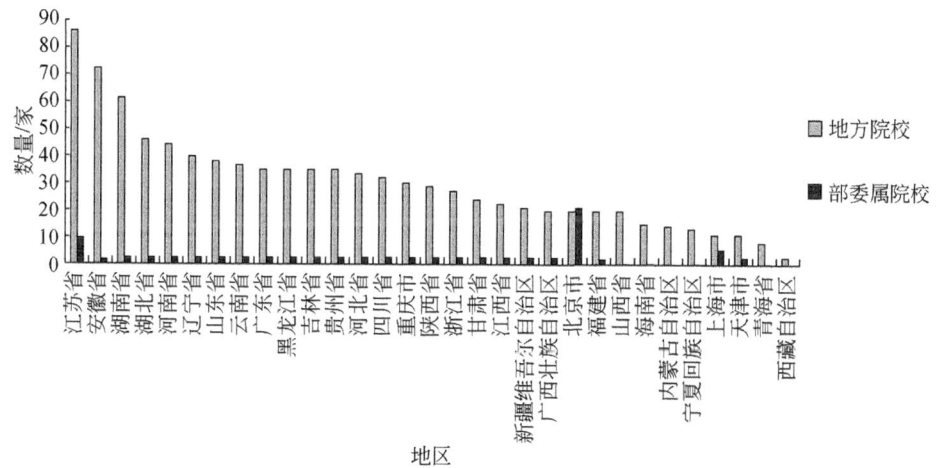

图 2-10 2013 年各地区地方与部属院校数量
数据来源：《2013 年高等学校科技统计资料汇编》

表 2-2 2013 年按学校隶属分各类院校基本情况

项目	学校数	研发人员数/人	科技经费拨入/10^3元	科技经费支出/10^3元	研发经费支出/10^3元	基础研究/10^3元	应用研究/10^3元	试验发展/10^3元	科技项目数/项	发表学术论文数量/篇	专利申请数量/件
部委院校	27	19 643	13 821 526	12 265 742	7 497 897	1 903 156	4 691 395	903 346	23 588	46 584	8 115
教育部直属院校	64	105 976	60 113 946	52 907 361	31 726 204	11 277 633	15 106 946	5 341 625	128 795	270 671	41 375
地方院校	934	222 242	43 098 078	39 357 356	20 270 919	6 522 396	10 923 270	2 825 253	213 038	479 849	57 224

数据来源：《2013 年高等学校科技统计资料汇编》
注：部属院校包含部委院校和教育部直属院校

整体来看，我国不同地区中央属和地方属研发机构和高校的分布较不均衡。某些地区中央强，地方弱，如陕西省；某些地区中央强，地方一般，如湖北省、四川省；某些地区中央弱，地方强，如广东省、浙江省；江苏省的中央及地方属的高校和科研机构都较强，北京市则是中央力量的集中地，而在经济落后的地区，高校和科研机构的发展都较为滞后。这表明地方属研发机构和高校的发展与当地的经济发展速度和发展水平密切相关，而中央属研发机构和高校的布局则主要由国家的科技战略决定。

(5) 我国各地区国有企业与地方企业基本情况

从企业R&D经费支出在各地区的分布来看，大中型企业R&D经费支出的区域分布与当地的经济发展水平关系密切，如广东省、江苏省、山东省、浙江省、上海市、北京市等排名靠前。同样，广东省、江苏省、山东省、浙江省、北京市、上海市等地区高技术产业R&D经费支出排名靠前，如图2-11所示。

从国有企业占大中型企业和高技术产业R&D经费总支出所占比例来看，北京市、陕西省、湖北省、辽宁省、四川省、黑龙江省、重庆市、山西省、贵州省、甘肃省、新疆维吾尔自治区等地区国有企业占比较高，而江苏省、浙江省、福建省、广西壮族自治区、海南省等地区国有企业占比较低，如图2-11和图2-12所示，这可能与当地的产业组织、产业结构有关，各地区主导产业或优势产业的特点不同，如浙江省就可能与其传统产业和中小企业占比高有关；同时，区域内的科技能力也是重要的影响因素，如北京市、湖北省、陕西省等地区排名靠前。

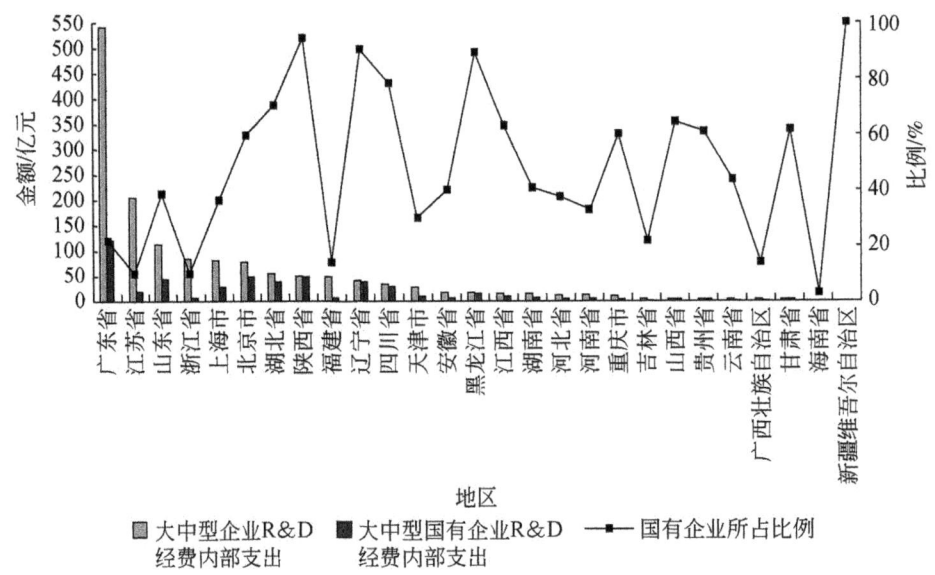

图2-11 2012年主要地区大中型企业及国有企业R&D经费内部支出

数据来源：《2013年中国高技术产业统计年鉴》

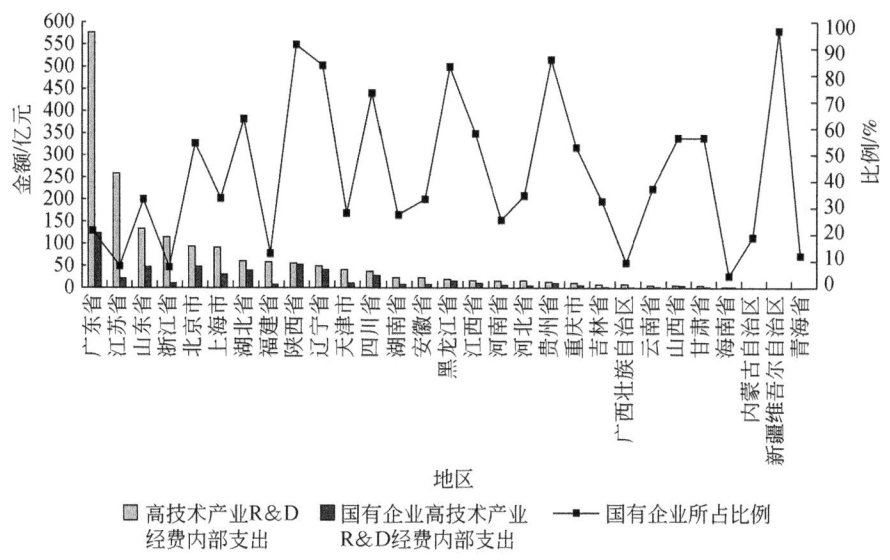

图 2-12　2012 年主要地区高技术产业 R&D 经费内部支出及国有企业所占比例

数据来源：《2013 年中国高技术产业统计年鉴》

（6）我国中央与地方不同类型科技活动配置情况

从不同类型科技活动经费配置的总体情况来看，2012 年我国基础研究、应用研究和试验发展的比例为 4.8%、11.3%、83.9%，基础研究与应用研究比例较低，而试验发展的比较高，如图 2-13 所示。

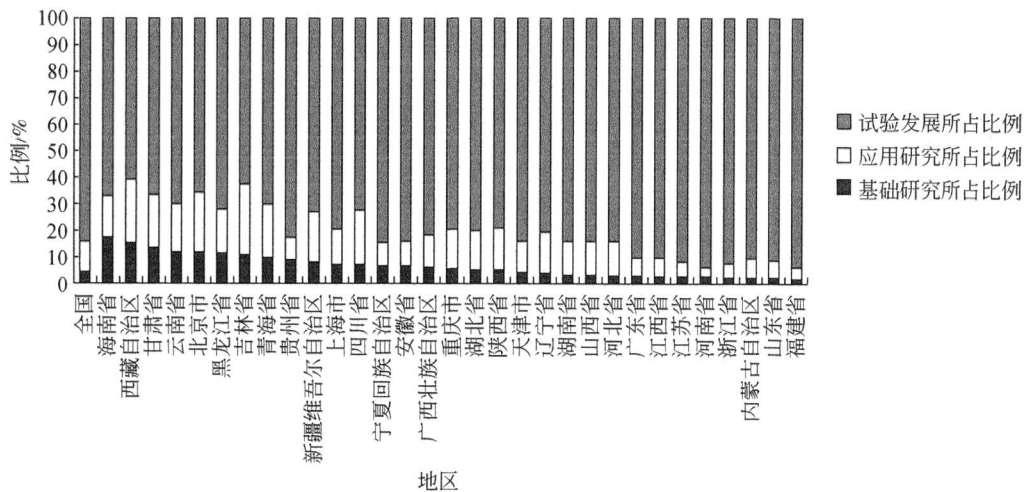

图 2-13　2012 年我国不同地区基础研究、应用研究和试验发展基本情况

数据来源：《2013 中国科技统计年鉴》

我国中央政府依然是基础研究、重大社会公益研究和高技术研究等领域的投入主体，通过设立各类科学基金和科研计划专项经费支持科技发展，近年来对 863 计划、973 计划、国

家自然科学基金、科技攻关计划及国家重点实验室的投入力度不断加大，如图2-14所示。

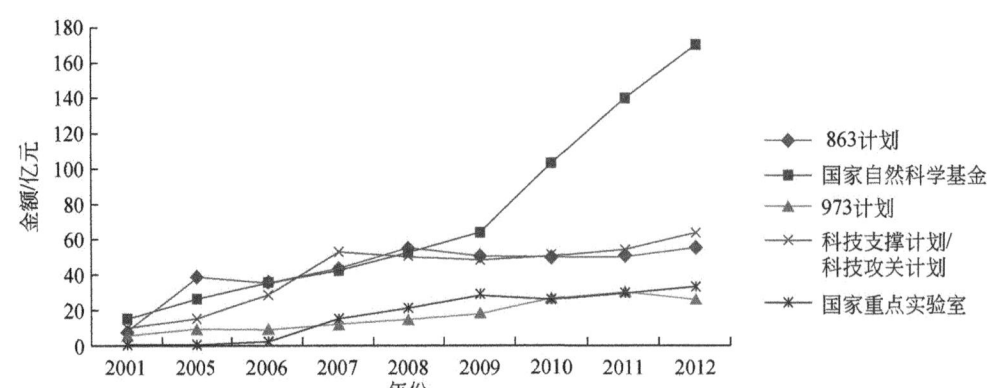

图 2-14 2001~2012 年中央财政科技拨款用于科技计划的资金情况
数据来源：《2013 中国科技统计年鉴》

高校和科研院所主要从事基础研究和应用研究，而企业，尤其是规模以上工业企业的 R&D 经费主要用于试验发展，见表 2-3。具体而言，大多数地区 R&D 经费配置结构与全国总体结构相似。基础研究比例明显偏高的地区主要来自于"国家队"的区域分布，基础研究比例明显偏高的地区较少，比例超过 10% 的只有海南省、西藏自治区、甘肃省、云南省、北京市、黑龙江省、吉林省，如图 2-13 所示。北京市是国家级高等院校和研究开发机构云集的城市，在一定意义上代表着国家的基础研究实力和水平，黑龙江省、吉林省、甘肃省、云南省总体科技能力一般，但基础研究实力很强，这得益于兰州大学、吉林大学、哈尔滨工业大学、中国科学院昆明植物研究所等研究型大学及研究院所的重要作用，尤其是基于本地环境和资源的研究提高了基础研究的比例。海南省和西藏自治区的基础研究比例比较高，但由于总体规模太小，不具有典型意义。在科研机构中，中央属研究机构用于基础研究、应用研究和试验发展的 R&D 经费远高于地方属研究机构，而尽管部属院校的 R&D 经费也占主导地位，但地方院校在基础研究、应用研究和试验发展的 R&D 经费比例均高于 30%，对当地经济和科技的发展具有重要的推动作用，见表 2-4 和表 2-5。

表 2-3 2012 年我国不同主体承担基础研究、应用研究和试验发展的基本情况

单位：亿元

项目	R&D 经费内部支出	基础研究	应用研究	试验发展
全国	10 298.41	498.81	1 161.97	8 637.63
企业	7 842.24	7.09	238.86	7 596.29
规模以上工业企业	7 200.65	3.88	189.07	7 007.69
研究与开发机构	1 548.93	197.93	469.30	881.70
高等学校	780.56	275.65	402.70	102.20
其他	126.68	18.13	51.11	57.44

数据来源：《2013 中国科技统计年鉴》

表 2-4 2012 年我国中央与地方研究机构承担不同类型科技活动情况

项目	基础研究		应用研究		试验发展	
	数量/万元	比例/%	数量/万元	比例/%	数量/万元	比例/%
中央属研究机构	1 822 507	92.08	4 264 356	90.87	7 844 922	88.97
地方属研究机构	156 746	7.92	428 664	9.13	972 127	11.03
总计	1 979 253	12.78	4 693 020	30.30	8 817 049	56.92

数据来源：《2013 中国科技统计年鉴》

表 2-5 2013 年我国部属与地方院校承担不同类型科技活动情况

项目	基础研究		应用研究		试验发展	
	数量/万元	比例/%	数量/万元	比例/%	数量/万元	比例/%
部属高校	13 180 789	66.90	19 798 341	64.44	6 244 971	68.85
地方院校	6 522 396	33.10	10 923 270	35.56	2 825 253	31.15
总计	19 703 185	33.12	30 721 611	51.64	9 070 224	15.25

数据来源：《2013 年高等学校科技统计资料汇编》

2.3 我国区域创新阶段的划分

由于不同地区的发展阶段不同，许多学者试图对区域创新阶段进行划分，较科学地评价不同省份的经济发展模式，从而提出相应的发展战略。创新驱动最早由迈克尔·波特提出，他以钻石理论为研究工具，以竞争优势来考察经济表现，并从竞争现象中分析经济的发展过程，从而提出国家经济发展的四个阶段：生产要素驱动阶段、投资驱动阶段、创新驱动阶段和富裕驱动阶段。这一区分，对一个国家和地区的经济发展阶段和需要的政策工具做了一个很好的概括，引起了全球各国政府和机构的注意。1979 年以来，总部设在瑞士日内瓦的世界经济论坛每年发布一份《全球竞争力报告》。该报告将经济发展阶段分为要素驱动、效率驱动和创新驱动 3 个阶段。本研究在借鉴迈克尔·波特经济发展阶段论和《全球竞争力报告》中关于经济发展阶段评价指标的基础上，将经济发展阶段划分为要素驱动阶段、要素驱动向投资驱动过渡阶段、投资驱动阶段、投资驱动向创新驱动过渡阶段、创新驱动阶段 5 个阶段，并建立了如下指标体系，见表 2-6。

表 2-6 区域创新阶段指标体系

项目	指标名称	计算方法	数据来源	经济含义
指标 1	接受高等教育人口占比	每十万人中接受过大专及以上教育的人口占比	《中国统计年鉴》	反映生产要素的质量
指标 2	人均 GDP	GDP/人口数	《中国统计年鉴》	反映人力成本，人均 GDP 增长的过程就是成本优势消亡的过程

续表

项目	指标名称	计算方法	数据来源	经济含义
指标3	固定资产投资额占GDP的比例	全社会固定资产投资额/GDP	《中国统计年鉴》	反映政府和企业的投资意愿和能力
指标4	R&D强度	R&D经费内部支出/GDP	《中国科技统计年鉴》《中国统计年鉴》	反映创新的动力
指标5	非金属矿采选业总产值占GDP的比例	非金属矿采选业总产值/GDP	《中国工业经济统计年鉴》《中国统计年鉴》	典型的资源密集型产业，要素驱动阶段这三个行业的总产值占GDP的比例较高
指标6	黑色金属矿采选业总产值占GDP的比例	黑色金属矿采选业总产值/GDP	《中国工业经济统计年鉴》《中国统计年鉴》	
指标7	煤炭开采和洗选业总产值占GDP的比例	煤炭开采和洗选业总产值/GDP	《中国工业经济统计年鉴》《中国统计年鉴》	
指标8	纺织服装、鞋、帽制造业总产值占GDP的比例	纺织服装、鞋、帽制造业总产值/GDP	《中国工业经济统计年鉴》《中国统计年鉴》	典型的劳动力密集型产业，要素驱动阶段和投资驱动阶段的比例较高
指标9	纺织业总产值占GDP的比例	纺织业总产值/GDP	《中国工业经济统计年鉴》《中国统计年鉴》	
指标10	食品制造业总产值占GDP的比例	食品制造业总产值/GDP	《中国工业经济统计年鉴》《中国统计年鉴》	
指标11	黑色金属冶炼及压延加工业总产值占GDP的比例	黑色金属冶炼及压延加工业总产值/GDP	《中国工业经济统计年鉴》《中国统计年鉴》	典型的资本密集型产业，需要大量的投资，投资驱动阶段的比例较高
指标12	有色金属冶炼及压延加工业总产值占GDP的比例	有色金属冶炼及压延加工业总产值/GDP	《中国工业经济统计年鉴》《中国统计年鉴》	
指标13	石油加工、炼焦及核燃料加工业总产值占GDP的比例	石油加工、炼焦及核燃料加工业总产值/GDP	《中国工业经济统计年鉴》《中国统计年鉴》	
指标14	通信设备、计算机及其他电子设备制造业总产值占GDP的比例	通信设备、计算机及其他电子设备制造业总产值/GDP	《中国工业经济统计年鉴》《中国统计年鉴》	典型的技术密集型产业，对创新能力要求较高，创新驱动阶段的比例较高
指标15	医药制造业总产值占GDP的比例	医药制造业总产值/GDP	《中国工业经济统计年鉴》《中国统计年鉴》	

数据来源：《中国区域创新能力报告2014》

根据上面建立的指标体系，我们从《中国统计年鉴》和《中国工业经济统计年鉴》中获得了31个省（自治区、直辖市）（不含港澳台地区）2010年的统计数据，由于西藏自治区的数据缺失严重，因此只对除西藏自治区外的30个省（自治区、直辖市）进行对应分析，得出如下结论。

1）江苏省、广东省、浙江省、北京市、上海市和天津市这6个地区已经基本进入了创新型地区，它们也是我国经济发展和创新发展最好的地区。

2）山东省、福建省、辽宁省、湖北省、四川省和陕西省这6个地区是正在从投资驱动向创新驱动过渡的地区。

3）以重庆市等为代表的15个省（自治区、直辖市）处于投资驱动的阶段，总体而言说明我国仍然是投资驱动的发展模式。

4）新疆维吾尔自治区、海南省和内蒙古自治区仍然是要素驱动向投资驱动过渡的地区。西藏自治区由于数据有限没有进入计算，但应该也是要素驱动向投资驱动过渡的地区。

5）陕西省是从投资驱动进入到投资驱动向创新驱动过渡的地区，山西省和黑龙江省处于从要素驱动向投资驱动过渡进入到投资驱动阶段。

我国各个地区的发展阶段不尽相同，中国总体而言还没有进入创新型国家，但不排除一些省（自治区、直辖市）率先成为创新型地区，有19个省（自治区、直辖市）仍然处于投资和要素驱动的阶段。总体来说，我国东部地区创新能力较强，西部地区创新能力相对落后，中部地区和东北地区大多处于投资驱动阶段。我国政府针对不同地区的特点采取了差异化的创新战略和政策措施，这对于形成一个有效的制度环境和机制，促进地区间经济发展模式的变化，从整体上提高创新型国家建设的速度具有重要意义。具体而言：

东部地区以推动其创新驱动型发展为主。大力支持广东省、浙江省、江苏省、青岛市等国家技术创新工程试点省（市）建设，支持北京中关村国家自主创新示范区建设；加强山东半岛蓝色经济区、黄河三角洲高效生态经济区、珠江三角洲地区"九市三圈"等若干重点地区科技工作；加强长江三角洲、京津冀地区和泛珠江三角洲地区省际科技合作；积极调动东部对口支援西部边疆地区科技发展与创新工作等。

中部地区和东北地区多处于投资驱动阶段，以产业转型升级为工作重点。为推进东北振兴科技行动计划和科技支撑中部崛起战略的实施，我国政府不断推进吉林珲春等东北亚地区沿边开放实验室、内蒙古满洲里国家重点开发开放试验区、东湖国家自主创新示范区、合芜蚌自主创新综合试验区、长株潭"两型社会"试验区、鄱阳湖生态经济区、国家级煤炭工业可持续发展试验区的建设；作为国家粮食生产基地和农业地区，科学技术部继续积极支持黑龙江省、河南省、江西省、湖南省等产粮大省实施粮食丰产科技工程；围绕先进制造技术、煤炭高效集约绿色安全开采技术与成套设备等开展科研攻关和开发应用，推动传统产业的升级改造；着力推动节能环保、新能源、新材料等战略新兴产业的发展壮大，加强中西部省份的创新服务平台建设，提升高技术产业在经济总量中的比例，促进产业结构调整。

西部地区多数处于要素驱动阶段，以提升科技水平和开放程度为重点。围绕西部大开发战略的部署，支持陕西—天水统筹科技资源改革试点、杨凌示范区、贵州省"贵遵毕"金三角、青海省柴达木循环经济试验区、云南省面向西南来访重要桥头堡建设等国家重点地区科技工作。全力开展科技兴疆、援藏工作，支持新疆在农作物和畜禽优良品种培育及产业化、绿洲农业高效用水综合技术研发、农村信息化工程、煤炭高效清洁利用、多语种处理技术、油气等矿产资源勘查利用等领域开展科技创新与产业化工作，加强科技援藏工作与17省（市）对口援藏工作的衔接。加强西部地区科技基础条件平台建设，进一步加强西部地区的国家重点实验室、国家工程技术研究中心、重大科学工程、野外观测台站等的条件平台建设工作，为西部经济社会和科技自身的发展提供支撑，全面提高了科技支撑并引领了云南、新疆等沿边跨地区的开放开发。

2.4 我国科技创新资源配置模式总结

由上可知，不同地区的科技投入规模、结构、方向等呈现出不同的倾向。例如，浙江省产业发展水平高，中小企业集群发达，而科技资源集聚程度相对较低，主要通过建立以企业为主体的区域创新体系，吸引国内及国际著名企业研发资源向其聚集，是典型的地方导向模式。有些地区是国家战略布局的重要据点，是典型的中央导向模式，这些地区产业发展水平较低，企业投入的科技经费相对较少，地方政府科技投入与产业发展联系不是很紧密，科技投入主要满足某些国家研发机构特定研究项目的需要，陕西省和四川省就是典型代表。而北京市是我国科技资源的集聚中心，同时产业发展水平也相对较高，产业配套能力强，北京市通过大力发展高技术产业和科技园区，使中国科学院和北京大学、清华大学等科技资源迅速向中关村园区聚集，这些高水平科研院所研究经费相对充足，每年都会产出大量的可供产业化的技术成果，使北京市作为全国科技中心的地位和优势得以充分发挥，具有混合导向型特征。总体来讲，区域经济水平、区域产业特征、中央部署及地方发展规划的侧重点均与区域的科技资源配置和科技发展水平密不可分，从而形成了不同的区域特点。近年来，中央和地方对科技的研发投入、科技拨款等的重视程度逐年加强，企业、高校和研究机构研发经费比例也不断提升，虽然企业还并未成为真正的创新主体，但已经显示出创新的良好上升态势。然而，当前我国基础研究模块的配置比例还偏低，主要集中于高校和科研院所，而企业多数从事试验发展方面的研究，对基础研究的重视程度不够。习近平多次强调，实施创新驱动发展战略，关键是要深化科技体制改革，优化科技资源配置，国家也在战略规划、宏观政策制定、创新创业载体和环境建设、需求侧新兴市场培育等方面均提出了一系列重大的改革措施，破除当前科技资源配置和管理体制的不足，更好地建立政府与市场的关系，追求科技创新活动效率最大化。当前，从区域上看，科技资源配置成熟度较高的省份也同样为经济发展水平、创新能力较高的省份，未来需要发达地区引领科技资源发展，带动后发地区前行，优化全社会科技资源尤其是科技创新资源的配置。

第 3 章　广东省和江苏省创新能力比较分析

3.1　分析背景

广东省和江苏省是我国创新能力最为突出的两个地区。2009~2016年，江苏省位居创新能力排行榜第一名，广东省则一直是第二名。但在2017年，广东省超越江苏省成为第一名。

广东省超越江苏省，代表了我国创新模式的一些变化。江苏省是中国制造的强省，制造业的基础十分雄厚，政府十分支持科技与创新，高校资源丰富，又是我国对外开放的一个重要基地，其中苏州市经济的外向性较为典型。广东省也是外向型经济，创业资源丰富，其中长期以订单生产和来料加工为主，或者说"三来一补"是典型的制造方式。10年前，许多人批评广东省的发展模式，认为这一模式是一种依附式的经济发展模式，重模仿和成本优势，企业没有设计和品牌，是"微笑曲线"最下端的模式。广东省在金融危机到来之后，面临着外需不振，给企业发展带来了极大的挑战。广东省人民政府曾经提出了"腾笼换鸟"的战略。

在国家提出自主创新的发展战略后，广东省意识到自己经济发展模式的不足。一是加强了企业自主设计、自主品牌的发展能力。一些企业实现了从模仿到自主创新的深刻转变。广东省创新能力的提高，恰恰是利用了外向经济带来的优势，再重新思考企业内部的发展。虽然广东省长期做订单式的生产，但对国外市场，对品牌的内涵有着深刻的理解。通过加强设计，加强科技，不断提升企业内部的创新能力，终于出现了一批具有国际竞争力的企业，如华为、中兴通讯等。深圳市已经成为全球的创新中心之一。二是广东省的产业升级转型非常成功，一批基于"互联网+"的新企业不断涌现，其中成功的有腾讯、美的等。我们认为，正是这两点，使广东省创新驱动发展的能力高于其他地区。

当然，江苏省的创新能力也在不断上升，而且在许多领域仍然具有明显的比较优势。

为此，我们对广东省和江苏省的创新驱动发展做一个比较分析。基于对广东省与江苏省的创新发展动力的深入细致分析，同时参考麦肯锡全球研究院2015年发布的《中国创新的全球效应》及其他文献资料，本研究将两个地区的创新驱动发展模式定义为：广东省，效率驱动型+客户中心型创新；江苏省，工程技术型+效率驱动型创新。

效率驱动型：这类地区的产业发展以制造业为主，主要依靠通过创新提高生产效率的方式来促进经济增长。经济增长不能光靠消耗资源，还必须依靠生产效率的提升，提高资源利用率，提高生产效率，节约管理成本。效率驱动型创新主要涉及生产、产品设计和供应链管理方面的流程改善，以此达到降低成本、加快市场投放速度的目的。

客户中心型：这类地区的产业发展重视互联网、智能手机、家电等领域，且紧密关注市场动态，识别客户需求，着力针对客户需求开发新的产品、服务与业务模式，随后依据市场反馈进行频繁的修改和更新。

工程技术型：这类地区的产业以航空航天、汽车制造等工程技术类企业为主，强调利用知识储备，结合供应商与合作伙伴提供的技术来解决工程问题，进而设计出更好的产品，促进经济发展。

本研究将主要基于2016~2017年的《中国区域创新能力报告》（实际为2014~2015年两年的统计数据），结合商务部、国家知识产权局、工业和信息化部的相关公开数据尝试分析与比较广东省与江苏省创新驱动模式的异同。

3.2 广东省创新驱动发展的方式

广东省是开放式创新的典型地区。其制造业在起步阶段主要为外国企业进行代工制造，承担了大量外贸业务。随着产业不断升级，广东省正逐步转变为以数字技术为基础，以客户为中心的创新发展模式。

广东省是我国最早开放的省份之一，其创新的思想观念也十分开放，这体现在广东省外向型、基于平台的开放式创新模式，同时强调嵌入全球创新网络，使用全球创新要素。

广东省注重鼓励和促进企业的技术购买、引进与转移。具体措施包括：①推动技术交易网络平台建设，发展和规范网上技术交易市场；②加大对科技成果转移转化活动的激励，鼓励技术转移服务机构开展技术转移服务活动，按照其上年度签订技术交易合同额的一定比例给予补助；③鼓励与国际知名技术转移机构开展深层次合作，支持企业引进国内外先进适用技术，开展技术革新与改造升级①。2015年，广东省规模以上工业企业的国内技术成交额为40.90亿元，较2014年的9.91亿元，增长312.75%；2015年国外技术引进额为87.30亿元，较2014年的56.80亿元，增长53.7%。在平均每个企业的引进额方面，广东省从2014年的13.81万元，提升到2015年的20.73万元，增长50.11%。广东省企业还十分注重与外单位（包括国际合作）的研发合作。这表现为广东省的规模以上工业企业研发经费外部支出从2014年的49.85亿元，增长到2015年的92.13亿元，增长率为84.81%。由于2015年广东省高校和科研院所研发经费内部支出额中来自企业的资金仅为16.38亿元，因此我们认为广东省企业的外部研发合作对象主要是产业伙伴与国际合作者。通过技术的购买、引进与转移，广东省企业的技术创新能力得到了长足的进步。2015年，广东省规模以上工业企业发明专利申请数与有效发明专利数分别为51 672件和177 047件，均位居全国首位。

在开放创新理念下，广东省还注重嵌入全球创新网络，从全球获得创新要素。2015年，广东省对外直接投资流量为122.63亿美元，位居全国第三；2015年末，广东省对外直接投资存量为686.5亿美元，位居全国第一②。在广东省企业的海外投资中，并购是提升创新能力和实现资源全球化配置的重要途径之一。2016年，广东省企业的海外并购侧重

---

① 《广东省人民政府办公厅关于进一步促进科技成果转移转化的实施意见》。
② 《2015年度中国对外直接投资统计公报》。

于对优质的制造业进行并购，如美的并购德国机器人巨头库卡（Kuka），是广东省企业深入全面布局机器人产业的关键一步。建立境外研发机构也是重要的"走出去"战略，2010～2014年，广东省企业在商务部累计核准256个具有研发功能的海外机构，但是其中有164个位于中国香港。开放的创新理念，使广东省企业的国际专利申请量常年位于全国榜首。2016年，中国通过《专利合作条约》（PCT）途径提交的国际申请为43 168件①，其中广东省提交了23 574件PCT国际申请②，占到全国PCT申请量的54.6%。广东省的中兴通讯、华为和华星光电分别以4123件、3692件、1163件的申请量位居2016年全球PCT申请排名的第1、2、16位③。

广东省高度重视前沿新兴高技术产业的发展，是全国拥抱新技术革命步伐最快的地区之一。2016年广东省的高技术企业数量达到19 857家，总量居全国第一。广东省积极布局"IAB"计划，即发展新一代信息技术（IT/IOT）、人工智能（artificial intelligence）、生物医药（biopharmaceutical）等战略性新兴产业，培育若干千亿级别产业集群，形成我国重要的大数据和人工智能产业集聚区域。广东省现在致力于打造自主品牌，研发自主核心技术，发展国际化的本土企业。在向以客户为中心的创新发展模式转型的过程中，基于数字化的新兴全球化企业不断涌现。广东省涌现了如华为、腾讯、美的、OPPO、vivo等众多知名企业。此外，广东省工业企业的信息化融合程度在2015年得到了质的飞跃，工业应用信息化技术的指数从2014年的54.03上升至2015年的82.4，全国排名从第20名上升至第5名④。其中，面向用户和快速响应市场的"企业销售环节电子商务应用指数"与"企业PLM⑤普及率指数"均大幅增长，且排名较为突出。

广东省同时高度鼓励创新创业，重视中小企业的发展。广东省科学技术厅在2015年先后颁布了《广东省科学技术厅 广东省财政厅关于科技企业孵化器后补助试行办法》（2015年9月23日）与《广东省科学技术厅 广东省财政厅关于科技企业孵化器创业投资及信贷风险补偿资金试行细则》（2015年9月24日），对于规范化运营，拥有完备功能，具有一定规模的科技孵化器建设起到了促进作用。2016年，广东省拥有科技企业孵化器365家，数量居全国第一，比2014年（171个）增长113.45%；在孵化器基金总额上，2015年广东省为61.85亿元，较2014年（31.4亿元），增长96.97%；在科技企业孵化器当年获得风险投资额上，2015年广东省为34.93亿元，较2014年的10.34亿元，增长237.86%；在孵化器配备的创业导师人数上，2015年广东省的孵化器平均配备8.97人，较2014年的6.64人，增长35.09%；在科技企业孵化器当年毕业企业数量方面，2015年广东省达到3738家，比2014年的922家，增长305.42%。基于互联网，以客户为中心的开放性创新创业平台在广东省的"双创"中发挥了关键作用。例如，硬蛋科技（深圳）有限公司打造的我国最大的智能硬件创新创业平

---

① http://www.sipo.gov.cn/mtsd/201703/t20170317_1308861.html。
② http://www.sipo.gov.cn/twzb/2016ngjzscqjzygztjsjjygqkxwfbh/bjzl/201701/t20170119_1307991.html。
③ Patent Cooperation Treaty Yearly Review 2017。
④ 《中国信息化与工业化融合发展水平评估报告》（2014年、2015年）。
⑤ PLM，product lifecycle management，产品生命周期管理。

台，通过提供以智能硬件供应链为核心的服务，帮助创业者将创意变成产品①。硬蛋平台以供应链数据为基础，引入共享经济的模式，向创新创业企业提供软件、云、供应链金融、营销等一站式企业服务。2014年成立至2016年，硬蛋平台已经汇聚了24 000多个智能硬件项目，15 000多家供应商，2000万粉丝且仍在快速增长。

广东省在重视产业升级、技术引进与创新创业的同时，强调人才培养，以及以开放外向的创新文化吸引人才。2015年，广东省规模以上工业企业研发人员数为53.43万人，位居全国第二；R&D全时人员当量为501 696.4人·年，仅次于江苏省。广东省拥有的科技服务业从业人员数为34.73万人，位居全国第二，但是值得注意的是，广东省6岁及6岁以上人口中大专以上学历所占的比例仅为11.99%，位居全国第19位。因此，广东省的科技创新人才主要依靠吸引外省（市）人才。根据2015年基于互联网的《大学生就业流向报告》，广东省高校毕业生有50%左右选择在深圳市与广州市就业，留在广东省就业的约占总数的81%。此外，广东省2010~2014年的高校毕业生净流入率达到12.61%，位居全国首位，位居第二名的浙江省则只有4.64%。广东省能够留住和吸引高校毕业生首先得益于发达的民营经济，中小企业是吸纳毕业生就业的主渠道，约占就业人数的70%；其次是通过产学研合作的"三部两院一省"进行"筑巢引凤"所带来的集聚效应；最后是有吸引力的生活环境与更为开放外向的创新文化。

同时，广东省各产业也十分重视产业工人的培养。近年来，广东省职业技术教育发展迅猛，目前共有各类职业技术学校以及培训机构近万个，全省职业教育和培训能力每年在万人次以上，并且各个产业也根据自己产业的需求来进行相应的人才培养。例如，原广东纺织职业技术学院西樵校区（2012年更名为广东职业技术学院）的建立为西樵纺织产业集群输送大量技术工人，广汽集团也通过自身培训积累了一批一流的技术研发人才，以及大批高水平的现代产业工人。

3.3 江苏省创新驱动发展的方式

产业实体经济实力雄厚是江苏省创新发展的基石，2010年以来，江苏省工业经济规模总量一直稳居全国第一。江苏省的制造业十分发达，"江苏制造"享誉全球。江苏省也是中国"乡镇企业"的发源地。在江苏省的创新驱动发展中，民营经济发挥了重要作用，民营经济占到江苏省GDP的50%以上。江苏省的创新驱动发展呈现出"工程技术型+效率驱动型"的创新模式。

从产业特征的角度看，江苏省的优势产业为装备制造业、船舶制造业、海洋工程装备业、黑色金属矿采选业等，均属于工程技术类产业。这些产业中，实力强的企业多为中央企业或者大型国有企业。江苏省的化学纤维制造业、化学原料业、纺织服装业也是其优势产业。其中，纺织服装行业是江苏省国民经济传统支柱产业，国际竞争优势明显，绝大多数民营乡镇企业或者中小企业，有波司登、红豆等国际知名品牌。此外，苏南地区的新材

---

① http://www.ingdan.com/intro/about.html。

料、重化工、沿海新医药产业竞争力很强。目前，江苏省注重产业的转型与升级，在新一代信息技术、新能源与新能源汽车、节能环保、生物技术和新医药、新材料等领域，江苏省具有一定的全球领跑优势。

从技术创新的知识来源角度看，江苏省十分强调企业依托于本省发达的高等教育资源，以提升企业的知识创造与储备。截至2016年，江苏省拥有普通高等学校166所[①]，并同时推进新型研发机构的建设。江苏省的科学知识创造实力突出，知识产权发展指数年均增长率全国第一。2015年，江苏省的国际论文发表数为43 846篇；在发明专利（不含企业）方面，2015年江苏省的发明专利受理数为112 864件，发明专利授权数为36 015件，均位居全国首位。与高校及科研院所的合作是江苏省企业获取技术知识，提升创新能力的重要途径之一。2015年，江苏省的高校和科研院所研发经费内部支出额中来自企业的资金为40.42亿元，位居全国第二。

江苏省还十分强调企业自身的研发能力构建，这表现在2015年，江苏省的规模以上工业企业研发人员数为57.12万人，规模以上工业企业有研发机构的企业数为18 872个，这两项指标均位居全国首位；规模以上工业企业研发经费内部投入为1506.51亿元，排名全国第二。但是，江苏省企业的创新能力指标仍落后于广东省位居全国第二。其中，江苏省2015年的规模以上工业企业发明专利申请数为41 744件，而有效发明专利数为85 485件。我们认为这一差距可能产生于江苏省对于技术的引进，以及在全球创新网络的嵌入程度上与广东省有差距。

从技术引进与转移指标看，江苏省的创新发展模式处于劣势。虽然江苏省强调发展技术交易市场，但是2015年江苏省规模以上工业企业的国内技术成交额为20.16亿元，较2014年的34.44亿元，下降41.47%；国际技术引进额为36.21亿元，较2014年的45.46亿元，下降20.35%；平均每个企业的引进额从2014年的9.33万元，下降到2015年的7.47万元，下降19.94%。此外，2015年江苏省规模以上工业企业的研发经费外部支出为55.56亿元，较2014年的68.74亿元，下降了19.17%。同时，考虑到绝大多数的研发经费外部支出流向是高校与科研院所，江苏省企业间及与国际合作者的研发合作水平偏低。

在国际化水平上，江苏省2015年的对外直接投资流量为72.50亿美元，较2014年增长78.1%，位居全国第四；江苏省的对外直接投资存量则为226.1亿美元，位居全国第五。目前，江苏省较为强调通过海外并购与建立海外研发机构来实现江苏省企业的"走出去"战略。海外并购方面，江苏省的企业逐步从购买企业、品牌、营销渠道等的阶段转变为用资本和市场的力量对接海外优质技术和产能；海外研发机构方面，2010~2014年，江苏省企业在商务部累计核准218个具有研发功能的海外机构，其中有56个位于港澳台地区。由此，我们可以看出，江苏省企业目前的海外创新战略侧重于利用全球资源提升企业制造端的技术能力，以推动产业的升级。2016年，江苏省的PCT国际申请量为3213件，位居全国第三，但仍与广东省的差距较大。此外，江苏省没有像华为和中兴通讯这样的在国际专利申请上的领军企业。

---

① http://www.moe.edu.cn/srcsite/A03/moe_634/201606/t20160603_248263.html。

在"互联网+制造业"的背景下,作为制造业强省的江苏省也对自身的工业企业进行了信息化融合与改造。根据工业和信息化部发布的《2015年中国信息化与工业化融合发展水平评估报告》,江苏省工业企业的信息化应用指数(80.94)要远远高于全国平均水平(66.04),位居全国第八。其中,在"企业装备数控化率指数"和"国家新型工业化产业示范基地两化融合发展水平指数"上,江苏省企业较为突出,显示了江苏省在制造流程与信息化技术的深度融合。在"企业ERP①普及率指数""SCM②普及率指数""采购环节电子商务应用指数"上,江苏省企业也位居全国前十位。这表明江苏省工业企业在连接供应商与合作伙伴,以更有效率地提供技术来解决工程问题方面,进行了较好的信息化升级。但是,相比于广东省,江苏省的"企业销售环节电子商务应用指数"的差距较为悬殊,表明在面向用户的信息化技术使用中,江苏省企业落后于广东省。此外,江苏省的"企业PLM普及率指数"刚刚高于全国平均水平。这也表明,在通过信息化手段进行产品改进以快速响应市场方面,江苏省工业企业较为落后。

江苏省也强调创新创业,并且在"双创"的资金投入上,江苏省位居全国领先水平。江苏省强调"双创"的资金投入多元化,2015年江苏省的科技企业孵化器当年获得风险投资额为42.21亿元,孵化器基金总额为67.91亿元;江苏省规模以上工业企业研发经费获得金融机构贷款额为17.38亿元。2015年,江苏省科技企业孵化器当年毕业企业数量为5198家,位于全国首位,也为江苏省的创新驱动经济发展注入了新鲜血液。

3.4 基础指标的对比

基础指标对比的分析思路是比较近两年的基础指标,找出江苏省排名低于广东省的指标或增速明显较慢的指标。

(1) 知识创造:广东省科技投入增速强劲,专利申请也飞速增长

江苏省在研究开发投入综合指标、专利综合指标、科研论文综合指标均优于广东省。这三个指标江苏省总量超越广东省,但广东省增长势头迅猛,赶超的劲头十分明显。例如:

在政府研发投入方面,2014年广东省人民政府研发投入为116.66亿元,2015年为145.85亿元,同比增长25.02%;江苏省从133.31亿元增长到153.34亿元,增长15.03%,明显低于广东省。

在发明专利申请方面,2015年广东省发明专利申请量大幅提升,从2014年的19 523件增长到52 269件,增速为167.73%;江苏省从106 802件增长到112 864件,仅增长5.68%。

在国际论文发表方面,广东省从2014年的19 338篇增长到2015年的24 313篇,增速为25.73%;江苏省从38 340件增长到43 846件,增速为14.36%。

(2) 知识获取:广东省十分注重从全球和全国获取先进技术

与广东省相比,江苏省的劣势是技术转移综合指标,在规模以上工业企业国内技术成

---

① ERP,enterprise resource planning,企业资源计划。
② SCM,supply chain management,供应链管理。

交方面，2015 年广东省为 408 972.6 万元，较 2014 年的 99 084.9 万元，增长 312.75%；2015 年江苏省为 201 560.1 万元，较 2014 年的 344 360 万元，下降 41.47%。

在规模以上工业企业国外技术引进方面，2015 年广东省为 873 012.9 万元，较 2014 年的 567 985.3 万元，增长 53.7%；2015 年江苏省为 362 105.6 万元，较 2014 年的 454 631.9 万元，下降 20.35%。

在平均每个企业的引进额方面，江苏省也有下滑。广东省从 2014 年的 13.81 万元，提升到 2015 年的 20.73 万元，增长 50.11%；江苏省从 2014 年的 9.33 万元，下降到 2015 年的 7.47 万元，下降 19.94%。

（3）**企业创新：广东省企业研究开发投入已经超过江苏省**

在企业研发投入、企业专利申请量及新产品销售收入方面，广东省增速明显，超越江苏省。其中，在研发投入方面，2015 年广东省企业研发投入 1520.55 亿元，较 2014 年的 1375.29 亿元，增长 10.56%；2015 年江苏省企业研发投入 1506.51 亿元，较 2014 年的 1376.54 亿元，增长 9.44%，从全国排名第 1 位，被广东省反超。

在企业研发机构数量上，2015 年广东省有研发机构的企业数为 5002 家，较 2014 年的 2908 家，提升 72.01%；2015 年江苏省为 18 872 家，较 2014 年的 17 788 家，增长 6.09%。

在规模以上工业企业发明专利申请量上，2015 年广东省是 51 672 件，超过江苏省的 41 744 件，规模以上工业企业中每万名研发人员平均发明专利申请量，广东省为 967.11 件/万人，江苏省为 730.83 件/万人，广东省企业的研发效率要高于江苏省。

在企业有效发明专利数上，2015 年广东省为 177 047 件，较 2014 年的 126 936 件，增长 39.48%；2015 年江苏省为 85 485 件，较 2014 年的 73 252 件，增长 16.7%，低于广东省。

在企业研发经费外部支出方面，2015 年广东省为 92.13 亿元，较 2014 年的 49.85 亿元，增长 84.81%；2015 年江苏省为 55.56 亿元，较 2014 年的 68.74 亿元，下降 19.17%。

在新产品销售收入上，2015 年广东省为 22 642.5 亿元，较 2014 年增长 11.47%；2015 年江苏省为 24 463.27 亿元，较 2014 年增长 3.92%，增速低于广东省。

（4）**创新环境：广东省全国领先，优势明显**

比较发现，广东省的优势比较明显：

一是移动电话普及率。数据显示，截至 2016 年底广东省移动电话普及率为 132.3%，江苏省为 102.8%，高于江苏省接近 30 个百分点。

二是互联网普及率。截至 2016 年底，广东省互联网普及率为 74%，江苏省为 56.6%，高于江苏省 17.4 个百分点。

三是孵化器数量、孵化器基金总额、孵化器获得风险投资额及毕业企业数增速指标。2015 年广东省科技企业孵化器达到 326 个，较 2014 年的 171 个，增长 90.64%；2015 年江苏省孵化器数为 505 个，较 2014 年的 436 个，增长 15.83%。

在孵化器基金总额上，2015 年广东省为 61.85 亿元，较 2014 年的 31.4 亿元，增长 96.97%；2015 年江苏省为 67.91 亿元，较 2014 年的 60.63 亿元，增长 12.01%。

在科技企业孵化器当年获得风险投资额上，2015 年广东省为 34.93 亿元，较 2014 年的 10.34 亿元，增长 237.86%；2015 年江苏省为 42.21 亿元，较 2014 年的 27.66 亿元，增长52.62%。

在孵化器配备的创业导师人数上，2015年广东省孵化器平均配备8.97人，较2014年的6.64人，增长35.09%；2015年江苏省为5.69人，较2014年的5.52人，增长3.08%。

在科技企业孵化器当年毕业企业数量方面，2015年广东省达到3738家，较2014年的922家，增长305.42%；2015年江苏省为5198家，较2014年的1787家，增长190.88%。

（5）创新绩效：广东省保持了传统的强势

近年来，创新绩效一直是广东省的强势指标，在GDP、第三产业增加值、高技术产业主营业务收入、高技术产品出口额等方面，均略高于江苏省。

3.5 大类指标分析

从一级指标看，江苏省知识创造、知识获取优于广东省，但在企业创新、创新环境和创新绩效方面，广东省略胜一筹。其中企业创新指标，2017年江苏省被广东省反超，江苏省和广东省综合指标及排名情况见表3-1。

表3-1 2016年和2017年江苏省和广东省综合指标及排名

指标名称	2016年				2017年			
	广东省		江苏省		广东省		江苏省	
	指标值	排名	指标值	排名	指标值	排名	指标值	排名
综合值	53.62	2	57.2	1	55.24	1	53.30	2
1 知识创造综合指标	35.88	4	47.54	2	39.07	4	47.28	2
1.1 研究开发投入综合指标	36.29	4	38.46	3	33.45	5	37.01	4
1.2 专利综合指标	42.11	4	60.62	2	53.06	4	63.05	2
1.3 科研论文综合指标	22.59	18	39.57	4	22.35	15	36.29	5
2 知识获取综合指标	37.95	4	51.93	2	38.81	4	42.99	3
2.1 科技合作综合指标	30.33	12	48.46	2	25.78	14	40.65	2
2.2 技术转移综合指标	29.64	6	39.87	3	43.76	2	30.12	5
2.3 外资企业投资综合指标	49.9	3	63.58	2	44.87	4	54.40	2
3 企业创新综合指标	64.73	2	66.26	1	66.22	1	62.43	2
3.1 企业研究开发投入综合指标	68.10	2	82.35	1	72.29	2	83.08	1
3.2 设计能力综合指标	78.96	1	53.27	3	69.99	1	42.44	3
3.3 技术提升能力综合指标	35.74	5	56.70	1	50.37	3	56.97	1
3.4 新产品销售收入综合指标	67.31	3	71.20	2	67.32	2	66.89	3
4 创新环境综合指标	49.08	3	50.58	2	54.98	1	46.88	3
4.1 创新基础设施综合指标	42.21	2	45.38	1	51.27	1	43.88	2
4.2 市场环境综合指标	53.69	2	48.89	4	65.39	3	38.29	6
4.3 劳动者素质综合指标	51.85	1	48.32	4	47.66	2	45.15	3
4.4 金融环境综合指标	36.81	4	52.86	2	46.16	3	51.86	2
4.5 创业水平综合指标	60.82	1	57.45	2	64.44	1	55.21	2

续表

指标名称	2016 年				2017 年			
	广东省		江苏省		广东省		江苏省	
	指标值	排名	指标值	排名	指标值	排名	指标值	排名
5 创新绩效综合指标	70.47	1	65.35	2	66.28	1	62.14	2
5.1 宏观经济综合指标	68.35	2	79.18	1	72.69	2	82.56	1
5.2 产业结构综合指标	82.78	1	69.72	2	73.46	1	66.52	2
5.3 产业国际竞争力综合指标	68.5	1	53.12	2	62.09	1	47.97	3
5.4 就业综合指标	78.52	1	60.10	2	68.99	1	51.43	2
5.5 可持续发展与环保综合指标	54.19	27	64.64	20	54.14	25	62.21	20

3.6 近3年两省增速比较

近年来,广东省在政府研发投入、企业研发投入、企业技术改造、技术引进、创新平台建设方面投入力度大,增速明显高于江苏省,表3-2为近3年广东省比江苏省增速快的指标,表3-3为近3年江苏省和广东省基础指标增长情况比较。

表3-2 近3年广东省比江苏省增速快的指标列表

指标名	单位	增速差(广东省-江苏省)	
		3年差 (2017年-2014年)	1年差 (2017年-2016年)
11201 政府研发投入	亿元	24.71%	10.00%
11202 政府研发投入占GDP的比例	%	20.65%	7.65%
12101 发明专利申请受理数(不含企业)	件		162.05%
12102 每万名研发人员发明专利申请受理数(不含企业)	件/万人		163.56%
12104 每亿元研发经费内部支出产生的发明专利申请数(不含企业)	件/亿元		142.10%
13201 国际论文数	篇	12.76%	11.37%
21121 作者异省合作科技论文数	篇		3.35%
21131 作者异国合作科技论文数	篇		13.75%
21201 高校和科研院所研发经费内部支出额中来自企业的资金	万元	22.44%	10.30%
22102 技术市场企业平均交易额(按流向)	万元/项	4.65%	11.68%
22201 规模以上工业企业国内技术成交额	万元	430.91%	354.22%
22202 规模以上工业企业平均国内技术成交额	万元/项	382.67%	344.06%
22301 规模以上工业企业国外技术引进额	万元	90.19%	74.06%
22302 规模以上工业企业平均国外技术引进额	万元/项	77.85%	70.04%
23001 外商投资企业年底注册资金中外资部分	亿美元	6.38%	3.02%
23002 人均外商投资企业年底注册资金中外资部分	美元	4.13%	1.94%
31201 规模以上工业企业研发经费内部投入	亿元	1.62%	1.12%
31202 规模以上工业企业研发经费内部投入占销售收入的比例	%		2.41%

续表

指标名	单位	增速差（广东省-江苏省）	
		3年差（2017年-2014年）	1年差（2017年-2016年）
31301 规模以上工业企业有研发机构的企业数	个	63.58%	65.91%
31302 规模以上工业企业中有研发机构的企业占总企业数的比例	%	50.94%	61.46%
32201 规模拟上工业企业有效发明专利数	件		22.78%
32202 每万家规模以上工业企业平均有效发明专利数	件/万家		19.00%
33101 规模以上工业企业研发经费外部支出	亿元	42.33%	103.99%
33102 规模以上工业企业平均研发经费外部支出	万元/个	30.66%	99.31%
33201 规模以上工业企业技术改造经费支出	万元	6.51%	11.70%
33202 规模以上工业企业平均技术改造经费支出	万元/个	2.61%	9.09%
33301 有电子商务交易活动的企业数	个		6.14%
33302 有电子商务交易活动的企业数占总企业数的比例	%		2.63%
34001 规模以上工业企业新产品销售收入	亿元	9.92%	7.55%
34002 规模以上工业企业新产品销售收入占销售收入的比例	%	4.55%	7.71%
41121 互联网上网人数	万人	6.89%	4.54%
41122 互联网普及率	%	4.88%	2.82%
41211 科技企业孵化器数量	个		74.82%
41212 平均每个科技企业孵化器创业导师人数	人/个		32.01%
42201 科技服务业从业人员数	万人		7.56%
42202 科技服务业从业人员占第三产业从业人员的比例	%		5.80%
43101 教育经费支出	亿元	2.03%	
43102 教育经费支出占GDP的比例	%	3.29%	
44111 规模以上工业企业研发经费内部支出额中获得金融机构贷款额	万元		27.56%
44112 规模以上工业企业研发经费内部支出额中平均获得金融机构贷款额	万元/个		19.06%
44211 科技企业孵化器当年获得风险投资额	万元		185.24%
44212 科技企业孵化器当年风险投资强度	万元/项		30.37%
44221 科技企业孵化器孵化基金总额	万元		84.95%
44222 平均每个科技企业孵化器孵化基金额	万元/个		6.61%
45101 高技术企业数	家	15.80%	4.40%
45102 高技术企业数占规模以上工业企业数的比例	%	9.06%	1.51%
45201 科技企业孵化器当年毕业企业数	家		114.54%
52201 高技术产业主营业务收入	亿元	8.20%	0.57%
52202 高技术产业主营业务收入占GDP的比例	%	8.00%	
54201 高技术产业就业人数	人	1.73%	
55202 每万元GDP电耗总量	千瓦小时/万元		0.28%
55302 每万元GDP工业污水排放量	吨/万元		2.34%
55402 每亿元GDP废气中主要污染物排放量	吨/亿元	5.50%	0.00%

表 3-3　近 3 年江苏省和广东省基础指标增长情况比较

指标名	单位	2014 年		2016 年		2017 年		3 年增长情况		1 年增长情况	
		广东省	江苏省	广东省	江苏省	广东省	江苏省	广东省	江苏省	广东省	江苏省
11101 研究与试验发展人员全时当量	人·年	492 326.9	401 920	506 862	498 801	501 696.4	520 302.5	1.90%	29.45%	-1.02%	4.31%
11102 每万人平均研究与试验发展全时人员当量	人·年/万人	46.47	50.75	47.26	62.66	46.24	65.23	-0.49%	28.53%	-2.16%	4.10%
11201 政府研发投入	亿元	107.9	138.82	116.66	133.31	145.85	153.34	35.17%	10.46%	25.02%	15.03%
11202 政府研发投入占 GDP 的比例	%	0.19	0.26	0.17	0.2	0.2	0.22	5.26%	-15.38%	17.65%	10.00%
12101 发明专利申请受理数（不含企业）	件	60 448	110 091	19 523	106 802	52 269	112 864	—	—	167.73%	5.68%
12102 每万名专利人员发明专利申请受理数（不含企业）	件/万人	57.06	139	289.14	1 578.68	768.39	1 613.23	—	—	165.75%	2.19%
12104 每亿元研发经费内部支出产生的发明专利申请数（不含企业）	件/亿元	48.9	85.48	12.16	64.62	29.07	62.66	—	—	139.06%	-3.03%
12201 发明专利授权数	件	22 153	16 242	22 276	19 671	33 477	36 015	51.12%	121.74%	50.28%	83.09%
12202 每万名研发人员发明专利授权数	件/万人	209.11	205.08	329.91	290.76	492.14	514.78	135.35%	151.01%	49.17%	77.05%
12204 每亿元研发经费内部支出产生的发明专利授权数	件/亿元	17.92	12.61	13.88	11.9	18.62	19.99	3.91%	58.52%	34.15%	67.98%
13101 国内论文数	篇	36 141	50 276	33 787	48 616	31 481	46 555	-12.89%	-7.40%	-6.83%	-4.24%
13201 国际论文数	篇	14 331	27 946	19 338	38 340	24 313	43 846	69.65%	56.90%	25.73%	14.36%
21111 作者同省异单位科技论文数	篇	7 047	8 457	7 377	8 919	854	5 241	-87.88%	-38.03%	-88.42%	-41.24%
21121 作者异省合作科技论文数	篇	3 260	5 543	3 320	5 849	3 379	5 757	3.65%	3.86%	1.78%	-1.57%
21131 作者异国合作科技论文数	篇	358	376	302	414	318	379	-11.17%	0.80%	5.30%	-8.45%
21201 高校和科研院所研发经费内部支出额中来自企业的资金	万元	113 321.6	330 996	162 211.4	445 735.2	163 817.2	404 217.3	44.56%	22.12%	0.99%	-9.31%
22101 技术市场交易额（按流向）	万元	4 215 379	5 149 287	5 607 249	7 001 906	6 521 066	10 163 396	54.70%	97.37%	16.30%	45.15%

续表

指标名	单位	2014年 广东省	2014年 江苏省	2016年 广东省	2016年 江苏省	2017年 广东省	2017年 江苏省	3年增长情况 广东省	3年增长情况 江苏省	1年增长情况 广东省	1年增长情况 江苏省
22102 技术市场企业平均交易额（按流向）	万元/项	189.77	186.61	243.62	257.46	291.17	277.64	53.43%	48.78%	19.52%	7.84%
22201 规模以上工业企业国内技术成交额	万元	81 903.4	294 573	99 084.9	344 360	408 972.6	201 560.1	399.34%	-31.58%	312.75%	-41.47%
22202 规模以上工业企业国内技术成交额	万元/项	2.17	6.42	2.41	7.07	9.71	4.16	347.47%	-35.20%	302.90%	-41.16%
22301 规模以上工业企业国外技术引进额	万元	569 733.4	574 415	567 985.3	454 631.9	873 012.9	362 105.6	53.23%	-36.96%	53.70%	-20.35%
22302 规模以上工业企业国外技术引进额	万元/项	15.08	12.53	13.81	9.33	20.73	7.47	37.47%	-40.38%	50.11%	-19.94%
23001 外商投资企业年底注册资金中外资部分	亿美元	2 301.98	2 803.02	2 732.94	3 256.38	3 080.91	3 572.66	33.84%	27.46%	12.73%	9.71%
23002 人均外商投资企业年底注册资金中外资部分	美元	2 172.91	3 539.18	2 548.44	4 090.9	2 839.81	4 479.1	30.69%	26.56%	11.43%	9.49%
31101 规模以上工业企业研发人员数	万人	51.92	44.8	54.49	55.29	53.43	57.12	2.91%	27.50%	-1.95%	3.31%
31102 规模以上工业企业就业人员中研发人员的比例	%	3.66	4.21	3.71	4.82	3.65	5.02	-0.27%	19.24%	-1.62%	4.15%
31201 规模以上工业企业研发经费内部投入	亿元	1 077.86	1 080.31	1 375.29	1 376.54	1 520.55	1 506.51	41.07%	39.45%	10.56%	9.44%
31202 规模以上工业企业研发经费内部投入占销售收入的比例	%	1.15	0.91	1.19	0.97	1.28	1.02	11.30%	12.09%	7.56%	5.15%
31301 规模以上工业企业有研发机构的企业数	个	2 601	14 660	2 908	17 788	5 002	18 872	92.31%	28.73%	72.01%	6.09%
31302 规模以上工业企业中有研发机构的企业占总企业数的比例	%	6.88	31.97	7.07	36.52	11.88	38.92	72.67%	21.74%	68.03%	6.57%
32101 规模以上工业企业发明专利申请数	件	—	—	55 624	39 858	51 672	41 744	—	—	-7.10%	4.73%
32102 规模以上工业企业每万名研发人员平均发明专利申请数	件/万人	—	—	1 020.8	720.84	967.11	730.83	—	—	-5.26%	1.39%
32201 规模以上工业企业有效发明专利数	件	—	—	126 936	73 252	17 7047	85 485	—	—	39.48%	16.70%

续表

指标名	单位	2014年 广东省	2014年 江苏省	2016年 广东省	2016年 江苏省	2017年 广东省	2017年 江苏省	3年增长情况 广东省	3年增长情况 江苏省	1年增长情况 广东省	1年增长情况 江苏省
32202 每万家规模以上工业企业平均有效发明专利数	件/万家	—	—	30 859.89	15 039.01	42 040.94	17 630.14	—	—	36.23%	17.23%
33101 规模以上工业企业研发经费外部支出	亿元	47.69	36.83	49.85	68.74	92.13	55.56	93.19%	50.86%	84.81%	-19.17%
33102 规模以上工业企业平均研发经费外部支出	万元/个	12.62	8.03	12.12	14.11	21.88	11.46	73.38%	42.71%	80.53%	-18.78%
33201 规模以上工业企业技术改造经费支出	万元	2 229 423	7 178 935	1 795 759	6 031 289	1 720 249	5 072 045	-22.84%	-29.35%	-4.20%	-15.90%
33202 规模以上工业企业平均技术改造经费支出	万元/个	59	157	43.66	123.83	40.85	104.6	-30.76%	-33.38%	-6.44%	-15.53%
33301 有电子商务活动的企业数	个	—	—	8 222	9 013	10 774	11 257	—	—	31.04%	24.90%
33302 有电子商务交易活动的企业数占总企业数的比例	%	—	—	8.9	8.69	11.5	11.0	—	—	29.21%	26.58%
34001 规模以上工业企业新产品销售收入	亿元	15 402.85	17 845.4	20 313.32	23 540.93	22 642.5	24 463.27	47.00%	37.08%	11.47%	3.92%
34002 规模以上工业企业新产品销售收入占销售收入的比例	%	16.42	14.96	17.59	16.58	19	16.63	15.71%	11.16%	8.02%	0.30%
41121 互联网上网人数	万人	6 627	3 952	7 286	4 274	8 024	4 513	21.08%	14.20%	10.13%	5.59%
41122 互联网普及率	%	62.55	49.9	68.5	53.8	74	56.6	18.31%	13.43%	8.03%	5.20%
41211 科技企业孵化器数量	个	—	—	171	436	326	505	—	—	90.64%	15.83%
41212 平均每个科技企业孵化器创业导师人数	人/个	—	—	6.64	5.52	8.97	5.69	—	—	35.09%	3.08%
42101 按目的地和货源地划分进出口总额	亿美元	—	—	12 419.43	6 091.29	11 651.88	5 809.73	—	—	-6.18%	-4.62%
42102 按目的地和货源地划分进出口总额占GDP的比例	%	—	—	112.51	57.49	99.67	51.61	—	—	-11.41%	-10.23%
42201 科技服务业从业人员数	万人	—	—	31.93	21.51	34.73	21.77	—	—	8.77%	1.21%
42202 科技服务业从业人员占第三产业从业人员的比例	%	—	—	4.15	4.27	4.42	4.3	—	—	6.51%	0.70%

续表

指标名	单位	2014年 广东省	2014年 江苏省	2016年 广东省	2016年 江苏省	2017年 广东省	2017年 江苏省	3年增长情况 广东省	3年增长情况 江苏省	1年增长情况 广东省	1年增长情况 江苏省
42301 居民消费水平	元	21 823.28	19 452.3	24 582	28 316	26 364.97	31 682.44	20.81%	62.87%	7.25%	11.89%
43101 教育经费支出	亿元	1 884.64	1 588.21	2 477.55	1 986.28	2 022	1 671.68	7.29%	5.26%	-18.39%	-15.84%
43102 教育经费支出占GDP的比例	%	3.3	2.94	3.65	3.05	2.78	2.38	-15.76%	-19.05%	-23.84%	-21.97%
44111 规模以上工业企业研发经费内部支出	万元	72 726.2	133 923	111 194.9	154 307.6	114 400.8	173 760.2	57.30%	29.75%	2.88%	12.61%
44112 规模以上工业企业研发经费内部支出额中获得金融机构贷款额	万元	1.92	2.92	2.7	3.17	2.72	3.58	41.67%	22.60%	0.74%	12.93%
44211 科技企业孵化器当年获得风险投资额	万元	—	—	103 400.2	276 552.1	349 343	422 062.6	237.86%	52.62%	237.86%	52.62%
44212 科技企业孵化器当年风险投资强度	万元/项	—	—	377.37	321.2	542.46	364.16	43.75%	13.37%	43.75%	13.37%
44221 科技企业孵化器基金总额	万元	—	—	314 009.9	606 300.5	618 490.8	679 122.7	96.97%	12.01%	96.97%	12.01%
44222 平均每个科技企业孵化器基金额	万元/个	—	—	1 836.32	1 390.6	1 897.21	1 344.8	3.32%	-3.29%	3.32%	-3.29%
45101 高新技术企业数	家	5 059	4 598	5 874	4 852	6 194	4 903	22.44%	6.63%	5.45%	1.05%
45102 高新技术企业数占规模以上工业企业数的比例	%	13.39	10.03	14.28	9.96	14.71	10.11	9.86%	0.80%	3.01%	1.51%
45201 科技企业孵化器当年毕业企业数	家	—	—	922	1 787	3 738	5 198	305.42%	—	305.42%	190.88%
45202 平均每个科技企业孵化器当年毕业企业数	家/个	—	—	5.39	4.1	11.47	10.29	112.80%	—	112.80%	150.98%
51001 地区GDP	亿元	57 067.92	54 058.2	67 809.85	65 088.32	72 812.55	70 116.38	27.59%	29.71%	7.38%	7.72%
51002 人均GDP水平	元	54 095	68 347	63 469	81 874	67 503	87 995	24.79%	28.75%	6.36%	7.48%
52101 第三产业增加值	亿元	26 519.69	23 518	33 223.28	30 599.49	36 853.47	34 085.88	38.97%	44.94%	10.93%	11.39%
52102 第三产业增加值占GDP的比例	%	46.47	43.5	48.99	47.01	50.61	48.61	8.91%	11.75%	3.31%	3.40%
52201 高技术产业主营业务收入	亿元	25 046.6	22 863.6	30 328.87	26 113.9	33 308.07	28 530.17	32.98%	24.78%	9.82%	9.25%

续表

指标名	单位	2014年 广东省	2014年 江苏省	2016年 广东省	2016年 江苏省	2017年 广东省	2017年 江苏省	3年增长情况 广东省	3年增长情况 江苏省	1年增长情况 广东省	1年增长情况 江苏省
52202 高技术产业主营业务收入占GDP的比例	%	43.89	42.29	47.79	31.9	45.74	40.69	4.22%	-3.78%	-4.29%	27.55%
53001 高技术产品出口额	10^6 美元	—	—	231 055.8	129 363.6	232 572.5	131 110.1	—	—	0.66%	1.35%
53002 高技术产品出口额占地区出口总额的比例	%	—	—	35.76	37.84	31.85	37.59	—	—	-10.93%	-0.66%
54201 高技术产业就业人数	人	3 842 200	2 486 100	3 872 690	2 446 480	3 890 108	2 473 976	1.25%	-0.49%	0.45%	1.12%
55101 万元地区生产总值能耗（等价值）	吨标准煤/万元	0.56	0.6	0.48	0.46	0.45	0.43	24.44%	39.53%	6.67%	6.98%
552Q2 每万元GDP电耗总量	千瓦小时/万元	809.46	847.4	772.05	770.11	729.36	729.46	10.98%	16.17%	5.85%	5.57%
553Q2 每万元GDP工业污水排放量	吨/万元	14.69	11.07	13.35	9.24	12.52	8.86	17.33%	24.94%	6.63%	4.29%
554C2 每亿元GDP废气中主要污染物排放量	吨/亿元	42.6	53.92	33.95	44.57	27.78	36.47	53.35%	47.85%	22.21%	22.21%

3.7 小　　结

在 2017 年的《中国区域创新能力评价报告》中，广东省已经成为国内创新地区的领头羊，对此我们的一个结论是：基于客户中心的开放创新，已经是当今中国最具影响力的一种创新模式。以客户为中心的创新模式重视市场导向和企业家精神。广东省作为改革开放时的经济后发地区，其当地企业具有很强的创业精神。原先的制造业基础薄弱与外向型经济模式使广东省的产业转型成本低，并使广东省重视开放创新。因此，创业精神和开放文化的价值在创新驱动发展中远高于资源禀赋的作用。只要注重创业创新，后发地区可以实现跨越追赶。

江苏省是一个基于强实体经济的创新地区。其"工程技术型+效率驱动型"的创新模式在我国工业化过程中起着重要的作用。但是，随着经济从实向虚，这一模式会受到挑战与影响。江苏省企业在面向市场端的产业，没有出现像华为和美的那样的全球化公司，也缺乏掌握市场客户端如阿里巴巴那样的公司。然而，实体经济制造业依旧是一国经济增长的重要引擎，江苏省凭借创业精神、创新文化，以及雄厚的工业基础，只要借助"互联网+"的浪潮推动本省的产业成功升级，仍将是中国创新最前沿的地区。

第 3 章 广东省和江苏省创新能力比较分析

附表 3-1　2016 年和 2017 年江苏省和广东省知识创造基础指标及排名比较

知识创造基础指标	2016 年				2017 年				单位
	广东省	江苏省	广东省排名	江苏省排名	广东省	江苏省	广东省排名	江苏省排名	
11101 研究与试验发展人员全时当量	506 862	498 801	1	2	501 696.4	520 302.5	2	1	人·年
11102 每万人平均研究与试验发展全时人员当量	47.26	62.66	6	4	46.24	65.23	6	5	人·年/万人
11103 研究与试验发展人员当量增长率	11.83	14.51	8	4	0.64	9.1	24	7	%
11201 政府研发投入	116.66	133.31	6	5	145.85	153.34	6	5	亿元
11202 政府研发投入占 GDP 的比例	0.17	0.2	19	13	0.2	0.22	16	15	%
11203 政府研发投入增长率	11.23	8.66	19	26	11.04	3.72	15	31	%
12101 发明专利申请受理数（不含企业）	19 523	106 802	10	1	52 269	112 864	4	1	件
12102 每万名研发人员发明专利申请受理数	289.14	1 578.68	29	6	768.39	1 613.23	19	7	件/万人
12103 发明专利申请受理数（不含企业）增长率	-10.35	-1.26	29	25	167.73	5.68	1	28	%
12104 每亿元研发经费内部支出产生的发明专利申请数	12.16	64.62	30	7	29.07	62.66	26	9	件/亿元
12201 发明专利授权数	22 276	19 671	2	3	33 477	36 015	3	1	件
12202 每万名研发人员发明专利授权数	329.91	290.76	4	8	492.14	514.78	8	5	件/万人
12203 发明专利授权数增长率	23.59	35.68	25	8	17.29	34.54	27	4	%
12204 每亿元研发经费内部支出产生的发明专利授权数	13.88	11.9	9	15	18.62	19.99	11	8	件/亿元
13101 国内论文数	33 787	48 616	3	2	31 481	46 555	3	2	篇
13102 每十万名研发人员平均发表的国内论文数	5 003.95	7 186.12	30	26	4 627.95	6 654.38	31	26	篇/10 万人
13103 国内论文数量增长率	2.24	5.19	24	13	-4.45	-2.52	28	19	%
13201 国际论文数	19 338	38 340	7	2	24 313	43 846	5	2	篇
13202 每十万名研发人员平均发表的国际论文数	2 864.01	5 667.19	27	14	3 574.2	6 267.17	27	15	篇/10 万人
13203 国际论文数增长率	15.05	16.99	13	10	19.4	16.38	9	15	%

附表 3-2 2016 年和 2017 年江苏省和广东省知识获取基础指标及排名比较

知识获取基础指标	2016 年				2017 年				单位
	广东省	江苏省	广东省排名	江苏省排名	广东省	江苏省	广东省排名	江苏省排名	
21111 作者同省异单位科技论文数	7 377	8 919	3	2	854	5 241	27	4	篇
21112 每十万研发人员作者同省异单位科技论文数	1 092.56	1 318.35	29	25	125.54	749.13	28	24	篇/10万人
21113 同省异单位科技论文数增长率	3.42	7.17	23	11	5.88	-0.98	3	23	%
21121 作者异省合作科技论文数	3 320	5 849	4	2	3 379	5 757	4	2	篇
21122 每十万研发人员作者异省科技论文数	491.7	864.56	31	27	496.74	822.88	31	27	篇/10万人
21123 作者异省科技论文数增长率	0.35	3.42	26	13	1.27	1.35	22	18	%
21131 作者异国合作科技论文数	302	414	4	2	318	379	4	2	篇
21132 每十万研发人员作者异国科技论文数	44.73	61.19	26	18	46.75	54.17	24	20	篇/10万人
21133 作者异国科技论文数增长率	-6.16	3.95	26	10	-3.63	0.64	19	13	%
21201 高校和科研院所研发经费内部支出额中来自企业资金	162 211.4	445 735.2	11	2	163 817.2	404 217.3	11	2	万元
21202 高校和科研院所研发经费内部支出额中来自企业资金的比例	15.68	21.27	9	6	12.9	18.23	10	7	%
21203 高校和科研院所研发经费内部支出额中来自企业资金增长率	16.46	8.7	11	22	12.14	6.87	8	20	%
22101 技术市场交易额（按流向）	5 607 249	7 001 906	3	2	6 521 066	10 163 396	3	2	万元
22102 技术市场企业平均交易额（按流向）	243.62	257.46	19	16	291.17	277.64	14	15	万元/项
22103 技术市场交易额的增长率	22.36	60.91	23	5	15.66	26.12	18	15	%
22201 规模以上工业企业国内技术成交额	99 084.9	344 360	7	1	408 972.6	201 560.1	1	5	万元
22202 规模以上工业企业平均国内技术成交额	2.41	7.07	23	8	9.71	4.16	6	15	万元/项
22203 规模以上工业企业国内技术成交额增长率	14.6	5.05	12	18	115.01	-5.95	5	23	%
22301 规模以上工业企业国外技术引进额	567 985.3	454 631.9	2	3	873 012.9	362 105.6	1	3	万元

第 3 章 | 广东省和江苏省创新能力比较分析

续表

知识获取基础指标	2016 年				2017 年				单位
	广东省	江苏省	广东省排名	江苏省排名	广东省	江苏省	广东省排名	江苏省排名	
22302 规模以上工业企业平均引进国外技术引进额	13.81	9.33	7	10	20.73	7.47	7	14	万元/项
22303 规模以上工业企业国外技术引进额增长率	-4.75	9.09	22	14	17.84	-14.12	12	25	%
23001 外商投资企业年底注册资金中外资部分	2 732.94	3 256.38	2	1	3 080.91	3 572.66	3	1	亿美元
23002 人均外商投资企业年底注册资金中外资部分	2 548.44	4 090.9	5	4	2 839.81	4 479.1	5	4	万美元
23003 外商投资企业年底注册资金中外资部分增长率	7.1	9.65	24	17	10.22	8.43	19	24	%

附表 3-3 2016 年和 2017 年江苏省和广东省企业创新基础指标及排名比较

企业创新基础指标	2016 年				2017 年				单位
	广东省	江苏省	广东省排名	江苏省排名	广东省	江苏省	广东省排名	江苏省排名	
31101 规模以上工业企业研发人员数	54.49	55.29	2	1	53.43	57.12	2	1	万人
31102 规模以上工业企业就业人员中研发人员比例	3.71	4.82	10	5	3.65	5.02	11	5	%
31103 规模以上工业企业研发人员增长率	12.69	12.82	17	15	0.98	8.53	24	13	%
31201 规模以上工业企业研发活动经费内部支出总额	1 375.29	1 376.54	2	1	1 520.55	1 506.51	1	2	亿元
31202 规模以上工业企业研发活动经费内部支出总额占销售收入的比例	1.19	0.97	3	6	1.28	1.02	4	6	%
31203 规模以上工业企业研发活动经费内部支出总额增长率	19.22	18.2	17	20	12.17	11.74	18	20	%
31301 规模以上工业企业有研发机构的企业数	2 908	17 788	4	1	5 002	18 872	3	1	个
31302 规模以上工业企业中有研发机构的企业占企业数的比例	7.07	36.52	16	1	11.88	38.92	6	1	%
31303 规模以上工业企业有研发机构的企业数增长率	4.53	35.09	22	2	27.84	8.82	3	18	%
32101 规模以上工业企业发明专利申请数	55 624	39 858	1	2	51 672	41 744	1	2	件
32102 规模以上工业企业每万名研发人员平均发明专利申请数	1 020.8	720.84	3	10	967.11	730.83	4	11	件/万人

续表

企业创新基础指标		2016年			2017年			单位
		广东省	江苏省	广东省排名	江苏省排名	广东省	江苏省	广东省排名	江苏省排名	单位

企业创新基础指标	广东省	江苏省	广东省排名	江苏省排名	广东省	江苏省	广东省排名	江苏省排名	单位
32103 规模以上工业企业发明专利申请增长率	17.82	20.45	11	10	-7.1	4.73	24	11	%
32201 规模以上工业企业有效发明专利数	126 936	73 252	1	2	177 047	85 485	1	2	件
32202 每万家规模以上工业企业平均有效发明专利数	30 859.89	15 039.01	3	6	42 040.94	17 630.14	2	6	件/万家
32203 规模以上工业企业有效发明专利增长率	30.79	38.95	18	11	39.48	16.7	10	22	%
33101 规模以上工业企业研发经费外部支出	49.85	68.74	3	11	92.13	55.56	1	3	亿元
33102 规模以上工业企业平均研发经费外部支出	12.12	14.11	14	11	21.88	11.46	6	15	万元/个
33103 规模以上工业企业研发经费外部支出增长率	2.13	22.91	28	11	30.1	20.75	1	9	%
33201 规模以上工业企业技术改造经费支出	1 795 759	6 031 289	6	1	1 720 249	5 072 045	5	1	万元
33202 规模以上工业企业平均技术改造经费支出	43.66	123.83	29	11	40.85	104.6	30	13	万元/个
33203 规模以上工业企业技术改造经费支出增长率	-3.81	3.86	20	12	-6.43	-10.84	17	22	%
33301 有电子商务交易活动的企业数	8 222	9 013	3	2	10 774	11 257	2	1	个
33302 有电子商务交易活动的企业数占总企业数的比例	8.9	8.69	5	7	11.5	11.0	7	8	%
33303 有电子商务交易活动的企业数增长率	21.14	54.12	30	24	31.04	24.9	26	28	%
34001 规模以上工业企业新产品销售收入	20 313.32	23 540.93	2	1	22 642.5	24 463.27	2	1	亿元
34002 规模以上工业企业新产品销售收入占销售收入的比例	17.59	16.58	7	8	19	16.63	6	8	%
34003 规模以上工业企业新产品销售收入增长率	21.45	21.25	12	13	12.12	11.66	9	10	%

附表3-4 2016年和2017年江苏省和广东省创新环境基础指标及排名比较

创新环境基础指标	广东省	江苏省	广东省排名	江苏省排名	广东省	江苏省	广东省排名	江苏省排名	单位
41111 移动电话用户数（2016年使用的电话用户数，下同）	17 893.94	10 203.96	1	2	14 353.23	8 199.64	1	3	万户
41112 移动电话普及率	166.86	128.19	3	7	132.3	102.8	2	8	部/100人
41113 移动电话用户数增长率	0.49	-0.27	24	27	-0.87	2.58	30	26	%

续表

创新环境基础指标	2016年				2017年				单位
	广东省	江苏省	广东省排名	江苏省排名	广东省	江苏省	广东省排名	江苏省排名	
41121 互联网上网人数	7286	4274	1	3	8 024	4 513	1	3	万人
41122 互联网普及率	68.5	53.8	3	8	74	56.6	3	8	%
41123 互联网上网人数增长率	7.19	11.34	29	25	3.3	2.2	21	25	%
41211 科技企业孵化器数量	171	436	2	1	326	505	2	1	个
41212 平均每个科技企业孵化器创业导师人数	6.64	5.52	19	22	8.97	5.69	18	24	人/个
41213 科技企业孵化器增长率	18.75	-1.8	12	27	90.64	15.83	10	25	%
42101 按目的地和货源地划分进出口总额	12 419.43	6 091.29	1	2	11 651.88	5 809.73	1	2	亿美元
42102 按目的地和货源地划分进出口总额占GDP的比例	112.51	57.49	2	4	99.67	51.61	2	4	%
42103 按目的地和货源地划分进出口总额增长率	-3.06	2.67	29	27	6.59	4.85	18	23	%
42201 科技服务业从业人员数	31.93	21.51	2	4	34.73	21.77	2	4	万人
42202 科技服务业从业人员占第三产业从业人员的比例	4.15	4.27	13	12	4.42	4.3	11	14	%
42203 科技服务业从业人员增长率	8.23	12.02	11	4	8.78	1.2	2	13	%
42301 居民消费水平	24 582	28 316	6	4	26 364.97	31 682.44	6	4	元
42303 居民消费水平增长率	8.3	11.9	20	3	6.81	-51.84	23	31	%
43101 教育经费支出	2 477.55	1 986.28	1	2	2 022	1 671.68	1	2	亿元
43102 教育经费支出占GDP的比例	3.65	3.05	22	30	2.78	2.38	26	31	%
43103 教育经费支出增长率	14.41	13.13	24	26	3.65	2.66	22	26	%
43201 6岁及6岁以上人口中大专以上学历人口数（抽样数）	7 693	8 796	2	1	186 951	190 987	2	1	人
43202 6岁及6岁以上人口中大专以上学历所占的比例	9.38	14.28	23	6	11.99	16.42	19	6	%
43203 6岁及6岁以上人口中大专以上学历人口增长率	24.04	10.41	5	16	27.8	14.99	13	17	%

续表

创新环境基础指标	2016年				2017年				单位
	广东省	江苏省	广东省排名	江苏省排名	广东省	江苏省	广东省排名	江苏省排名	
44111 规模以上工业企业研发经费内部支出额中获得金融机构贷款额	111 194.9	154 307.6	2	1	114 400.8	173 760.2	3	1	万元
44112 规模以上工业企业研发经费内部支出额中平均获得金融机构贷款额	2.7	3.17	8	6	2.72	3.58	9	6	万元/个
44113 规模以上工业企业研发经费内部支出额中获得金融机构贷款额增长率	27.08	3.14	14	29	16.83	9.96	20	24	%
44211 科技企业孵化器当年获得风险投资额	103 400.2	276 552.1	4	2	349 343	422 062.6	4	3	万元
44212 科技企业孵化器当年风险投资强度	377.37	321.2	6	8	542.46	364.16	5	12	万元/项
44213 科技企业孵化器当年获得风险投资额增长率	28.86	37.32	18	13	237.86	52.62	6	19	%
44221 科技企业孵化器基金总额	314 009.9	606 300.5	2	1	618 490.8	679 122.7	2	1	万元
44222 平均每个科技企业孵化器基金额	1 836.32	1 390.6	6	10	1 897.21	1 344.8	7	12	万元/个
44223 科技企业孵化器基金总额增长率	-0.51	54.01	26	10	96.97	12.01	11	21	%
45101 高技术企业数	5874	4852	1	2	6194	4903	1	2	家
45102 高技术企业数占规模以上工业企业数的比例	14.28	9.96	2	6	14.71	10.11	2	6	%
45103 高技术企业数增长率	7.84	7.49	22	23	7.13	2.2	16	24	%
45201 科技企业孵化器当年毕业企业数	922	1787	3	1	3738	5198	2	1	家
45202 平均每个科技企业孵化器当年毕业企业数	5.39	4.1	12	18	11.47	10.29	19	22	家/个
45203 科技企业孵化器当年毕业企业数增长率	1.88	1.3	18	19	65.76	5.16	12	22	%

附表3-5 2016年和2017年江苏省和广东省创新绩效基础指标及排名比较

创新绩效基础指标	2016年				2017年				单位
	广东省	江苏省	广东省排名	江苏省排名	广东省	江苏省	广东省排名	江苏省排名	
51001 地区GDP	67 809.85	65 088.32	1	2	72 812.55	70 116.38	1	2	亿元
51002 人均GDP水平	63 469	81 874	9	4	67 503	87 995	8	4	元
51003 地区GDP增长率	7.8	8.7	23	16	8	8.53	17	11	%

续表

创新绩效基础指标		2016年				2017年			单位
		广东省	江苏省	广东省排名	江苏省排名	广东省	江苏省	广东省排名	江苏省排名	
52101	第三产业增加值	33 223.28	30 599.49	1	2	36 853.47	34 085.88	1	2	亿元
52102	第三产业增加值占GDP的比例	48.99	47.01	6	8	50.61	48.61	8	11	%
52103	第三产业增加值增长率	13.19	18	27	8	11.59	13.18	24	16	%
52201	高技术产业主营业务收入	30 328.87	26 113.9	1	2	33 308.07	28 530.17	1	2	亿元
52202	高技术产业主营业务收入占GDP的比例	47.79	31.9	1	2	45.74	40.69	1	2	%
52203	高技术产业主营业务收入增长率	9.72	13.07	25	21	9.82	9.25	21	22	%
53001	高技术产品出口额	231 055.8	129 363.6	1	2	232 572.5	131 110.1	1	2	10⁶美元
53002	高技术产品出口额占地区出口总额的比例	35.76	37.84	9	8	31.85	37.59	10	8	%
53003	高技术产品出口额增长率	-9.9	1.09	27	20	0.66	1.35	13	12	%
54101	城镇登记失业率	2.44	3.01	4	8	2.45	3	28	21	%
54103	城镇登记失业率下降率	1.27	1.22	16	15	-0.41	0.33	18	12	%
54201	高技术产业就业人数	3 872 690	2 446 480	1	2	3 890 108	2 473 976	1	2	人
54202	高技术产业就业人数占总就业人数的比例	19.63	15.27	1	2	20.08	15.98	1	2	%
54203	高技术产业就业人数增长率	4.73	4.88	25	24	0.42	-0.16	21	23	%
55101	万元地区生产总值能耗（等价值）	0.48	0.46	3	2	0.45	0.43	3	2	吨标准煤/万元
55102	万元地区生产总值能耗（等价值）下降率	3.56	5.92	25	8	6.06	7.22	15	10	%
55201	电耗总量	5 235.23	5 012.54	31	30	5 310.69	5 114.7	31	29	亿千瓦小时
55202	每万元GDP电耗总量	772.05	770.11	19	17	729.36	729.46	15	16	千瓦小时/万元
55203	电耗总量增长率	7.95	7.69	17	16	4.8	3.79	20	17	%
55301	工业污水排放总量	905 082.1	601 157.9	31	30	911 522.6	621 302.8	31	30	万吨
55302	每万元GDP工业污水排放率	13.35	9.24	29	9	12.52	8.86	27	5	吨/万元
55303	工业污水排放总量增长率	29.4	11.79	25	6	2.83	1.28	20	9	%
55401	废气中主要污染物排放量	230.18	290.1	23	25	202.3	255.72	23	25	万吨
55402	每亿元GDP废气中主要污染物排放量	33.95	44.57	3	7	27.78	36.47	3	6	吨/亿元
55403	废气中主要污染物排放量增长率	-13.06	-9.76	3	13	-5.82	-4.04	4	9	%

第4章 广东省创新驱动模式分析

2016年2月,广东省召开创新驱动发展大会,强调要把创新驱动发展作为经济社会发展的核心战略和经济结构调整的总抓手落到实处,不断开创广东省创新驱动发展新局面。作为率先实施创新驱动发展战略的省份,广东省紧抓科技创新,带动全省创新驱动新局面。广东省初步构建起开放型区域创新体系,以创新为主要引领和支撑的经济体系和发展模式正在加速形成,为建设创新型国家不断提供新鲜经验和成功范例。习近平更是对广东省寄予厚望:"广东是经济大省,不仅地区生产总值要支撑全国,结构调整也要支撑全国,必须在推动经济结构战略性调整上走在前列,当好创新驱动发展的排头兵。"

近年来,广东省科技综合实力和自主创新能力稳步提升,区域创新能力不断加强。2016年,广东全省研发经费支出占比提高到2.58%,年末县及县级以上国有研究与开发机构、科技情报和文献机构有365个,规模以上工业企业拥有技术开发机构5920个,全省R&D人员为51万人·年(折合全时当量),有效发明专利量和PCT国际专利申请受理量分别增长21%和55%,技术自给率达71%,科技进步贡献率超过57%,基本达到创新型国家和地区水平。

4.1 广东省创新驱动类型:效率驱动型+客户中心型

广东省是我国开放创新的典型,是我国外贸的前沿阵地。改革开放后,广东省引进外贸早且多,帮助外国企业进行简单的产品制造。近10年来,广东省致力于打造自主品牌,研发自主核心技术,发展国际化的本土企业。

广东省也是客户中心的创新类型,是因为广东省出现了大量的基于互联网的企业,面向客户创新的产业,如网络媒体产业和智能手机产业的快速发展,出现了如华为、OPPO、vivo等众多知名企业。当然,这也与当地企业家具有冒险精神有关。

广东省高度重视科技和创新。2016年高技术企业数量达到19 857家,总量居全国第一;是我国重要的大数据和人工智能产业集聚区域。高度鼓励创新创业,重视中小企业的发展,2016年,广东省众创空间有365家,数量居全国第一。与此同时,广东省是全国拥抱新技术革命步伐最快的地区之一。基于数字化的新兴全球化企业不断涌现,如腾讯、美的、华为。

4.2 从 OEM① 向自主品牌发展

过去广东省发展主要依靠外贸经济，企业没有自主品牌和设计，缺乏长久的生命力。全球产业链可以分为产品研发、制造加工、流通三个环节。从过程产品到最终产品再到最终产品销售，产业链上各环节创造的价值随各种要素密集度的变化而变化。这种变化就像一条"微笑曲线"，在产业链中，附加值更多地体现在两端（设计和销售），处于中间环节的制造附加值最低。过去广东省的企业由于缺少核心技术，主要从事制造加工环节的生产，就处于"微笑曲线"的中间，利润率很低。但随着社会经济的发展，广东省并没有继续局限于外贸经济，反而开始重视科技，重视创新创业，大力发展高科技产业，从而成功实现了区域发展转型，并成为我国重要的区域创新中心。

区域创新中心包括两种类型：原创型和后发型。原创型区域创新中心，是指原创性科技成果的发源地和集聚区，通过从研究网络到开发网络再到生产网络，实现科技成果的产业化和新兴产业的发展。而后发型区域创新中心，则是指通过创新资源的引进和集聚逐渐发展起来的创新型新兴城市，在发展的初始阶段，主要是引进和集聚已经成长起来的科技公司，在价值网络形态上，表现为先有生产和研发网络，再出现研究网络。美国硅谷是原创型区域创新中心的典型代表。硅谷位于美国加利福尼亚州旧金山以南，作为研究网络的核心节点，斯坦福大学在硅谷的形成和发展过程中发挥了至关重要的作用。台湾省新竹市则是后发型区域创新中心的代表。台湾新竹科学工业园区诞生于 1980 年，瞄准硅谷半导体产业新兴和扩散的历史机遇，通过代工和技术、资本、人才的引进和再开发，新竹市逐渐发展为世界 ICT② 产业的科技创新中心。

广东省和台湾省类似，都属于后发型区域创新中心。改革开放以来，广东省牢牢把握在全国开放中先走一步的机遇，充分发挥毗邻港澳、华侨众多的地缘、人缘优势，大力发展外向型经济，积极推动对外经济贸易的发展，取得了令人瞩目的成绩。广东省对外经济贸易的快速发展，为全省国民经济的发展注入了强劲的动力，为广东省的经济建设和现代化事业提供了巨大的支撑。

广东省开始的发展模式是学习台湾省——从出口中学习。出口学习效应认为，出口贸易会提高企业的生产率水平，进入国际市场后，多样化国际需求和强劲的竞争对手使企业有更多机会学习国外的先进技术和管理方式，促进企业提高学习能力和创新能力（Aw et al.，2000）；同时，企业还会面临比国内市场竞争更为激烈的国际市场竞争，出口企业在竞争促进的压力下获得比完全内销企业更快的生产率提高。大量对发展中国家经济体的实证检验都支持了出口学习效应假说，即发展中国家可以通过参与国际竞争实现国内生产效率的改善（Aw et al.，2000；De Loecker，2007；Alvarez and López，2005）。所以，出口学习效应常被看作发展中国家吸收、学习发达国家先进技术，提高企业自主创新能力的关键途径之一。

---

① OEM, original equipment manufacturer, 原始设备制造商，俗称代工（生产）。
② ICT, information communications technology, 信息通信技术。

过去广东省承担了大量外贸业务，帮助外国企业进行简单的产品制造，在这个过程中，获得了大量从出口中学习的经验，对中国改革开放发展初期阶段的企业家了解国际市场、国际管理模式、国际产品设计等很有帮助。有与外商合作经验的企业与从来没有机会进入国际市场的企业相比，一定具有不可替代的优势。但与此同时，出口学习效应也有一定的局限性，单纯依赖于出口的地区很容易被锁定，以台湾省为例，台湾省制造业在发展过程中只考虑依靠成本优势取胜，产品缺乏质量，走低端路线，优质但价格稍高的品牌产品反而被打压，最后市场进入一种恶性竞争，阻碍整个行业的发展。

与台湾省不同的是，现在广东省开始逐步从模仿制造向自主品牌制造发展。广东省若想提升市场竞争力尤其国际竞争力，就必须大力打造和推广自主品牌，加强品牌建设，提高经济软实力。根据国内外发展经验，广东省自主品牌的提高不仅要在生产技术、文化个性等方面做出创新，同时在商业模式方面也需要创新。

为打破外资对企业的品牌垄断和对产业核心技术的垄断，获得产业链高端附加值，必须致力于打造自主品牌，研发自主核心技术，发展具有国际竞争能力的本土企业。一方面，本土企业是打造自主品牌的主体和重要保障。要打造自主品牌，首先要建设一批具有创新发展潜力的本土企业。另一方面，打造自主品牌对发展本土企业具有直接的推动作用。我国很多自主品牌的建设都极大地促进了本土企业的发展。自主品牌的发展有两种路线可选：一是走日本、德国的路线，精细化高质量的制造，但这种路线可能并不适合中国的文化，中国往往强调速度而忽视质量，没有精益求精的制造追求。二是走智能制造路线，这种路线可能更适合中国。以东莞市智能手机产业为例，东莞市在全球制造业当中占有重要地位，与以前不同的是，现在是自主品牌的智能手机的生产，全球每6部智能手机就有一部产自东莞市，如图4-1为2016年全年前五大中国大陆主流厂商智能手机市场销量份额。

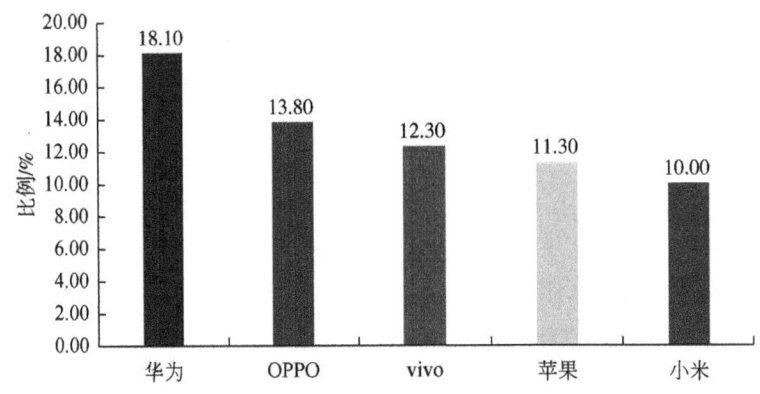

图4-1 2016年全年前五大中国大陆主流厂商智能手机市场销量份额

近年来，在错综复杂的国际局势和不断加大的经济下行压力下，广东省本土企业主动适应新常态，大力发展新经济、培育新动力、打造新引擎，积极引领广东全省的创新驱动发展，成为广东省自主品牌"走出去"的主力军。2016年广东省入选世界500强的企业有9家，比上年度增加3家。这9家企业都集中在珠江三角洲核心区，其中深圳市5家，广州市3家，佛山市也有1家。广东省大型本土企业在世界500强中的地位进一步巩固，中国平安保险（集团）股份有限公司排名提高 55 位，首次进入 50 强。广东省入选中国企业 500 强的有 48 家，占全国的 9.6%。到 2016 年，广东省本土企业 500 强中，百亿级企业所占数量接近 1/4，超过千亿的特大型企业达到 16 家，从行业分布来看，这些企业有 52% 属制造业，40% 属服务业，7% 属流通业，1% 属综合类行业。

目前广东省已经开始创新发展转型之路，开始从低端制造向自主品牌转型，从低成本向高科技产业转型，从劳动密集向人才密集转型，广东省如何走出原有的发展模式实现转型是值得我们思考的问题。本报告认为，广东省要实现创新发展转型主要依靠以下几点。

4.3 对科技的重视

当今时代的两个显著特点就是世界经济一体化和以计算机为代表的信息技术的快速发展。广东省作为我国创新发展领头区域，其对科技的重视不言而喻。近年来，广东省重视软件，重视创造性，重视科技的作用。广东省委省政府借鉴国内外先进经验，结合广东省实际，选准适合广东省科技创新的新路子，并坚定不移地走下去。高端装备制造和智能制造发展迅猛，现已成为广东省经济稳增长、转方式、调结构的利器，为广东省稳中求进、实现可持续发展提供了充沛的发展新动能，形成了"大企业创新顶天立地、小企业创新铺天盖地"的科技创新生态群落。一方面，以华为、中兴通讯、腾讯、格力、美的为代表的一批大企业已经站上或靠近国际技术前沿，起到了创新火车头的作用；另一方面，大量中小企业与大企业形成密切的产业协同，发展了集群式创新。科技创新也因此成为全省发展的新引擎。

2016 年，广东省高技术企业数量达到 19 857 家，总量居全国第一。2015 年珠江三角洲高技术企业 10 560 家，2016 年 18 880 家。仅 1 年间，珠江三角洲地区高技术企业新增

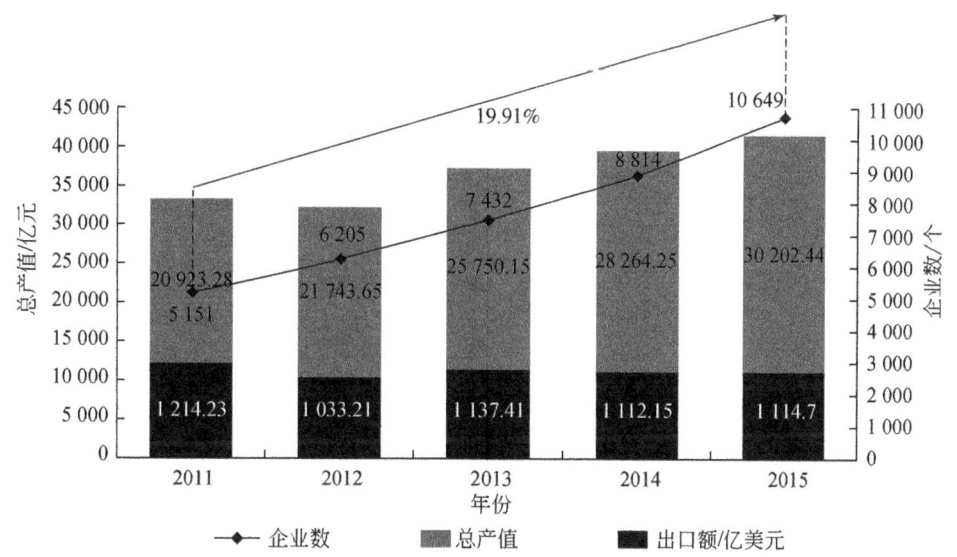

图 4-2 广东省珠江三角洲地区高技术企业数、总产值及出口额
注：19.91% 指 5 年企业数年平均增长率

超过 8000 家，日均新增超过 22 家。广东省不仅高技术企业数量众多，且广东省企业生产的产品以市场需求为导向，产品更新迭代迅速，市场表现良好。以广东省机器人产业为例，广东省的机器人产业生产面向市场，硬件、材料都有所欠缺，但可以生产出最适应市场需求的机器人。广东省高技术产业发展情况如图 4-2 和图 4-3 所示。

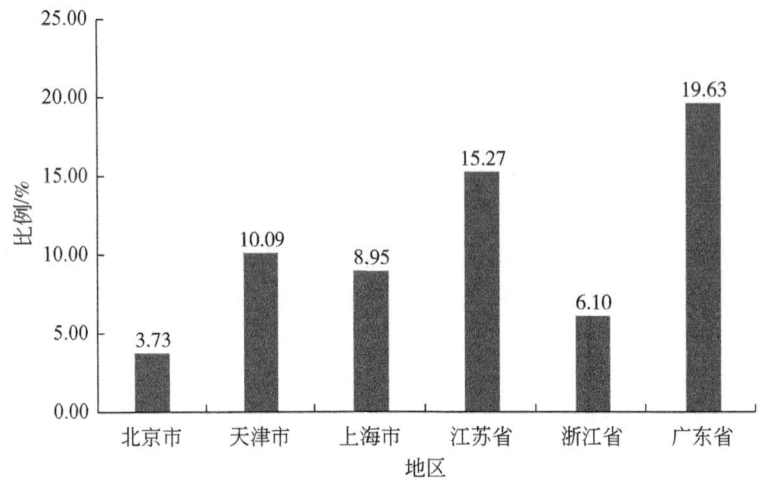

图 4-3　2014 年六省（市）高技术产业就业人数占总就业人数比例比较

广东省龙头企业都很重视科技创新发展，专利数量众多。2016 年中国国内企业发明专利申请前十排行榜中，华为（4906 件）、中兴通讯（3941 件）、OPPO（3778 件）、格力（3299 件）和努比亚（2912 件）五家广东省高科技企业入榜，占比约为 50%，如图 4-4 所示。

图 4-4　2016 年国内企业发明专利申请受理量排名前十

图 4-5 为专利数/论文数三年平均值，可以看出广东省的专利数量比论文数量多，是唯一一个比例超过 100% 的省份，说明广东省科学研究转化为应用技术的能力更强。

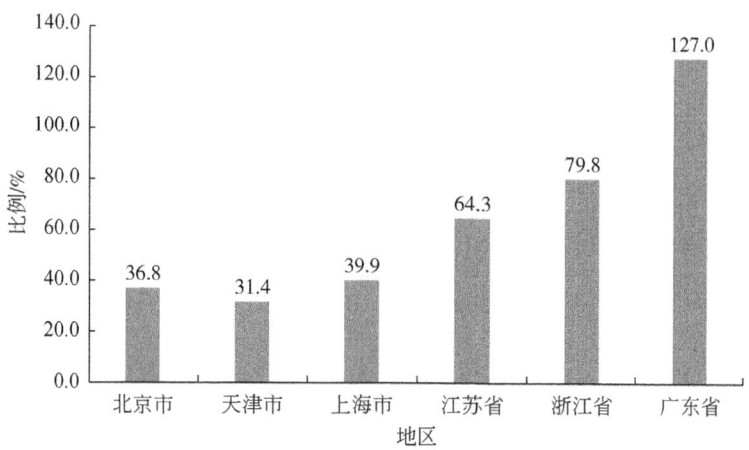

图 4-5 2012~2014 年六省（市）专利数/论文数三年平均值比较

与此同时，广东省的发明专利授权数也居于六省（市）之首，如图 4-6 所示。

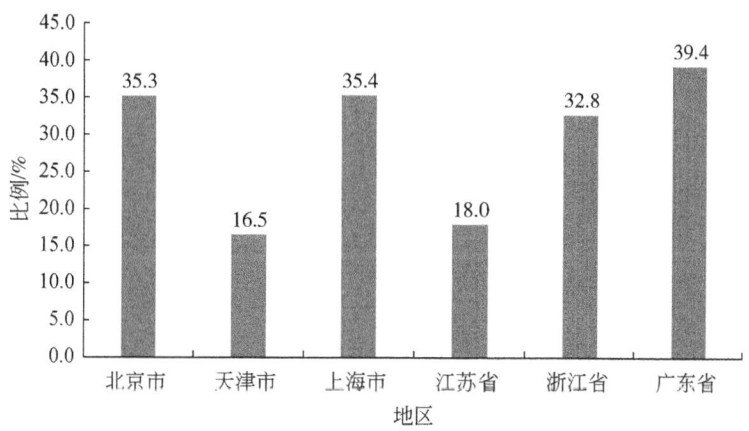

图 4-6 2012~2014 年六省（市）发明专利授权率三年平均值比较

注：发明专利授权率 = 发明专利申请中授权的数量/发明专利申请的数量

同时，广东省非常重视科技平台建设、大数据发展及人工智能应用，这些前沿科技的发展往往可以引发科技革命。

科技平台：重点推进重大科技基础设施建设，如中国（东莞）散裂中子源、国家超级计算广州中心、国家超级计算深圳中心、江门中微子实验室、深圳国家基因库、"天河二号"超级计算机系统等。鼓励大型骨干企业建立研究开发院，鼓励高技术企业建立省级以上工程（技术）中心、工程实验室、企业技术中心等研发机构。完善高新科技园区和自主创新示范区建设。继续发挥广州南沙、深圳前海和珠海横琴三个国家级新区的创新带动作用，强力打造珠江三角洲国家自主创新示范区，推进国际科技合作重大平台和地方重大创新平台建设。广东省重点建设了实验室体系共享平台、自然科技资源共享平台、大型仪器及检测公共服务平台、科技文献共享平台、科学数据共享平台和科技信息服务平台六大平台，为全社会科技创新提供共享高效的科研基础条件。

大数据：广东省是我国重要的大数据产业集聚区域，拥有一批实力较强的大数据创新的龙头企业。全省21个地市中有12个专门设立了大数据管理机构（部门）。广东省大数据产业呈现"广深引领、珠江三角洲集聚、粤东西北紧随"的发展态势。广东省制定了引领型的大数据发展规划，凭借强大的经济、科技与人力资源实力，在关键技术、先进产品、产业生态体系构建方面，制定了明确的发展目标，提出打造全国数据应用先导区和大数据创业创新集聚区，抢占数据产业发展高地，建成具有国际竞争力的国家大数据综合试验区。珠江三角洲地区在产业管理和应用发展等方面率先垂范。广东省率先成立全国第一个大数据管理机构，明确广东省大数据相关技术和产业发展的重点方向。依托广州、深圳等地电子信息产业优势，发挥广州市和深圳市两个国家超级计算中心的集聚作用，建设大数据产业应用先导区与产业高地。

人工智能：广州市在人工智能和智能制造领域近年来也发展迅猛，活跃着一大批智能制造企业。2015年12月5~8日，中国（广州）智能装备暨机器人博览会上，众多"智造"企业一一亮相，无人机、工业机器人、巡逻机器人、服务机器人、教育机器人、机器人集成应用、智能制造装备、3D打印设备……众多机器人产业的技术和产品让人目不暇接。下一步，广州市将按照创新驱动发展战略要求，坚持企业主体，突出企业的技术创新主体地位，把握技术创新、成果转化的市场规律，充分发挥市场配置创新资源的决定性作用，加大科技创新投入，把工业机器人、智能制造装备、轨道交通装备等高端制造业，打造成为广州市新型支柱产业。

4.4 创新的基因

创新发展过程中，有一种类似生物学中基因的影响因素在广东省发挥着重大作用。广东省创新基因中很重要的一点就是广东省具有全球化思维的基因。主要原因是广东省地理上紧邻香港，最早做出口贸易和订单生产，形成了全球化的氛围。

广东省是我国外资第一大省，2015年吸收实际外资268.75亿美元，2012~2015年外资流入量不断增加，外资的流入代表了广东省世界科技创新合作和技术创新成果跨国转移更加频繁，通过重大科技项目，加强对先进制造业、高端服务业的招商引资，形成对外合作新格局，将进一步提高广东省的全要素生产率。现在，广东省进一步实现深度全球化，如并购国外公司、在国外设置研发机构、吸引全球的人才来广东省工作和创业等，利用深度全球化弥补广东省科技能力不足的短板。

人才的全球发展。创新型人才可能是新知识的创造者、新学科的建设者，也可能是新技术的发明者、新产业的开拓者，均属企业、城市乃至国家竞争力的决定性因素。人才战略是推动自主品牌创新发展，提高国际竞争力的必由之路，因此广东省要大力培养和引进创新人才，同时依托产学研合作培养创新人才，如鼓励拥有自主品牌的企业牵头，联合华南理工大学、中山大学等省内大学，形成以企业为主体的产学研结合模式，发挥各自优势，以研究成果产业化反哺科技研究。在研发自主品牌的同时，还要积极推进低端品牌向中高端品牌迈进，提升广东省自主品牌的国际竞争力。2015年7月2日，蚂蚁金融服务集团发布了全国首份基于互联网的《大学生就业流向报告》，报告指出广东省的流入学生数居全国首位。据《2015年全国来华留学生数据统计》显示，2015年，广东省吸引来华留学生23 015名，比2014年的21 198名增长了8.57%。优质、公平的人才发展环境，将有助于广东省引进和集聚国内国际人才，不断优化人才队伍规模与结构，为广东省科技发展提供有力的人力资源支撑。

除了全球化基因外，广东省也具有创业的基因。

广东省创新驱动的本质是不断鼓励创业，鼓励高技术的创业。在广东省，创业、失败、再创业、再失败，直至成功的故事很多，涌现出大量的企业家。

广东省坚持重视中小企业发展。企业是市场发展的主体，更是创新的主体，落实创新驱动发展战略，开创创新发展新局面，需要关注企业的看法。创业板，又称二板市场即第二股票交易市场，是与主板市场不同的一类证券市场，是专为暂时无法在主板上市的创业型企业、中小企业和高科技产业企业等需要进行融资和发展的企业提供融资途径和成长空间的证券交易市场。通过创业板企业数可以看出一个区域的创业氛围是否浓厚。对万德（Wind）数据库2016年发布的创业板统计数据进行整理发现，广东省创业板企业有143家，居于各省首位，创业氛围浓厚，如图4-7所示。

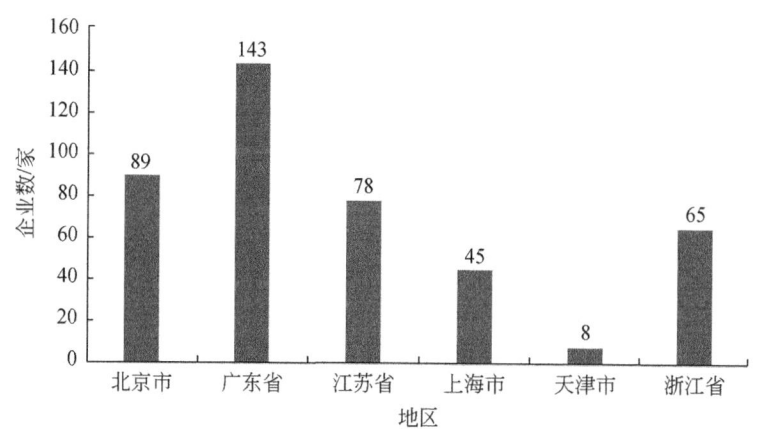

图4-7 2016年六省（市）创业板企业数比较

中小企业是广东省国民经济的重要力量，无论在创造GDP、解决新增就业，还是许多其他方面都举足轻重。2005年民营中小企业产值占广东全省GDP的39.6%，达到8602亿元。2008年，广东全省共有76万多户中小企业，数量、产值均居全国之首。广东省应坚持重视中小企业极富活力的多样性创新的一贯做法。2016年，广东全省纳入统计的众创空间有365家，其中纳入国家级孵化器管理体系的有74家，数量居全国第一位，图4-8显示了珠江三角洲科技孵化器的分布情况。

2015年，广东省出台了《广东省激励企业研究开发财政补助试行方案》《广东省科学技术厅广东省财政厅关于科技创新券后补助试行方案》等一系列政策法规，鼓励各级政府以一定的资助方式，引导和扶助企业更好更快地建设创新机制。除了继续落实高技术企业

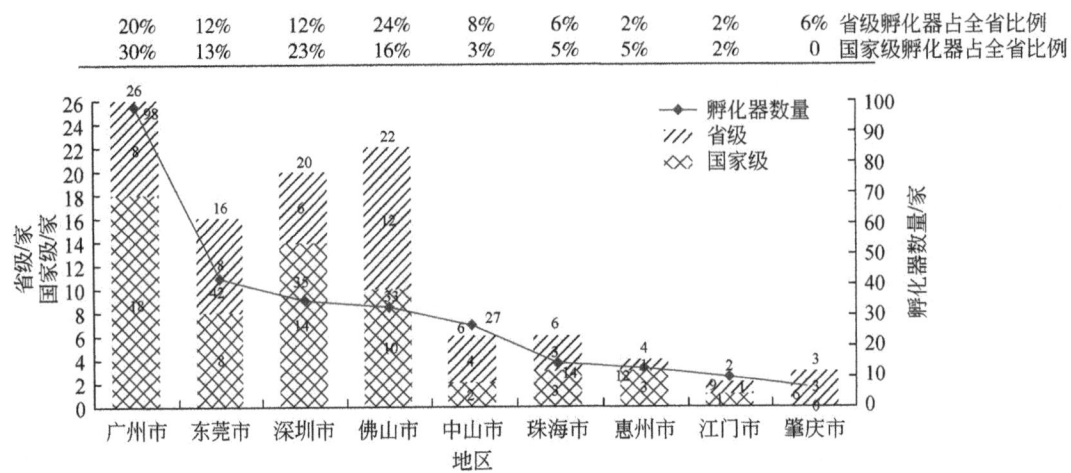

图 4-8 珠江三角洲科技孵化器地区分布

认定税收优惠、研发费用加计扣除等优惠政策，广东省还落实了不少激励企业创新的普惠性政策：一是新增设立企业研究开发补助资金，引导企业普遍建立研发准备金制度，2015年预算14亿元的补助资金拨付各地市；二是新增设立高技术企业培育补助资金，预算达20亿元；同时，2015年还设立了孵化器风险补偿专项资金，拨付4000万元到各地市。

广东省创业环境一直存在，创业基因具有连续性。不同年龄、不同产业的优秀企业家不停涌现，并能够紧跟时代潮流，适应市场的迅速变化，实现企业转型。例如，OPPO的创始人段永平。1989年3月，段永平来到中山市怡华集团属下的一间小厂做厂长，这间厂亏损200万元。段永平接手后，开始生产家用电视游戏机。段永平下决心创出自己的品牌，取了"小霸王"这个响亮的名字后，仅用三年，这间小厂产值已达1亿元，并正式命名为中山市小霸王电子工业公司，在众多的游戏机品牌中，小霸王称王称霸，一枝独秀。让人没有想到的是，在小霸王发展得顺风顺水时，段永平选择了离开。1995年9月18日，段永平到东莞市成立了广东步步高电子工业有限公司，对他的选择当时很多人并不看好，但命运之神似乎对他特别眷顾，他跳槽到公司很快使"步步高"步步登高，如今更成为中国无绳电话、VCD、教育电子产品等行业中数一数二的名牌。之后段永平并没有局限于步步高这一品牌的发展，反而积极投身手机行业，成立OPPO、vivo两大手机品牌。据IDC（互联网内容提供商）发布的全球智能手机报告显示，2016年第三季度，OPPO、vivo两兄弟在全球的累计出货量甚至超过了苹果，成为全球手机行业的又一巨头。

4.5 产业转型升级

利用互联网实现产业的升级，是一场深远的变革。广东省利用互联网思维，重新定义了制造业。广东省制造业重视与互联网融合，而不是重新洗牌。例如，智能手机搞垮了功能手机，但没有搞垮手机行业。伴随着互联网技术的飞速发展，互联网不仅仅是独立于实体经济之外的行业，从信息互联网到社交商务互联网再到产业商务互联网，其集成化、融合化趋势日益明显。它融入各个行业和组织中，众多行业都能够应用互联网进行升级，使它们获得更高的效率运行。互联网思维直接影响了企业价值链重构，它推动了研发设计、生产制造、生产装备、营销服务的信息化水平，加快制造业向数字化、网络化、智能化、服务化方向发展，推动电子商务、现代物流、信息服务等发展。与此同时，伴随着信息技术的发展与互联网的兴起，催生了许多新的商业模式，也为广东省创新发展提供了极好的机会。图4-9列举了部分转型企业。

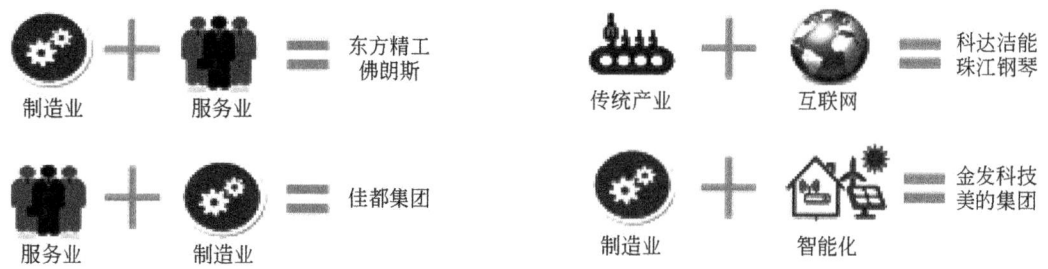

图4-9 广东省转型企业代表

以美的集团为例：2015年，美的集团年报显示，美的集团实现营业收入1384亿元，仅比2011年的1341亿元增长区区43亿元，但其高达136.25亿元的年利润却是2011年66.41亿元的2倍多。在家电行业普遍低迷的今天，美的集团通过利用互联网升级转型实现了"产值滞长，利润倍增"的"逆生长"。美的集团转型升级的纲领为"产品领先、效率驱动、全球经营"。美的集团在全球建立了11个研发中心，分别位于美国、日本、德国、意大利、新加坡等地区。在美国旧金山硅谷还成立了一个新的研发中心，专门研发人工智能技术和智能家居技术。截止到2016年，美的集团在全世界所有的家电企业当中，专利数量排在第一位，超过欧洲美国的家电企业。美的集团结合互联网技术，大力发展自动化和信息化，传统制造转型为智能制造，智能制造的本质是数字化，是所有企业从产品开发开始，到供应链、到制造、到物流，整个过程要用数字化连接起来，每个环节产生数据，把这些数据加工分析，建立模型。运用算法，美的集团把过去的机器、设备、生产线、人、车辆、渠道、物流这些物理形态的东西，用数字加工，建立了一个数字的世界。在数字的世界里，运用算法、模型，进行加工分析、产生价值，然后再把新的价值，回到物理形态的价值链。美的集团这种结合互联网进行企业发展转型升级的方式，值得许多其他制造业企业甚至其他行业的企业借鉴，通过数字化的世界把产品和数据连接起来，极大地提升了生产效率，为企业带来了强劲的创新发展驱动力。

第 5 章 江苏省创新驱动发展分析

党的十八大以来，习近平多次发表重要讲话，深刻指出实施创新驱动发展战略，大力推进以科技创新为核心的全面创新，最大限度地解放和激发科技作为第一生产力所蕴藏的巨大潜能。习近平在江苏省视察时，也明确要求江苏省以只争朝夕的紧迫感大力推进创新驱动发展，切实把创新做出成效。江苏省人多地少，资源环境约束压力巨大，经济增长的传统动力逐步衰减。迈上新台阶、建设新江苏，必须大力实施创新驱动发展战略，深入推进科技创新工程，加快建设创新型省份，使创新驱动成为经济社会持续健康发展的主引擎。

2016 年 8 月，江苏省印发了《江苏省贯彻国家创新驱动发展战略纲要实施方案》，明确提出要加快推动"六大转变"，即发展方式从以规模扩张为主导的粗放式增长向以质量效益为主导的可持续发展转变，发展要素从传统要素主导发展向创新要素主导发展转变，产业分工从价值链中低端向价值链中高端转变，创新能力从"跟踪、并行、领跑"并存、"跟踪"为主，向"并行""领跑"为主转变，资源配置从以研发环节为主向产业链、创新链、资金链统筹配置转变，创新群体从以科技人员的小众为主向小众与大众创新创业互动转变，并且提出到 2020 年，科技进步贡献率提高到 65%，高技术产业产值占规模以上工业产值比例达 45%，R&D 经费支出占地区 GDP 比例提高到 2.8%，2030 年 R&D 经费支出占地区 GDP 比例达 3% 等具体目标。

2017 年初，江苏省发布了《江苏省"十三五"科技创新规划》，明确了重点发展的八大任务，一是推动前瞻性产业技术突破，抢占产业发展制高点；二是加强共性关键技术攻关，促进经济社会转型升级；三是强化企业创新主体地位，培育创新型企业集群；四是优化区域创新布局，构筑创新发展新优势；五是健全科技创业服务体系，促进大众创业万众创新；六是培养集聚科技人才队伍，建设创新创业人才高地；七是强化企业创新主体地位，培育创新型企业集群；八是完善政府创新服务，营造优良的发展环境。

江苏省依靠自身产业基础和优势，形成了具有特色的发展模式，也面临不同的转型方向。

5.1 江苏省创新能力概况

2009 年是江苏省创新区域能力排名的转折年，结束了连续 7 年的第 4 位，升至第 1 位，至今已连续保持八年（《中国区域创新能力评价报告》统计）。2016 年，江苏省企业创新指标最强，排名第一位，其中以企业研发投入和技术提升能力最优。知识创造、知识获取、创新环境、创新绩效等的排名均位列第二。

根据《2016年江苏省国民经济和社会发展统计公报》的统计数据，2016年，江苏省全社会R&D活动经费1985亿元，占地区GDP比例为2.61%，比上年提高0.04个百分点。全省从事科技活动人员118万人，其中R&D人员75万人。全省拥有中国科学院和中国工程院院士97人。全省各类科学研究与技术开发机构中，政府部门属独立研究与开发机构达144个。全省已建国家和省级重点实验室170个，科技服务平台294个，工程技术研究中心3126个，企业院士工作站344个，经国家认定的技术中心104家。全省科技进步贡献率达61%，比上年提高1个百分点。90%以上的大中型企业建立了研发机构，省级以上众创空间384家。全年授权专利23.1万件，其中发明专利4.1万件。万人发明专利拥有量18.5件。全年共签订各类技术合同2.9万项，技术合同成交额达728亿元，比上年增长4.0%。全省企业共申请专利33.9万件。高新产业发展较快，组织实施省重大科技成果转化专项资金项目173项，省资助资金投入13.5亿元，新增总投入108.6亿元。全省按国家新标准认定高技术企业累计达1.2万家。新认定省级高技术产品9816项，已建国家级高技术特色产业基地147个。2016年全年新批外商投资企业2859家，实际使用外资245.4亿美元。

在互联网快速发展的形势下，江苏省基于信息基础设施，以实时、共享、跨区域、便利为准则，建立了"互联网+"环境下的涵盖全省13地市（南京市、苏州市、无锡市、常州市、镇江市、扬州市、泰州市、盐城市、徐州市、宿迁市、淮安市、连云港市、淮阴市）的分布式创新生态系统。该系统与互联网相连，聚集了企业、政府、高校和科研院所、中介机构、金融机构及公众研究者，开放式创新，共享价值，分享创新利益，确保其形成的研究、开发、应用三大部分能够运用国内外资源开展协同创新，形成"政产学研金介用"的体系，合作者之间形成共生共创关系（郁可，2016）。

5.2 江苏省创新驱动类型：工程技术型+效率驱动型

江苏省是制造业大省，根据江苏省创新发展基础和模式特点，我们将江苏省创新驱动发展的类型定义为工程技术型+效率驱动型。

由中国企业联合会、中国企业家协会联合发布的《2016年中国企业500强排行榜》榜单中，江苏省有44家企业入围，涉及行业领域大多为工程设备、汽车及零配件、制造业、冶金加工业、化学纤维制造业等工程技术型和效率驱动型产业。

由全国工商联发布的《2015中国民营500强企业榜单》中，江苏省占到91席，所涉及的行业也以工程技术型和效率驱动型为主。行业具体分布如图5-1所示。

5.2.1 工程技术型创新

目前，江苏省的优势产业为装备制造业、船舶制造业、海洋工程装备制造业、黑色金

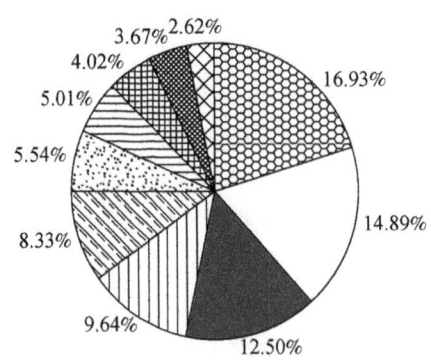

图 5-1 2015 年江苏省进入中国民营 500 强的企业主要行业分布

属冶炼和压延加工业、有色金属冶炼和压延加工业等，均属于工程技术型，实力强的多为中央企业或者大型国有企业。苏南地区新材料、重化工、沿海新医药产业的竞争力很强，也属于工程技术型。

此外，2015 年 4 月，江苏省出台了《中国制造 2025 江苏行动纲要》，规划明确了开展八大前瞻性产业领域的研究：虚拟现实（信息技术）、人工智能科技/神经科技（信息技术）、健康服务业（江苏省老龄化严重）、增材制造技术/3D 打印（智能制造装备）、石墨烯产业（新材料）、先进储能电池产业（新能源）、纳米生物学和纳米药物学科技（生物医药和医疗器械）、干细胞与再生医学（生物医药和医疗器械）。全省 13 个地级市都将新兴产业定位于新能源、新材料、生物技术和新医药、节能环保、软件和服务外包、物联网等新兴产业。

江苏省是传统的制造业大省，传统产业转型升级面临着产品低端定位与竞争空间缩小、盈利能力下降并存，传统产业转型升级滞后、新兴产业发展迟缓并存，"不愿投""不敢投"及"不能投"情况并存等难题。船舶制造业是江苏省的传统优势产业，有中远船务、熔盛重工、新扬子等一批船企走在全国前列，也在向海洋工程装备方向转型。从最初的修船、造船，到如今国内海工行业的领军者，南通市中远船务享誉国内外。2017 年 2 月，从设计到制造，耗时 34 个月的"希望 6 号"正式远航，成功突破了系泊、防腐、环保及冗余度设计四大关键技术，特别适用于远离海岸的中、深海油气田的开发，真正实现了从"制造"到"智造"。这不仅是产业转型，也是制造业转型的必要性，未来更将朝精细化、高端化方向发展。

生物医药产业是启东市着力打造的"三优三新"产业集群之一，启东市加快推进生物医药产业与上海市的对接，以启东市高新区为平台的生物科学板块，以启东市滨江医药化工园为平台的原料药板块，集聚了尚华、拜耳、希迪、秋之友、盖天力、东岳药业等一批生物医药龙头企业，盖天力、白加黑、达喜等产品驰名全国。上海张江土地制约严重，研发的70%的新药都要在张江以外进行产业化生产，启东经济开发区与张江仅一小时车程，园区派出专人常年在张江挂职，零距离与张江药谷对接，不断探索研发在张江、制剂在启东的产业发展模式，真正成为张江药谷的加速器、产业化基地。同时进一步加强与上海生物医药产业园区、协会的合作，同上海张江生物医药基地开发有限公司开展企业输出、管理输出、人才输出对接。

2000年，先声药业成立新药研究中心，近年来每年研发投入数占销售份额的10%左右，并呈现逐年上升趋势。2014年，成立百家汇创业社区，将自身的研发和制药平台资源开放给全球的科学家、创业家，由此开创了国内开放式药物研发模式。2015年，科学技术部批准先声药业建设"转化医学与创新药物"国家重点实验室。先声药业连续多年被评为"中国创新力医药企业"。

石墨烯作为未来新材料的发展方向，其优良特性为江苏省转型提供了抢占发展制高点的机遇，"全国石墨烯看江苏"已成为国内外业界共识。常州市、南京市、无锡市、南通市、泰州市五大城市合力向"新材料之王"进军。常州市石墨烯产业的发展被公认为全国第一，并有"江苏石墨烯看常州"的美誉，江南石墨烯研究院作为全球第一家石墨烯研究院，截至2016年6月，已建立重点实验室11个，省级先进碳材料检测中心1个，引进石墨烯相关领域高端人才37名（其中博士9人、硕士28人、领军人才7人），培育石墨烯创业企业12家（总市值超过20亿元）。英国BGTM公司、诺贝尔奖获得者和南京开发区共建石墨烯国际创新中心，推动以石墨烯为核心的先进二维材料的应用研发与产业化。冯冠平2008年在无锡市创办了江苏数字信息产业园，投资的"第六元素"在2014年成为国内首家石墨烯上市企业，全球各地回来的石墨烯领域人才近一半都把企业建在了无锡市，集中于江苏数字信息产业园。受到带动，南通市也积极打造百亿级石墨烯产业，如东高新区踏上了产业化发展的快车道，应用石墨烯新技术对传统产业进行改造。东旭光电在泰州市建设全球首条石墨烯基锂电池生产线，联合泰州市新能源产业园共同设立1亿元的石墨烯产业发展引导基金，努力打造集科研创新、孵化应用于一体的石墨烯全产业链（江苏城市论坛，2016）。

5.2.2 效率驱动型创新

化学纤维制造业、化学原料和化学制品制造业、纺织业也是江苏省的优势产业，其创新属于效率驱动型创新。其中纺织业绝大多数为民营乡镇企业或者中小企业。

纺织服装行业是江苏省国民经济传统支柱产业和重要民生产业，也是国际竞争优势明显的产业。2014~2015年中国纺织服装企业竞争力500强企业，江苏省有117家，占全国近1/4，恒力、盛虹、波司登、阳光、红豆等知名品牌不仅领跑全国，而且走向世界。纺织服装在江苏省呈集群发展模式，有张家港毛纺毛衫板块、常熟服装板块、海门家纺板块、江阴毛纺板块、吴江丝绸板块、常州武进织造板块等，已形成70多个专业化特色明显的纺织服装集群，呈现产业链体系完整、专业特色明显和中小企业集聚效应显著的特色。这些产业集群具有小企业、大协作，小产品、大市场，小集群、大作为的特点。该行业生产多为劳动密集型产品，纺织服装在原材料和劳动力面临成本刚性上升、卖价提升困难的双重压力，企业面临转型挑战。但行业企业积极探索，维持竞争优势，助推品牌国际化，展示中国品牌力量。以江苏海企集团为例，集团把对策放在新材料、新功能的开发上，推出再生面料产品，将废旧衣物处理成纱后与回收塑料瓶拉成的丝混纺成新型面料，并且成功应用于帽子、手套、围巾等产品中，这种环保面料不仅可以继续回收，而且成本比普通面料低。江苏省目前很多企业都通过提高产品档次跳出恶性竞争，削减成本上升压力。

当前服装加工制造的竞争，已经从传统的规模数量单一空间转向科技、设计、信息、精益制造等多维度空间，私人订制、3D打印等新生事物层出不穷。"其实市场并不缺购买力，而是缺一些有个性化需求的产品。在产品差异化上，我们要力争做到满足个性化需求"，这是盛虹集团的认识，也正基于这种认知，让盛虹集团始终走在行业的前列。盛虹集团的 20D144F 是目前国内能够工业化生产的最细纤维，9千米的长度仅重 20 克。外表看来极细的丝线，里面却是由 144 根单丝组成的。此外，盛虹集团还在纤维的抗皱性、柔韧性、舒适性等方面都取得了全新的突破。不仅仅是这一根丝，在盛虹集团仅功能差异化的纤维就多达十大类，细分品种更是数不胜数，正是这一根根细丝，从供给端激活了需求端，为产业下游带来了发展活力。江苏省企业也是中国纺织业走出国内的重要实践者，2016 年江苏阳光集团与埃塞俄比亚国家投资局签订毛纺织项目框架备忘录协议，计划投资 9.8 亿美元在埃塞俄比亚设立生产基地，在埃塞俄比亚阿达玛市国家级开发园区建立海外生产基地，把中低端制造环节转移出去，满足企业转型升级的发展需求。云蝠集团根据自身的发展情况，在美国洛杉矶建设了立体化、国际化、数字化的海外仓，实现了从接单到产品上市 45 天的快速反应，而中国大多数外贸企业从接单到产品上市需要 90~120 天。如今，云蝠集团已将洛杉矶仓库打造成"江苏跨境电子商务公共海外仓"，为不少企业拓展海外市场提供帮助。

5.3 江苏省创新驱动发展特点

5.3.1 产业以实体经济为主体

江苏省产业实体经济实力雄厚，是江苏省创新发展的基石。从规模来看，江苏省制造业大省地位名副其实，2010 年以来，工业经济规模总量一直稳居全国第一位。2016 年规模以上工业规模达 15.8 万亿元，高技术产业实现 6.7 万亿元，占比达 42%。从创新水平来看，江苏省在新一代信息技术、新能源与新能源汽车、节能环保、生物技术和新医药、新材料等领域具有一定的全球领跑优势。

与国内其他五省（市）相比，2014 年江苏省规模以上工业企业中有研发机构的企业占企业总数比例为 36.52%，居全国第一，如图 5-2 和图 5-3 所示，新产品销售收入为 2.35 万亿元，如图 5-4 所示，每千人拥有的高技术企业数为 6 家，如图 5-5 所示。

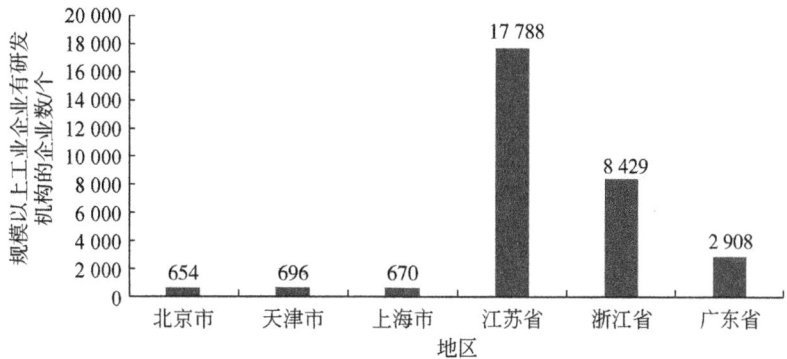

图 5-2　2014 年六省（市）规模以上工业企业有研发机构的企业数比较

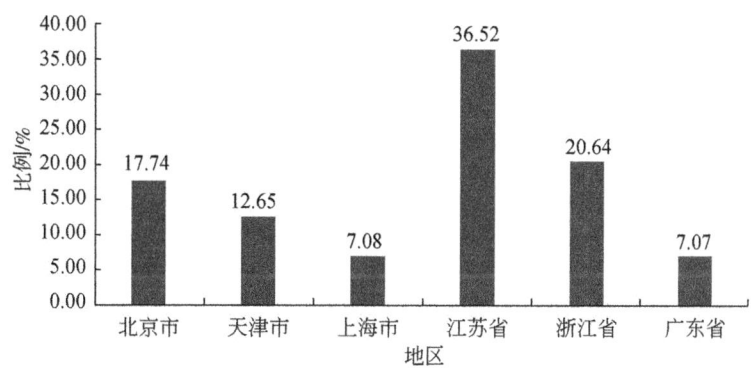

图 5-3　2014 年六省（市）规模以上工业企业有研发机构的企业数占总企业的比例比较

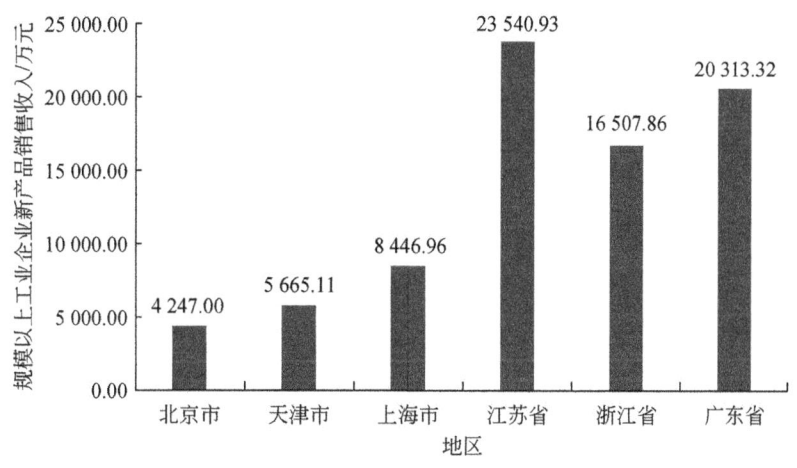

图 5-4　2014 年六省（市）规模以上工业企业新产品销售收入比较

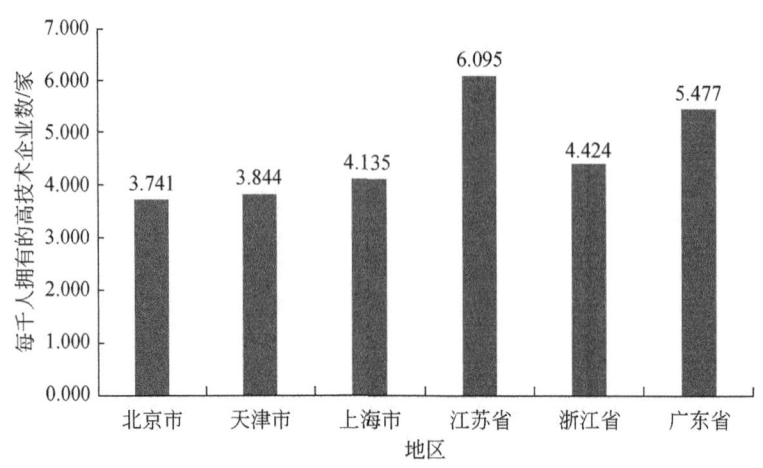

图 5-5 2014 年六省（市）每千人拥有的高技术企业数比较

江苏省深入实施企业研发机构建设"百千万工程"，大中型工业企业和规模以上高技术企业研发机构建有率超过 88%。2015 年底，建有研发机构的大中型工业企业研发经费内部支出达到 1002 亿元，是 2010 年的 2.1 倍；研发人员为 36 万人，是 2010 年的 2.2 倍；有效发明专利达到 45 428 件，是 2010 年的 3.7 倍；主营业务收入 9.3 万亿元，比 2010 年增长 80%；新产品实现销售收入 1.96 万亿元，是 2010 年的 2.3 倍。

2016 年，江苏省深入推进"一中心""一基地"建设，苏南国家自主创新示范区建设取得新成效。实施《中国制造 2025 江苏行动纲要》八大工程，支持企业制造装备升级和互联网化提升，开展中国制造 2025 苏南城市群试点建设，累计创建 309 个省级示范智能车间，战略性新兴产业销售收入增长 10.5%，高技术产业产值占比达到 41.5%。大力实施生产性服务业"双百"工程和互联网平台经济"百千万"工程，服务业增加值占地区生产总值比例达到 50.1%，比 2015 年提高 1.5 个百分点。成功举办世界物联网博览会和世界智能制造大会。

江苏省高新区发展迅速，引领着江苏省的开放式发展。例如，20 世纪 90 年代中国和新加坡联合在苏州市设立工业园，引进了大量科技含量比较高的外资企业。本土企业和科技含量比较高的外资企业都比较密集，所以江苏省在企业创新方面表现得比较突出，政府和企业形成合力，创新能力增长非常快。截至 2016 年末，全省共有省级以上高新区 39 家，其中国家高新区 16 家，居全国第一位。据统计，全省高新区以占全省 3.66% 的土地面积，创造了全省 21.5% 的地区生产总值、30.5% 的高技术产业产值和 35.3% 的出口总额，集聚了全省 27.4% 的发明专利授权量、40% 的高技术企业、55% 的科技企业孵化载体和 64.3% 的"千人计划"创业类人才，成为江苏省最具竞争力的创新高地、人才高地、产业高地。但跟国内外一流科技园区相比，江苏省高新区创新资源相对匮乏，且与开发区同质化严重，未来需要进行有针对性的发展和转型。此外，高技术产业投资增幅与工业投资增幅相比有一定差距，2015 年以来高技术产业投资增幅持续低于全省工业水平。高技术产业仍存在投入不高、技术不高、效益不高的问题。

5.3.2 民营乡镇企业创新活跃

民营经济是江苏省经济发展的重要支撑力量,民营经济占全省 GDP 的比例稳步上升,并占到江苏省 GDP 的 50% 以上。2016 年,民营经济增加值占全省 GDP 的 55%,对全省 GDP 增长的贡献率达到了 57%。

江苏省的县域经济具有突出优势,一是规模大,江苏省县域经济占据全省半壁江山,苏南部分县经济规模与一些省会城市相当,全国百强县前 10 江苏省有 6 个。二是创新活力强。全省创新型县(市、区)60 个、创新型乡镇 177 个,全国"创新百强县"江苏省有 31 个,昆山市、常熟市、张家港市创新指数居全国前 3;全国科技进步先进县(市、区)占全省县总数的 55%。三是政策环境良好,如根据台湾电机电子工业同业公会发布的《大陆地区投资环境与风险调查报告》,昆山市是台资投资中国大陆的首选。常熟市和海安县在全国率先开展县域科技创新体制综合改革试点,营造县域良好创新环境,探索依靠科技创新促进县域经济转型升级的新路径。

江苏省是中国"乡镇企业"的发源地,乡镇企业改制是江苏省中小企业大规模发展的基础。借助乡镇企业起家的江苏省有很强的内生创新能力,短期内还会继续保持这种势头。早在 20 世纪 90 年代以前,江苏省乡镇企业经济增长方式的核心是"四千四万"精神——走遍千山万水、历尽千难万险、说尽千言万语、吃尽千辛万苦,凭着这种创业精神,江苏省走出了一条发展乡镇工业的成功之路。然而随着市场竞争日趋激烈,江苏省乡镇企业原有的市场不断缩小,严峻的现实让这些企业逐渐认识到,只有在科技创新上领先,才能在市场竞争中占得先机。通过引进国外先进设备、加强创新产品开发、重金聘请人才、改革管理模式等措施,江苏省的乡镇企业在 2000 年以前重整旗鼓,维持住了经济发展主力军的地位。而随着乡镇企业的进一步发展,布局分散带来的缺少规模经济、城镇化滞后、土地浪费和环境污染等一系列问题逐步暴露,无疑成了其进一步发展的严重阻碍。因此,90 年代中期以来,江苏省乡镇企业开始自发地逐步集中布局,构成企业群落,而开发区这一新模式的出现,进一步推动了乡镇企业与城镇企业的集中。为进一步引导、鼓励创新,江苏省还有针对性地成立了一批创新示范区、高技术园区、科技企业孵化器等,更从这些平台出发寻求跨省甚至跨国的合作。图 5-6 显示了江苏省与其他五省(市)科技企业孵化器数量的比较。

到 2010 年末,江苏省已拥有营业收入超 10 亿元的乡镇企业产业集聚区 400 多家,为乡镇企业全面深入开展区域经济合作搭建了有效平台。2014 年 11 月,国务院同意支持南京、苏州、无锡、常州、昆山、江阴、武进、镇江 8 个高技术产业开发区和苏州工业园区建设苏南国家自主创新示范区,并指出要充分发挥苏南地区科教人才优势和开发开放优势,积极开展激励创新政策先行先试,激发各类创新主体活力。2015 年 10 月,苏州工业园区又获批成为全国首个开展开放创新综合试验区域。同月,落户园区的信达生物制药(苏州)有限公司与美国礼来制药集团达成 3 个肿瘤免疫治疗双特异性抗体药物的全球开发合作协议,信达生物制药(苏州)有限公司在该研发项目没有产生任何实际经济效益之

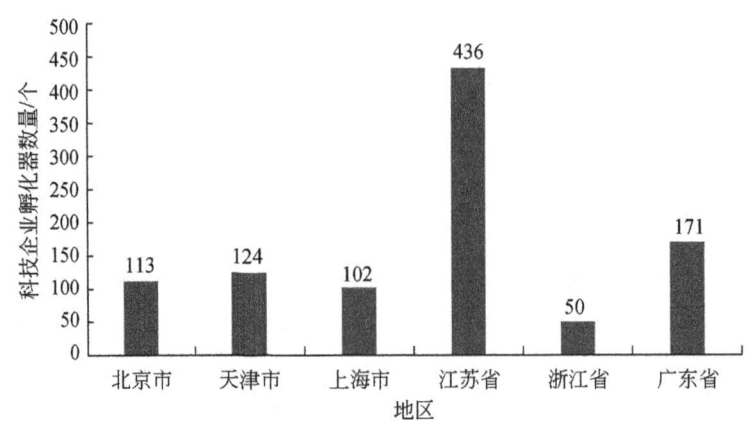

图 5-6　2014 年六省（市）科技企业孵化器数量比较

前，就将获得美国礼来制药集团总金额超过 10 亿美元的付款。民营乡镇企业数量众多、产业链发达，依靠不断创新带动了经济发展（顾彦，2016）。

同时，江苏省民营企业创业积极，2016 年新登记注册私营企业超过 50 万户。累计登记达到 222.9 万户，位居全国第二位，仅次于广东省。民间投资占全省投资的比重高达近 70%，为全省经济发展做出了突出贡献，也成为江苏省创新驱动发展转型的主力军。

近年来，江苏省城镇化进程的加快，国际金融危机的出现，为江苏省民营企业走出国门提供了新的机遇，政府引导民营企业到境外投资、设立研发中心和营销网络，通过并购方式嫁接外资。江苏金昇实业股份有限公司（简称金昇）是一家以高端装备制造为主的多元产业集团，几年前国际金融危机后，欧洲第三大专用数控机床制造商德国埃马克集团和拥有全球最大纺机业务的瑞士欧瑞康集团经营困难，2010 年和 2013 年金昇先后斥资收购埃马克 50% 股权和欧瑞康天然纤维纺机业务 100% 股权。并购之后，一方面利用欧洲先进的技术、管理经验；另一方面发挥金昇的战略管控优势，埃马克三年已累计盈利超 9 亿元，欧瑞康纺机业务在 2013 年下半年盈利近 4 亿元。

5.3.3　科教资源丰富创新创业氛围浓厚

江苏省生产总值全国第二，人均全国第一，有较高的产业素质和结构层次，人才竞争力强。江苏省是全国高校及在校大学生数量最多的省份之一，两院院士仅次于北京市、上海市。近几年江苏省六项专利重点指标全部位居全国第一，成为我国首个专利申请突破 300 万件的省份，与美国、韩国建立知识产权保护合作关系，知识产权发展指数年均增长率全国第一，万人发明专利拥有量突破 14 件，较 2010 年翻两番。截至 2016 年末，全省拥有的国家和省级高技术研究重点实验室、工程技术研究中心等达 2800 多个，全省建有各类新型研发机构 300 多个；建立了苏州纳米科技协同创新中心、中国科学院苏州生物医学工程技术研究所、江苏省智能装备产业技术创新中心、南京先进激光技术研究院、江苏省环保装备产业技术创新中心（无锡宜兴）、南京未来网络产业创新有限公司 6 个省产业创新中心。江苏省还专门成立了产业技术研究院,科技体制改革的"试验田",承担了一些科学到技术转化环节中高校和科研院所不愿做、单个企业做不了的项目。这些机构,已经成为科技体制改革的先锋队,成为创新创业最为活跃的力量。以南京市为例,南京市 2009 年被科学技术部确定为国家科技体制综合改革试点城市,2010 年又被列入第一批国家创新型试点城市。2012 年江苏省科学技术厅、江苏省教育厅、南京市政府联合印发了具有一定政策突破性的"科技九条"。20 多所高校结合"科技九条"制定或修改了学校相关政策内容,1000 多名高校教师在南京市创业注册资本金超过 10 亿元;苏州市、无锡市、常州市等地或是新建科教城,或是以原有的开发区、工业园吸引大学和科学院进入建立与当地合作的研究院。

政府在促进产学研合作和科技成果转化方面也可以说是不遗余力的,科技支出和地区研发经费支出均全国领先,如图 5-7 和图 5-8 所示。政府积极利用创新活动来培育、发现和引进人才,包括实施高层次创新创业人才引进计划、科技创新创业双千人才工程、科技

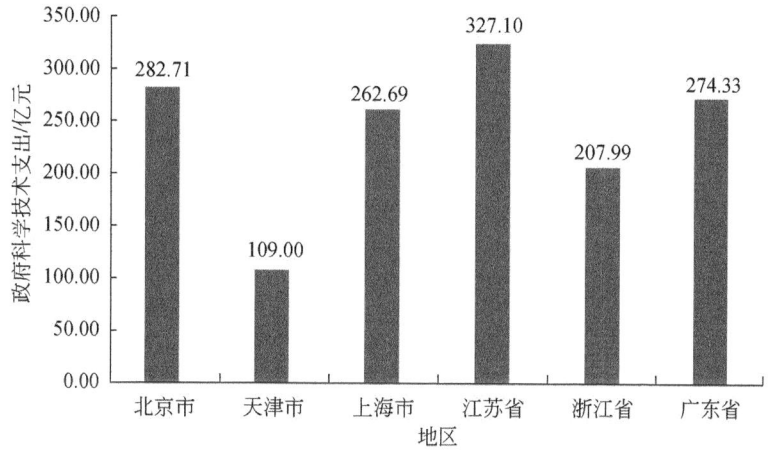

图 5-7 2014 年六省(市)政府科学技术支出比较

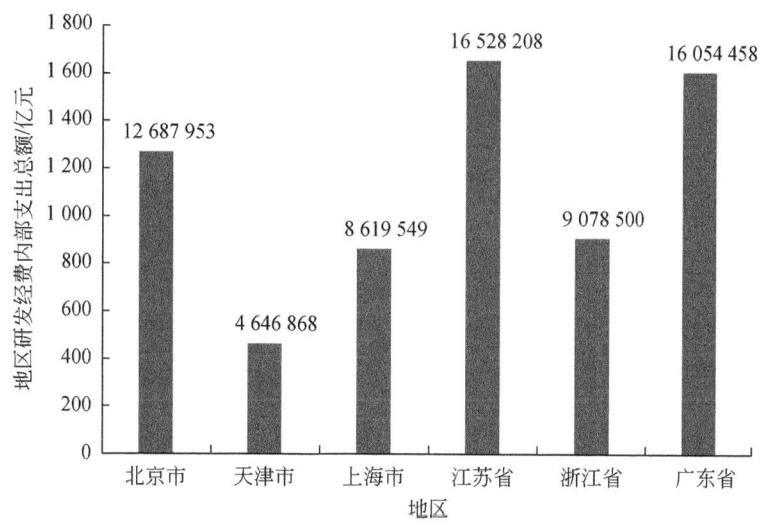

图 5-8 2014 年六省(市)地区研发经费内部支出比较

企业家计划、企业青年博士计划等，建立企业院士工作站、研究生工作站、博士后工作站和企业技术中心等，推动科技创业园、大学科技园、软件园、创业服务中心和各类实验室、工程研发中心等创新平台的建设，同时颁布了《江苏省知识产权战略纲要》，对知识产权实行全面保护。

江苏省经济开放度较高，作为沿海改革开放的前沿地带，更早更深地融入了国际市场，也因此植根于地域的商业文化，在无形中注入了创新创业意识，锻炼造就了一批创业精英，这也是当地企业家资源丰富和企业家活跃的原因所在。江苏省大力实施创新创业计划，营造出良好的创新创业环境，建立了多种创新创业服务载体，加快形成政府鼓励创业、社会支持创业、大众积极创新创业的良好氛围，全国大众创业指数江苏省居第一。

截至2015年，江苏省"双创计划"资助引进3127名人才，236个团队，2598名博士。其中40%的"双创"人才在企业，由"双创"人才新创办企业1300多家，183家成长为高技术企业，80多家销售超亿元。江苏省鼓励无边界创新，多次举办科技创业大赛，整合创新创业要素，营造创业创新氛围，比赛中表现突出的企业可以享受相应的支持政策（顾彦，2016）。

当然，江苏省也存在诸多不足，从全球来看，江苏省与创新领先地区还有较大差距，城市创新能力较强的仅有南京市和苏州市。究其原因，一流城市必有一流大学，如波士顿有哈佛大学和麻省理工学院，纽约有哥伦比亚大学，伦敦有帝国理工大学，东京有东京大学，北京有北京大学、清华大学，而江苏省仍然缺少世界一流水平的大学。此外，高技术企业还不够多，2015年江苏省新增规模以上工业企业3799家，属于高技术行业的企业仅346家，占比不足10%；全省列统国有企业中只有12%被认定为高技术企业。缺乏全球知名的企业和品牌，"2016年世界500强企业"中，中国企业达106家，江苏省仅2家入围；福布斯"2015全球最具创新力企业"中，中国大陆有6家公司上榜，江苏省空白；"2015年全球企业最有价值100个品牌"中，没有江苏省企业。因此，未来还要在此方面积极推进。

5.4 江苏省创新驱动发展转型

5.4.1 政府与市场

江苏省实现创新驱动发展的重要经验，是在有效发挥市场决定性作用的同时积极发挥政府作用，使政府与市场的作用能够相互补充，相互促进，包括政府有责任和担当精神的战略筹划和战略应对，积极转化和创造创新竞争优势，积极破解制约创新的难题和困局，这一切也是江苏省创新驱动的发力点所在。

2006年，江苏省人民政府提出了建设创新型省份的目标，从人才、科技、教育三个方面重点规划；2008年，在应对国际金融危机的背景下，明确加快发展"创新型经济"；2010年，将创新驱动纳入经济发展的总体部署，明确经济发展方式由过去的要素与投资驱动为主转向创新驱动为主；2012 年，江苏省专门出台鼓励企业创新促进转型升级的 23 条政策措施，突出企业创新主体，加强产业技术联盟及校企联盟等协同创新，加大领军人才和创新团队引进力度。在每一个经济发展的转型阶段，江苏省人民政府都及时果断地做出战略决策，抢抓机遇、争得先机、掌握主动，紧跟市场步伐，积极从市场竞争的角度把握优势，以创新型国家为参照系，适时确立新的目标和方向，积极组织和策划把既定的优势转化好、利用好，在政策设计上明确以企业为主体，保证创新资源和人才向企业集聚，帮助企业不断提升创新发展优势和创新竞争优势，由企业和市场决定需要政府去干什么、怎么干，找准政府作用的空间及与市场功能的结合点，从而对创新活动的接入和推动更加积极有效。其指向特征是，积极推动政府转型，由过去企业跟着政府跑，转变为现在政府围绕着企业转（姜绍华，2015）。

5.4.2 提高大中型企业科技创新动力

江苏省以制造业为主的大中型企业，过去的增长方式主要是靠资源的大量消耗及大批廉价劳动力的使用，属于粗放型的增长方式。

江苏省大中型企业科技创新动力不足的一个直接原因就是制度文化中存在体制制约因素。大中国有企业往往重视短期引进直接利用、轻视消化吸收创新，不愿意增加技术开发投入（余日昌和王维，2011）。大中型工业企业在研发投入、研发人员和新产品开发方面，在规模以上工业企业中都占有主导地位，但专利申请量所占比例却相对偏低，需要进一步提高大中型企业的创新能力，以 2015 年数据为例如图 5-9 所示。

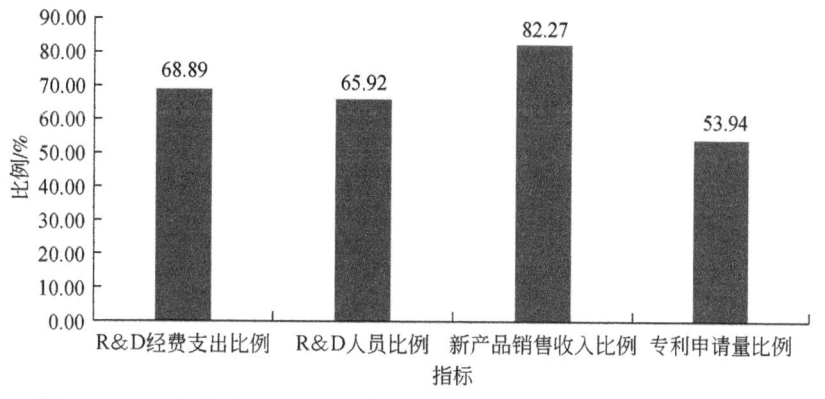

图 5-9　2015 年大中型工业企业主要创新指标占规模以上工业企业的比例

因此亟须完善创新文化相关制度，愿意创新、鼓励创新、主动创新、善于创新，在社会经济发展中起到良好的示范作用。

5.4.3 重视差异化发展和区域均衡

江苏省地区间的科技发展不平衡，科技对经济的贡献不一，地区间差距较大。江苏省科技进步贡献率区域差别较大，苏南>苏中>苏北的格局明显。城市产业趋同化特征明显，各城市间产业分工、城市功能的重合现象严重，缺乏特色，使得城市之间的竞争更加激烈。这不利于加入全球高端的产业体系，容易导致区域内产业对资源的恶性竞争，区域合作停留在表面，最终将导致区域内城市竞争力整体衰落。决策者不但需要区分出竞争良莠，更要提出确保区域良性竞争的制度框架的意见和建议（李平，2012）。由于江苏省内部区域经济发展的不平衡，导致苏南和苏北地区利用国际创新资源的能力呈现出极大的差异性。与苏南、苏中等发达地区相比，苏北创新国际化的层次明显偏低，导致国际创新资源尚未对自主创新能力的提升产生积极影响，创新产出相对薄弱。苏北地区的创新资源匮乏拖累了其国际化创新能力的发挥，对整个江苏省的国际化创新活动也有负面的影响（李逢春和于诚，2017）。

5.4.4　对前沿技术的敏感

(1)　"互联网+"

以互联网为核心的新一轮科技和产业革命已经深入渗透到社会经济和企业转型升级进程中，虚拟经济与实体经济的结合，不断给企业生产方式和人民生活方式带来革命性的变化。

尤其是众多传统行业中的企业，在"互联网+"领域都进行了清晰的规划。例如，亨通集团已成功转型成为国家创新型企业，位列全球光纤通信行业第3位，2016年7月上线了"亨通商城"，正式进入电商领域，普通消费者可以如同逛天猫、淘宝一样，通过网银、支付宝、线下转账等多种方式完成支付，同时集团利用自身强大的物流及第三方物流公司，完成配送；同年8月上线了"金汇通"交易平台，做有色金属、塑料等大宗产品的在线交易，实现了买方和卖方的对接。一提到重工业，大家的第一反应都是思想保守、笨重，但是徐工集团却走出一条时髦的路，集团专门建立了自己的电子商务网站，运营仅一年时间就实现线上销售额5000万元，虽然在徐工集团一年的销售额中占比甚小，但意义重大，显示了传统工业企业转型的决心和拥抱新技术的信心。

(2)　大数据和云计算

2016年，江苏省人民政府印发了《江苏省大数据发展行动计划》，并制定了引领型的大数据发展规划，江苏省凭借其强大的经济、科技与人力资源实力，在关键技术、先进产品、产业生态体系构建方面，制定了明确的发展目标，提出建设"争创全国领先、特色明显的国家大数据综合试验区"，大数据产业发展规模达到1万亿元。政、产、学、研、金、用联动，带动相关产业产值超过1万亿元；形成较为完善的大数据生态产业链；建成10个省级大数据产业园，一批大数据产业（交易）中心，引进培养100名大数据领军人才，60%的软件企业实现服务化转型，培育5家业务收入超100亿、50家业务收入超10亿元的大数据龙头企业。南京市、苏州市、盐城市等地还出台了细则。此外，江苏省人民政府还提出江苏省加快建立政府部门、事业单位等公共机构的数据标准和统计标准体系，制定和实施数据采集、政府数据开放、指标口径、分类目录、交换接口、访问接口、数据质量、数据交易、技术产品、安全保密等关键共性标准,成立了专门的大数据交易中心。江苏省是长江三角洲地区大数据招标项目的核心,在大数据建设方面位居全国领先,如江苏省是国家第一批健康医疗大数据应用发展试点省份。江苏省大数据产业最活跃的当属南京市,尤其是就业市场,但存在人才供给相对不足的现象。江苏省除鼓励高校设立数据科学和数据工程相关专业之外,还提出支持各类大数据众创空间建设,鼓励大数据人才进行创业。江苏省实施"333"高层次人才培养工程、"双创计划""育鹰计划"等省级重点人才工程,加强大数据高端人才的引进和培养。

江苏省企业也积极利用云计算等新技术进行传统产业升级。江苏恒力集团是以石化、聚酯新材料、地产和织造四大板块为主业,热电、机械、金融、酒店等多元化发展的国际型企业,拥有五大产业园,40余家子公司,以传统制造业为主的庞大的企业体积,传统管理理念与经营模式已不能适应发展需要,必须通过创新增量带动庞大存量转型,依靠互联网思维,企业将实体经济与虚拟经济相结合,转型先进制造,利用大数据、云计算技术自主开发"恒力云服务平台",客户扫描二维码就可在手机、平板电脑上安装,实时查询产品报价、下单采购、支付货款、追踪订单。2013年集团营销费用同比节省3亿元,营销人员工作效率提升200%以上。

(3) 人工智能和智能制造

目前江苏省人工智能研究发展走在全国前列,尤其是在人工智能出行方面处于领先地位,也已经开始量产很多搭配人工智能的交通出行工具。很多人工智能机器人产品,如智能短途车、机器人手臂等都需要低速电机,也因此常州市成为很多研发机构研发孵化量产"机器人军团"的首选,常州市电机尤其是低速电机几乎占有市场50%~60%的份额。

2016年初,江苏省正式启动了"大脑计划",提出了特色的"学习脑",成立江苏类脑人工智能产业联盟。"江苏脑计划"将瞄准国际脑科学研究前沿,围绕儿童发展脑机制和行为学、婴幼儿神经发育疾病的机理、脑疾病治疗的重大需求,以及类脑人工智能技术产业快速发展的重要机遇,从"学习脑与类脑智能计算"方面进行布局,在开展大脑基本原理研究的同时,注重类脑人工智能技术产业化应用,以此来推动人工智能的发展。同时,促成在江苏省建设一个关于人工智能的基础设施,把相应大规模的服务全集中建立起来,并开放给科研机构、民营企业、国有企业、创业者等社会各个层面,让大家在这个平台上使用语音识别、视觉识别、自然语言理解、智能机器人等智能技术进而从事智能人机交互、大数据分析预测、自动驾驶、智能医疗诊断、智能无人飞机、军事和民用机器人技术等重要研究领域的研发,为江苏省乃至全国的经济发展和经济结构转型做出重要贡献。2017年4月,阿里云携手江苏省经济和信息化委员会启动了江苏省首批"1+30+300"工程,这是ET工业大脑又一次以省为单位的大规模落地。江苏省"1+30+300"工程,是指推进江苏省内30家"信息化、工业化"融合服务机构、300家制造企业高效利用云计算、人工智能。帮助企业重构信息系统,打通企业经营全渠道链,实现数据驱动企业发展,最终推进企业的智能制造转型。在苏州市,ET工业大脑入驻协鑫光伏的生产车间,帮助协鑫光伏成功提升良品率1个百分点,相当于每年可增加上亿元的利润;在镇江市,全国最大的品牌羽绒服生产商波司登借助ET工业大脑疏通了零售IT系统,有能力承载更高并发量，实现全面智慧互联。徐工集团、悦达集团、波司登、科沃斯、苏盐集团、兆伏爱索等江苏省标杆企业都在积极投入智能制造的转型升级。江苏省制造业将用上智能大脑，并可能带来数百亿元的利润。

2013年微软在苏州市开辟一块"实验田"，创立微软苏州团队，成为微软全球研发体系的一支新力量。三年来，微软苏州在人工智能、机器学习、神经网络、自然语言处理、语音识别、图像识别、自然人机交互、云计算、大数据等十多个研发领域均有建树，并深度参与了微软人工智能、Office365、必应搜索引擎等核心产品的开发和运营。从微软全球研发来看，微软苏州研发中心是最新的研发主体，已经成为微软全球研发重要力量，主攻人工智能相关技术，微软苏州对于整个科技行业在人工智能领域的影响，也开始慢慢显现。

智能制造带动江苏省纺织企业走出一条良性发展道路，为传统产业发展带来了生机。无锡一棉的智能车间里，9万多个传感器使车间形成智能化生产线网络，实时监控生产状态、产品质量和机组用电信息。目前，企业万锭用工20人左右，是国内棉纺业平均水平的1/5，达到国际先进水平，高质量的产品使其售价高于市场价格的10%以上。江苏大生集团建成的"数字化纺纱车间"，总控室内的"E系统"，可对生产中的设备运转、质量数据、温湿度调节、自动照明等实现实时监控和远程监测，还可以装在手机和IPad上随时查看。

第 6 章　北京市创新驱动模式分析

近年来，中国新经济发展态势良好，新动力正在增长，进入新常态的中国经济正在转向新航道。凡是重视改革创新的地区、行业、企业，都在发展中显露出了勃勃生机，在经济运行的分化中脱颖而出。如此背景下，能否坚持不懈地深化改革，让创新牢牢成为引领发展的第一动力，就成为"十三五"乃至更长时间解决中国经济转型升级的关键。肩负着建设全国科技创新中心的重任，北京市在这场攻坚战中责无旁贷。近年来，北京市的科技创新引领示范作用更加突出，"高精尖"经济结构加快构建，中关村稳居创新龙头位置。北京市人民政府强调，创新创造是推进供给侧结构性改革的关键，也是北京市发展的最大优势。要着眼于建设具有全球影响力的科技创新中心，牢牢把握人才在科技创新中的关键地位。

借由京津冀协同发展的契机，北京市实现了自身发展与区域发展、国家战略的有机结合，京畿大地的资源禀赋得天独厚。北京市是一个科学驱动创新的区域，大量科学技术都在北京市萌芽发展，尤其是 IT 互联网领域发展迅速，北京市具备充足的资金和人才，具有国际化的、强大的科技基础。但与此同时，巨大的人口资源压力是北京市难以回避的掣肘，不断上扬的生活成本对打拼于此的人而言，是现实可感的负担。尤其是创新人才大多处于人生与事业的爬坡期，本就有诸多"成长烦恼"。如何避免现实压力抑制创新创造力，是摆在北京市面前的一道难题。

6.1　北京市创新发展概况

《北京创新驱动发展监测评价报告 2016》显示，目前北京市的创新驱动发展格局已经初步形成，创新要素独具优势，引擎动力逐步增强，但科技创新对产业升级的支撑引领作用待加强，人才激励机制亟待完善。创新要素优势：人才要素方面，与其他地区相比，北京市经济活动人口素质高，高技术从业人员占比大，研发人员及研发强度均持续稳步增长。资本要素方面，2015 年，北京天使投资和风险投资投资额为 5254.9 亿元，相当于 2010 年的 5 倍。创新环境要素方面，研发强度高达 6.01%，位居全国首位，高于全国 3.94 个百分点，信息化指数达到 131.3，成为全国互联网普及率最高的地区。

近年来，在"中国制造 2025"等发展战略的指引下，北京市的产业发展思路逐渐清晰，要摒弃"大而全"的完整产业链建设思路，并破除片面追求产能扩张的发展模式，瞄准构建高精尖经济结构的大方向，全力打造一个以"北京创造"为内涵的新型制造业之都。近年来，北京市工业稳中提质，区域产业协同步伐不断加快，呈现出"高端引领""创新驱动""布局优化"等特征。不符合首都功能定位的产业将被严格禁止。当前北京市产业疏解成效显著，确保禁限项目"零准入"，加快一般制造和污染企业调整退出。截至2016年上半年全市已关停174家企业，自2013年起累计关停1180家。与此同时，京津冀产业协同发展步伐加快。北京市累计签约"4+N"合作平台工业项目60个，涉及投资956亿元；其中已开工项目20个，完成投资72亿元。

此外，2016年上半年以来北京市新增3个国家智能制造试点示范项目，18个项目列入国家智能制造专项，总数居全国之首。国家动力电池创新中心作为国家首个制造业创新中心落户北京市。

北京市创新型企业众多，创业氛围浓厚。图6-1为2016年中国大陆创新企业百强。上榜企业在地域上较为集中，来自全国15个省（市）（以企业总部所在地计），这些省（市）主要在中国东部地区。北京市以43家上榜企业数名列首位，可谓创新企业的半壁江山，如图6-1所示。

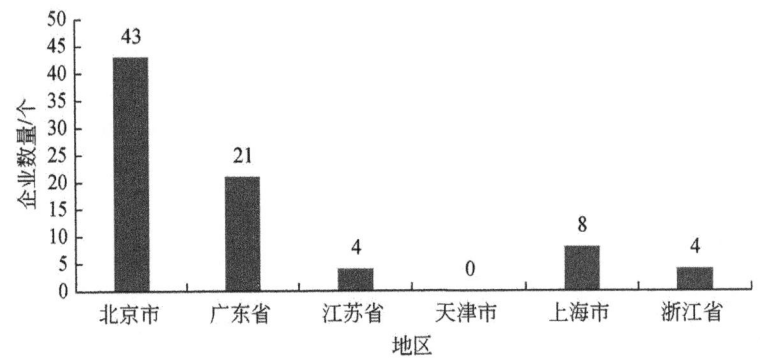

图6-1　六省（市）2016年中国大陆创新百强企业数量比较

《北京加强全国科技创新中心建设总体方案》明确了北京市全国科技创新中心的定位：要使北京市成为全国创新引领者、高端经济增长极、创新人才首选地、文化创新先行区和生态建设示范城。北京市建设全国科技创新中心分三步走：第一步是到2017年，科技创新动力、活力和能力明显增强，全国科技创新中心建设初具规模；第二步是到2020年，全国科技创新中心的功能进一步强化，成为全球有影响力的科技创新中心；第三步是到2030年，全国科技创新中心的功能更加优化，成为引领世界科技创新的新引擎，为我国跻身创新型国家的前列提供有力支撑。全国科技创新中心是建设世界科技强国的重要支撑，是首都发展的新引擎。

未来，在北京市创新发展过程中，将进一步拓展和优化中关村科学城发展空间，积极承接国家实验室、"两机"专项等重大项目，在前沿科学技术创新、成果转化、双创平台建设和环境服务提升等方面实施一批项目，发挥中关村科学城的引领、辐射和带动作用。全面落实怀柔科学城发展规划，细化完善各专项规划，推进高能同步辐射光源等3个国家重大科技基础设施立项前期工作，努力打造科学综合实力新高地。实施未来科技城行动计划，持续引进"千人计划"等高端创新创业人才，建设高水平企业研发中心，实施10项关键技术攻关，加快20项重大科技成果转移转化，提升科技城发展活力。

6.2 北京市创新驱动类型：政府主导型+科学研究型

6.2.1 科学研究驱动

北京市的创新发展在很大程度上受科学研究驱动，坚持以"三大科学城"建设为主平台，以高校院所、创新型企业为主力军，以重大科研项目和科学工程为抓手，以深化改革为动力，加快建设全国科技创新中心。北京市正在大力建设"三大科学城"，加强基础设施建设，完善公共服务配套，全力服务保障国家实验室在京布局，积极配合国家科技重大专项在京实施并争取承担更多重大科技任务，主动对接国家科技创新面向2030年的重大项目和重大工程，超前布局脑科学、人工智能、生物技术、石墨烯和第三代半导体等基础前沿研究，着力提升原始创新能力，打造世界知名科学中心。

2016年，北京市实施《北京加强全国科技创新中心建设总体方案》，制定科研项目和经费管理28条改革措施，落实外籍人才出入境管理20条政策，实施"互联网+"行动计划。大众创业、万众创新持续活跃，新技术、新产品、新业态、新模式不断涌现，新设科技型企业增长22.4%。中关村示范区总收入增长12%以上，全市技术合同成交额增长14.1%，科技对经济增长的贡献率超过60%。发挥中关村改革试验田作用，在激发科技人员积极性、推动技术与资本结合等方面探索新的改革举措。建立重大项目统筹落地机制，促进一区多园高端化、差异化发展。全面落实科研项目和经费管理28条政策措施，赋予科研单位和人员更多自主权，推动中央在京科研单位适用北京市的创新激励政策。推进中关村人才管理改革试验区建设，实施外籍人才申请在华永久居留积分评估制度，实行以增加知识价值为导向的分配政策。

在新材料、智能机器人等领域，引进、支持全球顶尖科学家及创新团队。加快国家科技金融创新中心建设，深化投贷联动、外汇管理改革等试点，完善创业投资引导机制，吸引更多社会资本投入科技创新。深入推进中关村"双创"综合改革试点和海淀区国家"双创"示范基地建设，依托高校院所、企业建立专业化"双创"平台，引导众创空间、创新型孵化器高端化发展。加强知识产权运用、保护和标准化工作，推进中关村国家知识产权服务业集聚发展示范区建设，提升北京市品牌的影响力。

2016年，北京市全年R&D经费支出1479.8亿元，比上年增长6.9%，相当于地区生产总值的比例为5.94%。全市R&D活动人员为36.2万人，比上年增长3.0%。专利申请量与授权量分别为189 129件和100 578件，分别增长21.0%和7.0%，其中发明专利申请量与授权量分别为104 643件和40 602件，分别增长17.7%和15.0%。全年共签订各类技术合同74 965项，增长3.7%；技术合同成交总额为3940.8亿元，增长14.1%。

图6-2为六省（市）发明专利授权数量比较。从图中可以看出，北京市的发明专利授权数最多，为23 237个。同时，每万名研发人员平均发明专利授权数量的比较中，北京市仍然位居六省（市）之首，北京市专利产出较多，科技能力很强，如图6-3所示。

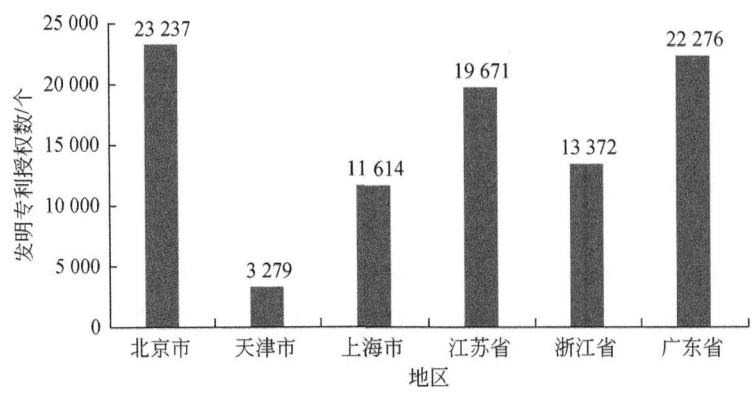

图 6-2　2014 年六省（市）发明专利授权数比较

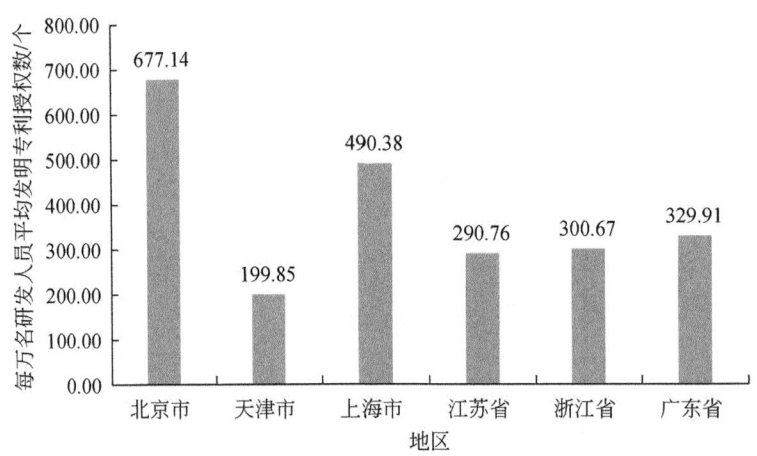

图 6-3　2014 年六省（市）每万名研发人员平均发明专利授权数

此外，除专利数量外，我们对六省（市）的专利创新效率进行了比较，以每十亿元研发费用产生专利数和每万名研发人员产生专利数为指标，衡量北京市、天津市、上海市、江苏省、浙江省、广东省六省（市）的专利创新效率，如图 6-4 所示。从图中可以看出，北京市单位研发费用产生专利数排名第一，每十亿元研发费用产生专利数为 206.5 个。单位研发人员产生专利数依然排名第一，每万名研发人员产生专利数为 1082.3 个。北京市整体专利产出效率较高。

而对新产品创新效率比较中，以每万元研发费用产生新产品产值和每万名研发人员产生新产品产值为指标，衡量六省（市）的新产品创新效率。北京市单位研发费用产生新产品产值仅为 3 万元。单位研发人员产生新产品产值仅为 157 亿元，均排名六省（市）末位，北京市新产品产出效率较低，如图 6-5 所示。

我们又以每十亿元研发费用产生国际论文数和每万名研发人员产生国际论文数为指标，衡量六省（市）的论文创新效率，北京市依然表现优秀，单位研发费用产生国际论文数和单位研发人员产生国际论文数北京市都排第一位，每十亿元研发费用产生国际论文数为 561.1 篇，每万名研发人员产生国际论文数为 2941.3 篇，具体如图 6-6 所示。

第6章 | 北京市创新驱动模式分析

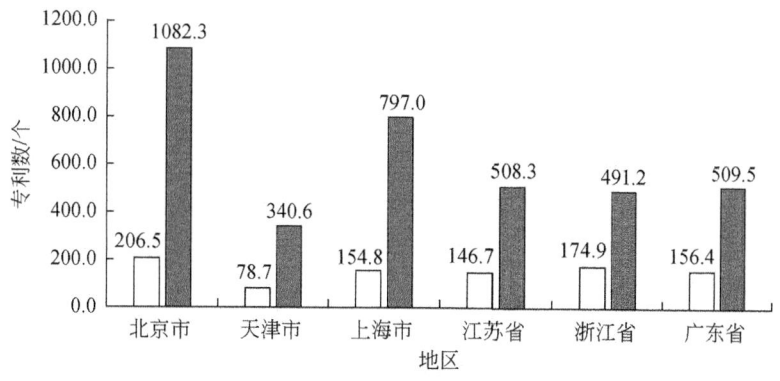

图 6-4 六省（市）2012~2014 年专利评价指标三年平均值

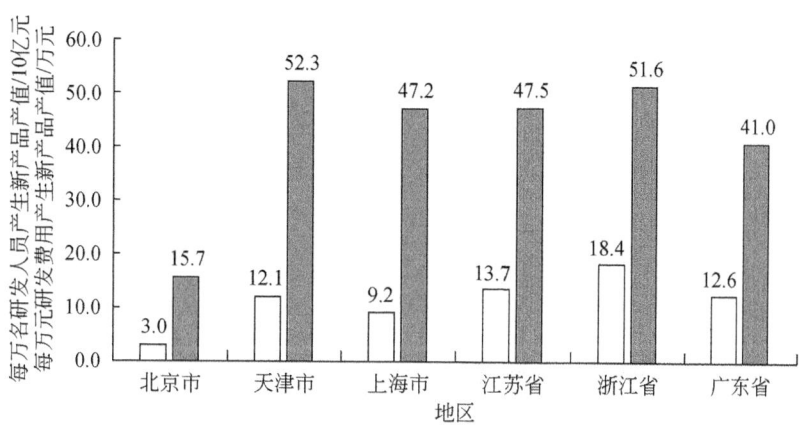

图 6-5 六省（市）2012~2014 年新产品评价指标三年平均值

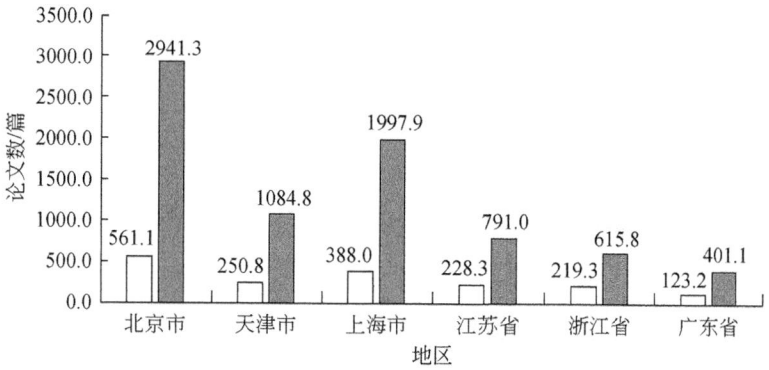

图 6-6 六省（市）2012~2014 年论文评价指标三年平均值

6.2.2 人才充足

人才资源是创新驱动发展的首要资源,因此,北京市将进一步加快国家人才特区建设,聚集高端人才,为首都经济社会发展服务。北京市按照《首都中长期人才发展规划纲要(2010-2020年)》和《国家中长期人才发展规划纲要(2010-2020年)》的总体部署,加快高端人才培养和引进,争取在未来10~20年内,将北京市建成一个面向海内外高层次人才的高端人才集聚特区。

北京市拥有丰富的高校资源和高度聚集的科技人员,是全国名副其实的智力聚集地,仅中关村核心区就有以北京大学、清华大学为代表的高等院校32所,截至2012年末国家及省市级科研院所206个,拥有全国1/3的两院院士,共604人入选中央"千人计划",占全国入选总人数的21%。这些大学及科研机构为北京市乃至全国提供了潜在的科技创业者,同时提供了新思想、新知识和新技术等技术创业机会,还为创业企业提供了有技能的劳动力。北京市是我国中央大专院校、研究机构、中央企业的集中地,据《2000年北京市科技资源清查统计公报》显示,中央在京企业、高校和科研院所集中了北京76%以上的科技资源,北京市研发经费内部支出来源于中央单位和北京市的比例为15:1,可见由首都功能定位为北京市所带来的先天创新优势巨大,关键是北京市如何利用好中央单位的创新资源,为北京市的发展提供源源不断的支持,需要北京市积极营造良好的创新环境、创新体制机制,促进中央单位的创新资源在京转化,并带动北京市本身创新能力的提升。

2016年,北京全市共有58所普通高校和81个科研机构培养研究生,全年研究生教育招生9.7万人,在学研究生29.2万人,毕业生8.3万人。全市91所普通高等学校全年招收本专科学生15.5万人,在校生58.8万人,毕业生15.3万人。全市成人本专科招生6.1万人,在校生17.2万人,毕业生8.2万人。图6-7为六省(市)985及211高校数量分布图,从图中可以看出,北京市在985及211高校数量上有着绝对的优势,吸引了大量高水平学生。

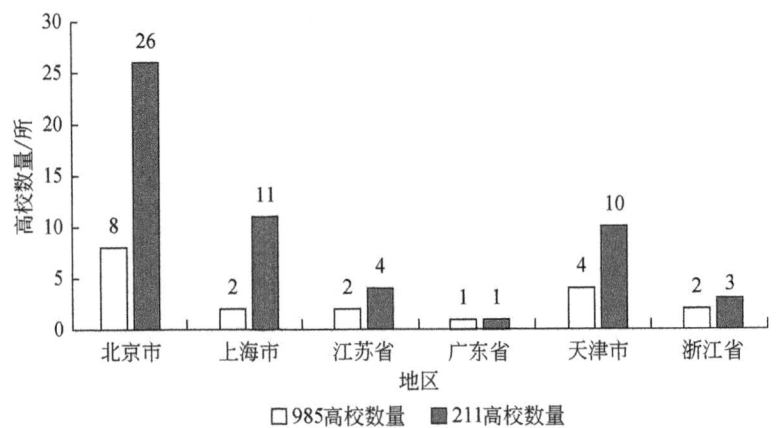

图6-7 六省(市)985及211高校数量比较

北京市创新型人才众多。据首都科技发展战略研究院2017年1月7日发布的《2017首都"创新人"大数据研究报告》显示，随着"双创"的热浪潮涌北京市，首都"创新人"规模达320多万，占北京市常住人口的14.8%，平均每7个北京市常住人口中就有1个"创新人"，总数超过硅谷所在地——旧金山湾区三大城市（旧金山、圣荷西和奥克兰）的总人口之和。报告中所提出的"创新人"概念是参照联合国教育、科学及文化组织及经济合作与发展组织的科技人才资源概念，同时结合大数据来源和北京市实际，把教育程度在本科以上，并在科教文卫、生产制造和物流、计算机信息和软件服务、金融业四个北京市主要现代服务业领域工作的人才界定为"创新人"。此外，报告在数据采集中还剔除了流动性较强的人才。报告显示，首都"创新人"在人口结构特征中，性别差异并不明显，男女比例为57.7%和42.3%。在年龄结构方面，主要以中青年为主，25~40岁占比超过50%；50岁以下占比达77.7%；60岁以上占比为6%。未来北京市应继续加强人才中心建设促进创新中心建设，加强教育、培训、健康多元投入，提升城市人力资本质量，动态考量创新人群需求，以需求促供给，改善城市创新环境，吸引更多创新型人才涌入。

6.2.3　政府主导：中央企业引领+集群效应

（1）总部经济特征

北京市总部经济特征明显，其中各类中央在京企事业单位是首都经济的关键组成部分。总部经济是指某区域由于特有的优势资源吸引企业总部集群布局，形成总部集聚效应，并通过"总部—制造基地"功能链条辐射带动生产制造基地所在区域发展，由此实现不同区域分工协作、资源优化配置的一种经济形态。发展总部经济可以为区域发展带来多种经济效应，如税收效应、产业乘数效应、消费效应、就业效应、社会资本效应。大批国内外企业总部入驻，可以提高区域知名度、信誉度，促进区域政府提高服务质量，优化商务环境，完善城市基础设施和人居环境，推进多元文化融合与互动，加快城市国际化发展。

总部经济模式中，政府的地位更加突出，最大的特点在于政府加企业的模式，这是市场经济发展中的一种特殊模式。通过招商引资既要实现政府的区域经济可持续发展，又要实现操作企业的基本商业手段和利润创造。2008年末，占北京市单位数0.3%的总部企业，控制着全市单位61.3%的资产，实现利润占全市第二、第三产业单位的69.3%。北京市第二、第三产业资产总量是64.7万亿元。总部经济的突出特征也使得北京市第二、第三产业资产占全国总资产的比重高达31%，仅总部都设在北京市的金融业，资产就高达42.7万亿元。

（2）中央企业引领作用

各类中央在京企事业单位更是北京市总部经济的关键力量。2016年中国企业500强在北京市、天津市、江苏省、浙江省、广东省、上海市六个省（市）的数量分布如图6-8所示，北京市以101家的绝对优势取得第一名。

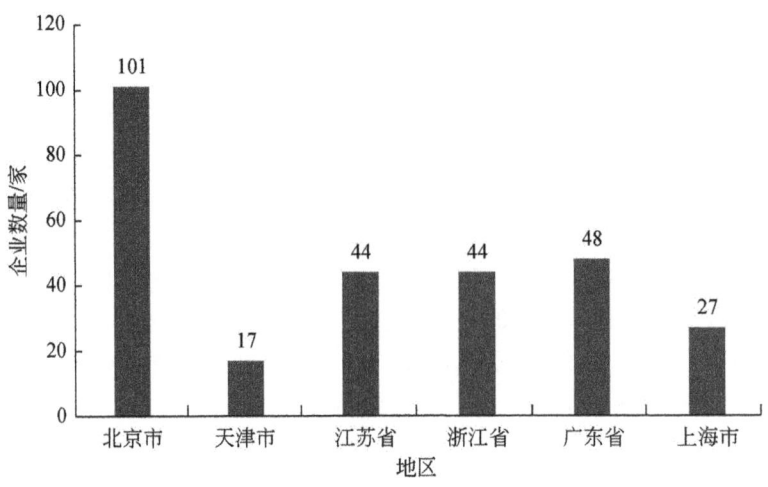

图 6-8　六省（市）2016 年中国企业 500 强分布

北京市入围 500 强企业中，大国有企业占据了主要地位，北京市入围中国企业 500 强企业前十名见表 6-1，全部为国有企业。

表 6-1　2016 年北京市入围中国企业 500 强企业前十名

地区	名次	北京前十企业	行业	营业收入/万元
北京市	1	国家电网公司	能源（含电力、热力、燃气等）供应、开发、减排及再生循环服务业	207 134 945
北京市	2	中国石油化工集团公司	石化产品、炼焦及其他燃料加工业	204 727 191
北京市	3	中国石油天然气集团公司	石油、天然气开采及生产业	201 675 666
北京市	4	中国工商银行股份有限公司	银行业	107 983 800
北京市	5	中国建设银行股份有限公司	银行业	92 587 800
北京市	6	中国建筑股份有限公司	建筑业	88 057 713
北京市	7	中国农业银行股份有限公司	银行业	83 376 600
北京市	8	中国银行股份有限公司	银行业	76 922 200
北京市	10	中国移动通信集团公司	电信、邮寄、速递等服务业	67 092 753
北京市	12	中国人寿保险（集团）公司	人寿保险业	63 644 438

（3）集群效应

北京市集群效应显著，六大高端产业功能区已经成为北京市经济的强大推动力。中关村科技园、金融街、经济技术开发区、商务中心区（CBD）、临空经济区和奥林匹克中心区，已经成为首都经济向高端、高效、高辐射发展的重要力量。2016 年，六大高端产业区增加值占全市 GDP 的 48.3%，经济贡献率达 59.9%，规模以上科技型企业占全市的 66.4%。

其中，北京中关村在国家创新驱动战略中发挥着重要作用，已经率先形成了"大众创业、万众创新"的新局面。2014年，中关村示范区新创办企业21 559家，其中有实际经营活动的新创办企业达1.3万家，是上年的两倍多；创业者人数快速增长，当年新创办企业的创业者34 050人，创业35 438人次，同比增长52.7%。相当于示范区每天新创办企业59家，每天自然人创业97人次。中关村已成为我国创业者和创业企业聚集、融合、发展和壮大的沃土和乐土。

作为中国首个国家自主创新示范区，中关村的创业文化是建立在深厚的产学研基础和校园研发文化基础上的科技人员创业文化。中关村周围聚集了以北京大学、清华大学为代表的近40所高等院校，以中国科学院为代表的200余家国家（市）科研院所，国家级科研基础设施数量和水平均居国内首位，是世界上人才智力和科教资源最为密集的区域。从1980年10月第一家民办科技企业在中关村出现，到1988年5月国务院批准建立第一个国家级高技术产业开发区——中关村科技园区；再到2016年，中关村科技园已拥有2万余家科技企业，日均诞生科技企业66家。中关村科技园区的战略定位是力争到2020年，建成具有全球影响力的科技创新中心和高技术产业基地，其科技创业的文化可见一斑。

中央企业引领+集群效应产生的总部经济特征有利于发挥区域优势，提升区域在全球网络中的控制能力，因此应增强北京市对高端产业的吸引力，推动总部经济发展。首先，应进一步完善政策环境，积极吸引跨国公司和国际组织在京设立总部及分支机构；其次，对现有的总部基地更加清晰地界定其发展定位，通过政策、机制创新，引导其形成区域范围内的合理分工及布局，有效推动总部经济发展；再次，充分发挥首都政策优势，处理好政府在总部经济发展中的作用，强化区域合作，使首都的总部经济形成有效的区域性、全国性乃至全球性的辐射能力及控制能力。

6.2.4 协同发展

京津冀协同发展的加速，为北京市提供了更广阔的发展空间。京津冀协同发展提升为国家战略，对于北京市而言，无论从城市功能优化，产业结构升级，生态环境改善，减轻人口剧增对于城市发展的压力，提高城市总体生态承载能力等方面都将起到较大的推动作用。当然，北京市作为我国科技创新中心，对于周边地区产业结构优化升级、产业技术发展将起到支持作用，经济文化的辐射作用也将逐步显现。北京市通过高精尖产业的发展，力争对京津冀产业协同发展起引导作用，在更大空间平台上形成以原创技术为支撑、高精尖产品为牵引、区域合理分工的大产业链条和协同创新的生态体系。

北京市还应进一步深化区域分工合作，加强与周边地区在资源、能源、产业、科技等多领域的合作，从区域整体的角度，在发展首都经济的同时，带动周边地区的经济发展，形成区域发展的合力。首先，在京津冀协同发展规划的基础上，加快与周边区域交通体系、资源开发的一体化发展进程。其次，推动建立合理的基于价值链的区域分工，依托首都强大的科技创新优势、金融服务优势、信息服务优势和商务服务优势，显著增强对津冀地区及国内外其他地区的辐射带动和影响作用，引领京津冀地区协同发展，显著提升京津冀地区的科学发展能力和区域整体实力，在区域竞争和国际竞争中赢得新优势。

深入推进京津冀全面创新改革试验，推动区域创新政策交叉覆盖，在健全区域知识产权联动服务机制、开展跨区域联合监管等方面实现突破。聚焦区域节能减排、污染防治等发展需求，联合开展关键技术研发和应用示范。培育新能源汽车等重点行业联盟，为区域内企业提供技术支持和科技服务。搭建企业为主体的创新载体，支持企业集团在京津冀合理布局研发、孵化、制造、售后等环节，形成协同创新产业链，推进共建科技园区和产业基地建设。

6.3 北京市创新驱动发展转型

中华人民共和国成立以来，北京市经济发展历经了从服务经济到工业经济再到服务经济的结构转变，总体上可以分为四个阶段。

第一阶段（1949~1978年）：消费型城市向重化工业城市的转型阶段；
第二阶段（1978~1990年）："退二进三"的结构调整阶段；
第三阶段（1990~2000年）：服务业主导的经济格局基本形成阶段；
第四阶段（2000年以后）：内部结构优化与总体经济的高端化阶段。
具体如图6-9所示。

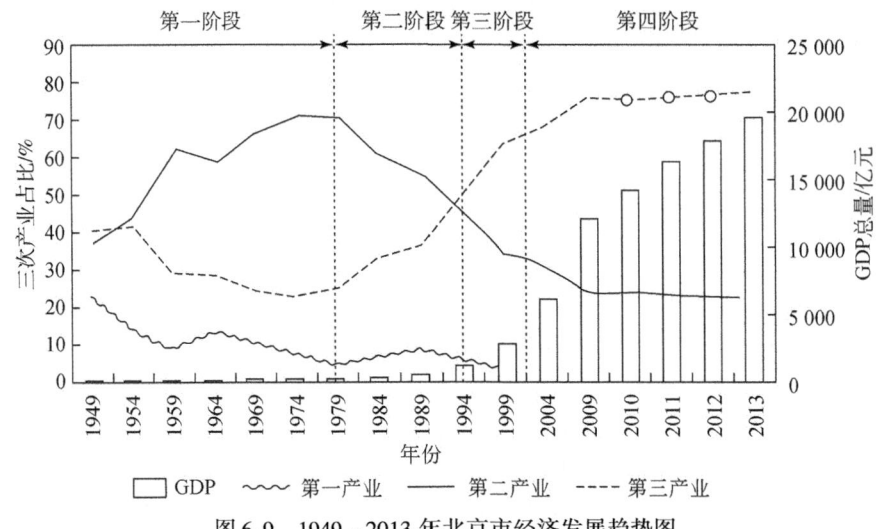

图6-9　1949~2013年北京市经济发展趋势图
数据来源：《新中国六十年统计资料汇编1949—2008》《2014北京统计年鉴》

6.3.1 制造业转型

作为中国经济的重要门户之一，现在的北京市已进入后工业化发展时期，制造业的创新能力及绿色、高端、集约发展水平已走在全国前列。但随着石墨烯、3D打印、人工智能、工业互联网等新技术、新工艺、新模式、新业态不断涌现，北京市也在不断权衡和校正着产业升级新的方向和路径选择。

自主创新的核心就是要实现自主创造，北京市作为国家科技创新中心，又拥有中关村国家自主创新示范区，已经形成了国内领先的创新高地，因此，首都经济转型需要全面提升创新能力，大力推进"科技创新中心"建设，由"北京制造"转向"北京创造"，树立"北京创造"的品牌。首先，要高度重视和充分利用各类科技资源，包括国际科技资源、汇集于北京市的国家级科技资源、北京市所在区域的科技资源，促进科技和经济要素资源的有效整合。其次，实现制造业的高端化发展，大力发展战略性新兴产业，提升重点行业关键核心技术的自主研发能力。

2016年以来，北京市全面落实《<中国制造2025>北京行动纲要》，编制印发了《北京市鼓励发展的高精尖产品目录》和《北京市工业企业技术改造指导目录（2016年版）》，细化正面清单，引导高精尖产业增量发展和存量技术改造升级。这些文件规划充分释放了发展高精尖产业的政策信号，并折射出该市由"北京制造"向"北京创造"的转型进程正在稳步推进。

在北京市制造业的调整具体部署中，首选是面向世界科技前沿，聚焦能够占领产业制高点的创新前沿产品，如超导材料、纳米材料、智能机器人等。其次是面向国家战略需求，聚焦到解决产业短板的关键核心产品，如集成电路装备、高端传感器、航空发动机等。

同时，顺应信息化与工业化深度融合的大趋势，聚焦发展以"互联网+制造"为代表的集成服务产品，如智能装备系统、智慧工厂解决方案、物联网等，并突出轻资产化，聚焦发展设计创意产品。突出保障基础民生，选择发展名优品牌产品，如"老字号"产品、城市应急产品、高效节能产品等。

相比较而言，北京市先于全国其他地区进入经济发展新常态，也先于全国其他地区开展传统制造业产能减量。目前，全市推动制造业供给侧改革的重心，已由减少无效和低端供给为主向扩大有效和高端供给转换，这也意味着产业发展要在高精尖产品创造上持续发力。

6.3.2 服务业转型

北京市现代服务业在全国具有领先性。首都经济发展受到了严重的资源环境制约，传统工业和制造业已经不适合在北京市继续发展，而低消耗、高附加值的生产性服务业应成为北京市产业发展的重中之重。因此，应当不断强化"北京服务"的发展理念，打造立足区域、服务全国、辐射世界的高端服务中心。首先，应进一步加快服务业发展速度，提升服务业在产业结构中的比重，优化产业发展环境，推动北京市服务品牌建设；其次，优化服务业内部结构，加快现代服务业、生产性服务业发展，从辐射全球的需求出发，以服务业的业态创新增强"北京服务"的国际影响力；再次，加快相关高端人才的储备和培养，依托区域性的基础设施和产业要素环境，激活产业发展潜力。

1）金融业。北京市是全国主要金融机构总部所在地，也是国外金融分支机构和代表机构聚集地，北京市完全符合建立国际金融中心和全国金融调控、结算中心的条件，因此，在发展金融业方面，北京市具有明显优势。

2）电信业、商务服务业。众所周知，北京市是全国的政治中心、国际交往中心、国家主要经济管理和研究机构所在地，北京市理应成为"数字北京"和全国的信息交流中心。与之相适应，北京市的通信业、网络服务业、电子商务业、咨询业、广告业、会展业、职业介绍业、软件业、公证业、会计业、律师业、设计业等具有明显的发展优势。

3）教育培训业、医疗保健业、文化传媒业、旅游业、环境管理业、科学研究和技术服务业。北京市是全国的文化中心，教育和科研的总体水平很高，全国50%的两院院士在北京市工作。

4）房地产业和物流业。北京市是一个大型消费城市，不仅公路网络发达，而且是全国的铁路枢纽和全国重要的航空港，人均拥有汽车量全国第一。而北京市民又相对集中于四环路以内居住，再加上每日大量的城市流动人口，使人们对房地产业、商务服务业、物流业、环境管理业、汽车服务业等都有较高的现时需求和潜在需求。北京市服务业比重高出全国平均水平30个百分点，高于上海市、广州市等大中城市20个百分点。

未来，北京市经济结构升级逐步从三产结构调整转向服务业内部结构优化。2016年第三产业占GDP比重达到80.3%，与2015年相比，第三产业比重增长速度明显放缓，由8.1%降到7.1%，但内部结构优化的步伐逐步加快，生产性服务业在第三产业中的占比不断提高。总体来看，伴随着第三产业比重的进一步提升，以及第三产业带动作用的持续加强，第三产业内部结构升级将成为未来发展中北京市经济结构调整的主要内容，第三产业对北京市经济的推动作用还会进一步加大。

6.3.3 北京市功能定位转型

伴随着经济转型的过程，北京市功能的定位也在发生着改变，2014年2月，习近平明确提出了首都全国政治中心、文化中心、国际交往中心、科技创新中心四个中心的战略定位，坚持和强化首都核心功能，调整和疏解非首都核心功能，这对进一步推进首都功能调整及布局优化提出了新的要求。根据习近平在2014年中央经济工作会议上对于我国当前经济社会发展呈现出新常态的基本论断，国家经济从高速增长转为中高速增长，经济结构不断优化升级，同时从要素驱动、投资驱动转向创新驱动。在此宏观背景下，北京市的转型发展，面临着经济增速放缓和人口资源环境的双重压力，而破解制约首都可持续发展的关键在于：如何通过北京市城市功能布局的优化，挖掘远郊区县及周边地区的发展潜力，促进在北京市核心区域过度集聚的人口和产业功能向外扩散、疏解。

北京市的首都功能定位更加强化，城市发展要紧密围绕功能定位。随着首都功能在北京市城市功能定位中地位的进一步提升，将会促使北京市将城市中属于非首都核心功能的高污染、高耗能、人口依赖性强的产业转移出去，城市发展对于经济目标的追求也会降低，而相应的低碳绿色的高端服务业、技术密集型产业、高技术产业将更进一步成为城市发展的重点产业。同时，对于城市基础设施水平、城市管理水平、城市人居环境、生态环境的要求将会更加提升，成为城市发展的新重点，同时也需要积极争取中央对于首都财政的支持。

随着首都功能强化，创新将更充分地发挥推动城市发展的核心驱动作用，只有保持城市持续的创新能力，才能使城市保持良好的发展势头，更好地承担强化首都功能的任务。创新不仅仅是北京市城市发展的原动力，也是解决北京市城市发展所面临的各种压力的根本之策。这里的创新不仅仅是科技创新，也包括服务创新、体制创新、管理创新等方面。

为进一步加快首都经济转型，北京市应从优化区域功能布局的角度，在强化首都核心功能的同时，有重点、有次序地推进和引导首都非核心功能的疏解，将中心城区过度集中的产业功能向郊区及周边地区转移，带动区域功能格局的整体优化。

第7章　上海市创新驱动模式分析

2014年5月,习近平在考察上海市期间提出了,"加快向具有全球影响力的科技创新中心进军"的全新要求。2015年3月,又再次对上海市提出"上海要继续当好全国改革开放排头兵、创新发展先行者"的总要求。上海市委、市政府对此做出重要部署,举全市之力,深化体制机制改革,加快推进科技创新、实施创新驱动发展战略,加快建设具有全球影响力的科技创新中心。

2015年5月,上海市人民政府发布了《关于加快建设具有全球影响力的科技创新中心的意见》(简称《意见》)。《意见》中提出要着力破解创新成果转化难、创新企业融资难、草根创业难、知识产权保护难等制约创新环境建设的四个难题,要着力推进政府管理创新,加快政府职能转变,简政放权,创新管理。放宽"互联网+"等新兴行业市场准入管制,改进对与互联网融合的金融、医疗保健、教育培训等企业的监管,促进产业跨界融合发展。建设重大创新功能型平台,在信息技术、生物医药、高端装备等领域,重点建设若干共性技术研发支撑平台,建设一批科技成果转化服务平台。加大知识产权保护力度,研究出台具体操作细则,尽最大努力保护创新创造成果,消除创新创造者的后顾之忧,使上海市成为知识产权保护最好的城市之一。对基础前沿类科技计划(专项),强化稳定性、持续性的支持;对市场需求明确的技术创新活动,通过风险补偿、后补助、创投引导等方式发挥财政资金的杠杆作用,促进科技成果转移转化和资本化、产业化。降低政府采购和国有企业采购门槛,扩大对本市中小型科技企业创新产品和服务的采购比例。制定创新产品认定办法,对首次投放市场的创新产品实施政府采购首购政策,通过订购及政府购买服务等方式支持创新产品,鼓励采取竞争性谈判、竞争性磋商、单一来源采购等非招标方式实施首购、订购及政府购买服务。研究制定高端智能装备首台(套)突破及示范应用政策。健全鼓励企业主体创新投入的制度,完善科技成果转化机制,加大对创新创业人才的激励力度,建设创新创业人才高地,创造良好的创新生态环境等。

2016年8月,上海市人民政府发布了《上海市科技创新"十三五"规划》,规划中指出,上海市具有国际化程度高、经济发展水平和产业结构层级较高、科技基础设施完备、人才资源丰富,以及城市区位优势明显等特点,在国内较早实施了创新驱动发展战略,具备建设具有全球影响力科技创新中心的基础和潜力。未来,上海市建设具有全球影响力的科技创新中心的核心是突破体制机制瓶颈,关键是汇聚创新人才和发挥创新潜能,基础是形成良好的创新生态,重点是发挥重大工程和项目的支撑作用。规划中同时提出了力争在2020年达到的诸多科技指标。例如,到2020年,全社会R&D经费支出占全市GDP的比例达到 4.0% 左右，基础研究经费支出占全社会 R&D 经费支出比例达到 10% 左右，每万名研发人员全时当量达到 75 人·年，每万人发明专利拥有量达到 40 件左右，全市通过《专利合作条约》（PCT）途径提交的国际专利年度申请量达到 1300 件，知识密集型服务业增加值占 GDP 比例达到 37%，新设立企业数占比达到 20% 左右，向国内外输出技术合同成交金额占比达 56%。规划中强调以培育良好创新生态为核心，激发创新创业活力；以原始创新为重点，提升创新策源能力；以产业需求为导向，培育高附加值产业；以惠民利民为根本，支撑城市和谐发展。

上海市无论是在政策规划还是创新活动过程中，都良好地践行了创新驱动的理念，并依据历史传统、社会环境等形成了自有发展特点和发展模式。

7.1 上海市创新能力概况

在中央要求及地方政府的努力下，上海市创新体系结构不断优化，创新能力不断提升，创新能力相关指标在全国一直名列前茅。根据《中国区域创新能力评价报告》近年来的统计排名，2016 年，上海市创新能力综合指标连续 8 年位列第 4 名，其中上海市的知识获取能力最强，居第 1 位，知识创造、企业创新、创新环境、创新绩效等方面分列 3~5 位。上海市开放的体制环境大大促进了知识和技术的流动与传播，知识获取能力一直处于领先地位，尤其以技术转移和外资企业投资方面最优。

根据《2016 年上海国民经济与社会发展统计公报》的统计数据，2016 年上海市全年用于 R&D 经费支出 1030.00 亿元，占上海市 GDP 的比例为 3.80%，占全国 R&D 经费投入总量的 6.6%。R&D 项目（课题）数占全国 R&D 项目（课题）数的 6.5%，发表科技论文和出版科技著作分别占全国总量的 6.1% 和 6.7%，所占比例都较高。

专利数量可以体现出专利申请意识的强弱，专利增长率则能够反映创新活跃度。2016 年，上海市全年受理专利申请 119 937 件，比上年增长 19.9%，占全国专利申请量的 3.5%，其中受理发明专利申请 54 339 件，增长 15.7%。全年专利授权量为 64 230 件，增长 5.9%，其中，发明专利授权量为 20 086 件，增长 14.1%。全年 PCT 国际专利受理量为 1560 件，比上年增长 47.2%。至年末，全市有效发明专利达 85 049 件。

2016 年，全市科技小巨人企业和小巨人培育企业共 1638 家，高技术企业 6938 家，技术先进型服务企业 272 家。年内全市新认定高技术企业 2306 家。年内认定高技术成果转化项目 469 项，其中，电子信息、生物医药、新材料等重点领域项目占 87.4%。至年末，共认定高技术成果转化项目 10 969 项。全年经认定登记的各类技术交易合同 2.12 万件，比上年下降 5.8%；合同金额 822.86 亿元，增长 16.2%。全市各类金融单位达到 1473 家。其中，货币金融服务单位 622 家；资本市场服务单位 382 家；保险业单位 386 家，其他 83 家。全市各类金融单位中，在上海市经营性外资金融单位达到 242 家。

2016 年，外商直接投资金额为 185.14 亿美元，其中第三产业实际到位金额为 163.35 亿美元，占全市实际利用外资比例为 88.2%。在上海市投资的国家和地区达 168 个。在上海市落户的跨国公司地区总部达到 580 家，投资性公司 330 家，外资研发中心 411 家。年内新增跨国公司地区总部 48 家，其中亚太区总部 15 家；投资性公司 18 家；外资研发中心 15 家。

以上数据均良好地显示了上海市创新的实力和雄厚基础。

7.2 上海市创新驱动类型：工程技术型+科学研究型

根据上海市创新发展基础和模式特点，我们将上海市创新驱动发展的类型定义为工程技术型+科学研究型。

7.2.1 工程技术型

根据《上海统计年鉴》数据，2015 年，上海市规模以上工业企业设置科技机构数量为 1337 家，R&D 人员为 124 753 人，R&D 经费支出为 4742 亿元，科技项目数为 18 194 个，年末有效发明专利数为 30 777 件，新产品产值与销售收入分别为 73 122 亿元和 74 704 亿元，发表科技论文数量 2946 篇，形成国家或行业标准 589 项。根据国民经济行业分类对数据进行划分和统计，得出制造业、设备业等传统具有工程技术特征的企业在以上数据中所占比例较高，故将上海市创新驱动发展定位为工程技术型。

当前上海市的汽车、钢材、石油化工、电站成套设备、软件信息产业是现有的五大最具影响力的优势产业，多为工程技术型。结合上海市发展的产业基础和优势，确定了六个重点发展的工业行业，分别为电子信息产品制造业、汽车制造业、石油化工及精细化工制造业、精品钢材制造业、成套设备制造业和生物医药制造业，每年在统计年鉴中定向发布六个行业的统计数据，也以工程技术型为主。六个行业 2016 年工业总产值为 21 001.28 亿元，占全市规模以上工业企业总产值的比例为 67.6%。但是六个行业发展存在分化，如汽车制造业增速最快，产值为 5781.58 亿元，占上海市工业总产值的 17.5%，比上年增长达 12.6%，是上海市的优势产业，也是发展势头强劲的产业。其次是生物医药制造业，产值为 959 亿元，增幅也在 5% 以上，也是上海市未来重点发展的战略新兴产业，但处于发展初期规模还较小。其他四个产业，由于涉及产业链众多传统行业，产能相对落后，产业转型缓慢，增速在下降甚至出现负增长，这也是未来上海市产业转型的重点挑战。

制造业是工程技术型产业的重要组成，也是面临产业转型升级压力较大的行业。根据上海市人力资源和社会保障局发布的《上海市制造企业用工状况报告》，2012~2017 年初的统计数据显示，2017 年 3 月，上海市制造业登记就业人数为 189.8 万人，近年来总体呈现震荡下行的趋势，制造业对于吸纳就业的贡献有所下降。导致就业人数减少的很重要的因素是产业结构转型升级、淘汰落后产能的政策性因素，当然也存在劳动年龄人口减少和技术进步的客观性影响，上海市制造业就业人数变化趋势如图 7-1 所示。

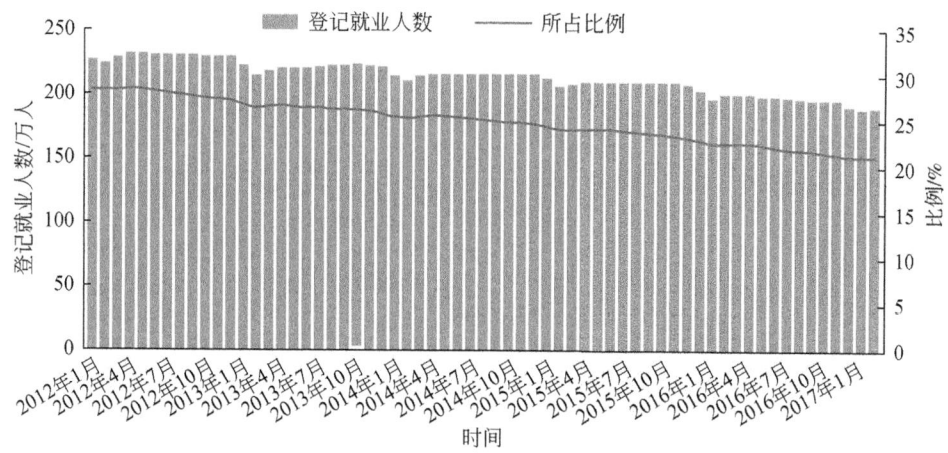

图 7-1 2012~2017 年上海市制造业登记就业人数的变化趋势
数据来源:《上海市制造企业用工状况报告》

在制造业登记就业人数总体下行的态势下,汽车制造、医药制造、信息技术等行业仍保持强劲增长。汽车制造业登记就业人数由 2012 年同期的 14.2 万人上升到 2017 年 3 月的 16.8 万人;医药制造业由 4.1 万人上升至 4.4 万人;计算机通信和其他电子设备制造业则由 27.2 万人上升至 27.5 万人,图 7-2 显示了上海市汽车制造业登记就业人数的变化趋势,也反映了汽车制造业在上海市占据的产业优势和实力。

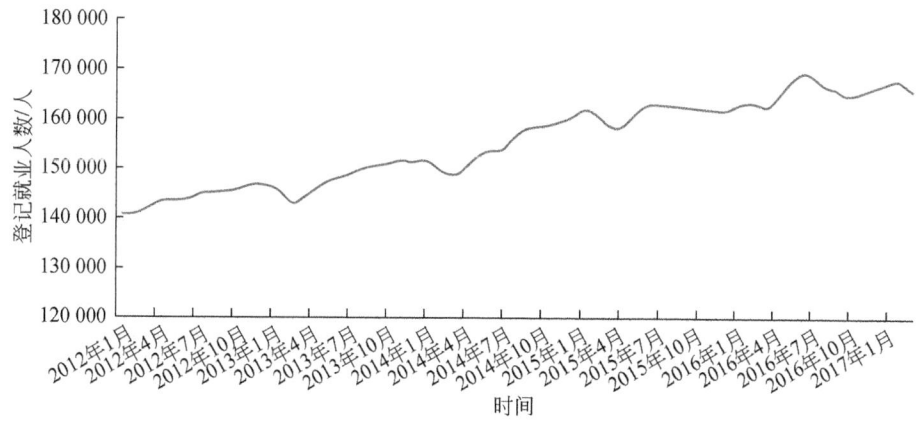

图 7-2 2012~2017 年上海市汽车制造业登记就业人数的变化趋势
数据来源:《上海市制造企业用工状况报告》

而纺织服装、服饰业的登记就业人数从 2012 年同期的 13.8 万人下降至 2017 年 3 月的 6.4 万人;纺织业的登记就业人数则由 7.8 万人下降至 4.3 万人,下降幅度远大于制造业登记就业人数的总体下降幅度。纺织服装行业属于效率驱动型行业,其就业变化趋势如图 7-3 所示。

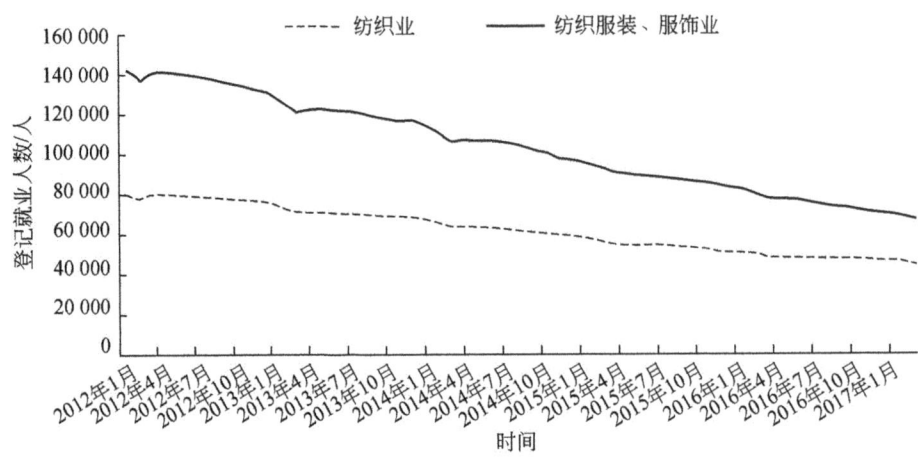

图 7-3 2012~2017 年纺织服装行业登记就业人数的变化趋势
数据来源：《上海市制造企业用工状况报告》

21 世纪以来，中国正在成为世界汽车制造工业的集聚中心，而上海市的汽车制造产业更是发达，人们消费观念的变化和消费结构的升级，都在促进企业和产业的快速发展，特别是"互联网+"与制造业的深度融合所引发的产业变革，正在形成新的生产方式、产业形态、商业模式和经济增长点。

7.2.2 科学研究型

上海市的科教资源仅次于北京市，截至 2015 年末，上海市人才总量已超过 473 万人，共有 67 所高校、44 家国家级重点实验室、11 家市级重点实验室，拥有两院院士 177 人，771 名海外高层次人才入选中央"千人计划"，676 名海外高层次人才入选上海市"千人计划"，2787 名留学人员入选"上海市浦江人才计划"。37 人大选"国家百千万人才工程"；1186 人入选上海市"领军人才计划"；1021 人入选上海市首席技师"千人计划"。

2015 年，上海市科研机构数量达到 206 家，科技论文发表数量为 11 910 篇，其中国外发表数量为 37%；专利申请受理为 5605 件，其中发明专利受理量为 4444 件，比例高达 79.3%。同年，高校内科研机构数量为 227 家，高等学校学术论文发表数量为 59 957 篇，其中国外发表为 30 774 篇，比例占到一半以上，被 SCI、EI、ISTP 三大检索收录的论文数为 35 481 篇，比例也高达近 60%。专利申请数为 9455 件，其中发明专利为 7687 件，占比为 81.3%；专利授权数量为 6116 件，其中发明专利为 4387 件，占比达 72%。同时，近年来科研机构和高校的专利申请与授权数量逐年上升，发明专利比例较高，占比可达到 70%~80%，说明上海市高校和科研机构具有较好的科研基础和创新能力，对科技成果的知识产权保护给予了较高的关注。此外，在协同创新成为当今创新活动新趋势的形势下，高校等合作申请专利数量也呈现上升趋势，体现出上海市高校和科研机构在创新方面与外界的合作水平，对整合创新资源、提高创新效率具有重大意义。

一大批科学装置和大项目也落户上海市，极大地增强了上海市的科技创新能力。例如，上海超级计算中心、蛋白质科学研究（上海）设施、上海同步辐射光源、上海 65 米射电望远镜、类脑人工智能、大飞机项目、光刻机项目、刻蚀机项目等前沿研究。

上海市成群的高校和科研机构所培养和吸引的顶尖科研力量和人才，帮助上海市积累了雄厚的工业基础和技术力量。大量的海归人才往往选择上海市作为其落脚点。截至 2015 年末，来沪工作和创业的留学人员已达 13 万余人，留学人员在沪创办企业 4900 余家。

此外，高校和科研机构帮助上海市集聚了大量创新人才和丰富的科技创新资源，同时带动了科技创新服务相关中介组织的发展，如技术交易市场、产权交易市场、创业中心、公共服务平台等，形成了高效的科技创新载体和巨大的创新网络，作为长江三角洲城市群的中心城市，上海市具备了与国内外科技合作交流的通道和科技创新各种要素资源"互通互联"的条件。

故上海市创新驱动发展也具有科学创新驱动的特点。但是上海市科研创新主要集中于高校和科研院所，科研及创新活动以国家投入为主，主要围绕国家及地方的科学计划以课题项目制开展，相关的技术转移和成果转化也主要依靠政府推动，国家科研院所和高校普遍从事基础研究和早期的产业化研究，前瞻性研究的规模和力度还是偏弱。

生物医药产业是典型的科学研究型产业，也被称为"永不衰落的朝阳产业"。2014 年，《上海市生物医药产业发展行动计划（2014–2017 年）》发布，明确今后将继续推动上海市建设成为亚太地区生物医药高端产品制造中心、商业中心和创新研发中心，实现生物医药产业的跨越式发展。上海市生物医药产业涌现了大批优秀龙头和骨干企业，如罗氏制药、西门子医疗、勃林格殷格翰、微创医疗、联影医疗、东富龙科技、凯宝药业、中信国健等。生物医药优势产品领域涵盖肿瘤、心血管、糖尿病、神经系统疾病、抗体药物、基因工程药物、小分子化学药、数字医学影像、微创介入治疗器械、骨科产品、快速诊断试剂等。上海市医药企业、科研院所及各类服务平台众多，已经形成由"2 校、1 所、1 院、18 个公共服务平台、40 多个中心"构成的企业、高校、科研院所研发创新产业群，国际医学园区、张江东区两个医疗器械集群，以及国际医学园区的高端医疗服务业集群，全球知名跨国制药企业有 12 家在张江设立地区总部或研发中心，园区内有上海恒瑞医药有限公司、上海复旦张江生物医药股份有限公司、和记黄埔医药（上海）有限公司、上海中信国健药业股份有限公司等国内一流制药企业。张江示范区的生物医药产业产值占据了上海市的半壁江山，已成为上海市生物医药的支柱，据《张江示范区生物医药产业报告（2015）》统计，2015 年，纳入全市统计的张江示范区生物医药工业企业共 167 家，占全市生物医药工业企业的 58.6%；生物医药工业总产值占上海市生物医药的 66.0%；获批进入临床试验的项目共 58 项，占全市进入临床总数的 55.8%，其中，核心园的上海市药物研究所以 TPN171H 等 5 个 1.1 类化学药获得临床批件并列全国第一，上海复宏汉霖生物技术股份有限公司以重组人鼠嵌合抗 CD20 单克隆抗体注射液药物等 5 个品种获得生物制品创新药临床批件并位列全国第一（王宝龙，2017）。

7.3 上海市创新驱动发展特点

7.3.1 国际化

上海市是一座移民城市,国际化程度高,海派文化具有很强的创新基因,一直以来具有创业氛围,有包容尊重的文化,让个体能够自由发展和成长,是一座有原创能力的城市。

1843年11月14日,上海市宣布成为通商口岸,但那时洋商仅百余人,远谈不上国际性城市。1920~1940年的上海市,人口约300万人,其中英法租界的侨民近10万人,分别来自英国、美国、法国、德国、意大利、葡萄牙、日本、印度等诸多国家,他们并不是过客,而是成为上海市居民,在此经商、就业和生活,与上海市本地人合作共事,奠定了上海市国际化城市的基础(杨小佛,1993)。

历史因素深深影响了上海市现代国际化的发展,对外籍人口有着更规范的政策和更强的吸引力。上海市常住外籍人口的增加与外资经济的发展密切相关,吸引了大量的外资企业,外资经济已经成为推动上海市经济发展的重要动力之一。2016年,上海市实际外商直接投资金额为185亿美元,与2000年的24亿美元相比翻了3.5倍。常住外籍人口的比重迅速增长,占上海市常住人口比重从2000年的0.28%上升到了2016年的0.41%,常住外籍人口数在全国各省(市、自治区)中居首位。上海市外资企业的发展成为吸引外国人来上海市居住的重要原因,外资企业工作人员及家属成为最重要的组成部分。根据2010年上海市第六次全国人口普查数据,上海市所有外籍人口中,日本、美国、韩国占到一半左右,欧美地区主要来源于美国、法国、德国、加拿大等,非洲比较分散但呈现上升趋势。外籍人口的平均受教育年限较高,高学历人口比重很大,受大专及以上高等教育的人口比重达71.03%。外籍人口以高学历人才为主,且通常举家迁移,并且以15~64岁的劳动年龄为主。但在比重方面,与其他一些国际化大都市相比仍存在较大差距,在国际性大都市中,外籍人口一般占总人口的10%以上。

针对日益增长的外籍人口,上海市也发布了一系列出入境政策措施,使外籍人口在沪就业更加灵活,以更加开放的心态促进外籍人口融入城市。这些政策着眼于吸引和留住海外高端人才、集聚和支持其创新创业、完善和优化科技创新中心软环境。同时,以复旦大学、上海交通大学、同济大学和华东师范大学为代表的上海高等学校,利用各种举措吸引着广大海外留学生,对国际人才的迫切需求促使地方政府更加重视国际人才的引进(朱蓓倩,2016)。

以IT行业为例,由于上海市拥有与外国人和跨国公司合作的悠久历史,有利于一系列大型国内外公司落户上海市,包括中芯国际集成电路制造有限公司、通用电气(中国)有限公司、上海贝尔股份有限公司等。上海市依靠跨国公司迅速提升了国内公司的能力,获得了先进的国外管理经验和技术工艺,以及进入国际市场的通道。例如,创见公司

(Transcend Information Inc) 在上海市发展大规模制造的同时,配备发展了大规模研发设施,这也符合制造业是上海市发展重点的形势。

20世纪90年代,就已经有超过30家大型跨国企业在中国设立了研发中心,纷纷被上海市丰富的知识资源、有竞争力的市场、IT信息技术集聚、有效灵活的地方治理等优势所吸引。截至2016年,在上海市落户的跨国公司地区总部已经达到580家,投资性公司330家,外资研发中心411家。据上海市商务委员会2015年的统计,上海市外资企业创造了全市2/3的工业总产值,2/3的货物进出口,1/3的纳税总额及1/4左右的就业,其中百强企业仅占全市外资企业0.24%的数量,但是却实现了全市外资企业56%的进出口额,37%的营业收入,将近40%纳税总额,以及25%的从业人员。跨国公司在上海市的研发中心重视本地化的发展,上海市多元化的创新体系不仅吸引了成本驱动型研发中心的建立,同时吸引了市场导向、生产驱动和技术驱动类型研发中心的建立(Chen,2006)。跨国公司技术驱动型研发中心在上海市的建立主要看重其集聚效应。例如,通用电气中国研发中心看中了上海市为外籍人士提供的更优越的投资和生活环境,有成熟的产业集群和城市服务,并将其研发中心的10%用于现有业务技术支持服务,70%用于多代产品计划的应用研究,20%用于先进技术的基础研究。对于大多数软件企业,其在上海市建立的研发中心多为市场驱动型,主要看重了上海市充满活力的消费市场,能够随时准备测试新产品,典型的有SAP中国研发中心、HP软件解决方案中心等。例如,HP中国软件研发中心侧重于本地和亚洲市场,研发更具区域性,主要关注金融业、电信业、政府和制造企业,需要友好的环境,上海市也具备优势。对于以生产为导向的研发中心,上海市的优势更加明显,制造业基础雄厚,有一批经验丰富的工程师能够应对复杂工艺,本地人才的有效利用能够弥合东西方项目管理的差异。例如,朗讯科技公司是最早进入中国市场的跨国公司之一,上海市的研发中心主要任务是针对不同客户的需求进行针对性地设计、定制和生产。此外,还有一种成本驱动型的研发中心集中于上海市,成本中心对技术要求相对较弱,对科研机构和高校的环绕程度要求不高,而且上海市工程师英语能力出众,有最为发达的制造业基地,所以能够吸引更多的硬件和软件公司建立支持中心。例如,英特尔亚太研发中心(原上海英特尔架构开发实验室)就是此种类型的研发中心,其作用是帮助英特尔在中国市场上维护其垄断供应商的地位,中国软件工程师的薪资要求也较低。跨国公司在上海市的发展,极大地推动了上海市国际化的进行,促进了技术转移和人才知识的流动,不仅带动了当地企业,而且带动了其与高校和科研机构的合作交流。

7.3.2 大企业主导

(1)大企业对上海市的主导作用明显

上海市的发展,一向强调大和引进为主,但在构建产业链和价值提升方面一贯缺少重视(卢长利和常二鹏,2014)。上海市拥有许多特大型、大型国有企业和由大型跨国企业来沪兴办的三资企业,大体处于国有企业50%(中央企业25%,地方国有企业25%),外资25%,民营企业25%的所有制结构(魏达志,2016)。长期以来,这些企业鉴于各种原因，在市场中享有程度不等的垄断地位，造成市场竞争不充分，在占据大量市场份额的同时也抑制了大部分中小企业的创新活动。2015 年，上海市国有控股企业的工业总产值占全市比例为 36.8%，2014 年为 37.3%，2013 年为 37.3%。分析近十年《上海统计年鉴》的数据也可以发现，该占比一直维持在 35% 以上。

上海市的企业大多数都是国有大中型企业，从事行业多为传统技术型，长期生活在计划经济体制下的很多企业自主创新能力不强，甚至经过改革开放 30 多年后仍然没有真正成为有竞争力的技术创新主体，本身受到历史因素及体制机制影响，上海市国有企业普遍面临产能落后、沉淀资本较多、经营不够灵活、人员安置压力大等问题，历史包袱比较沉重，如果依旧按部就班地走传统发展模式，较易陷入发展困境也较难走出发展困境，只有加快创新转型，才能够从根本上焕发生机和活力。随着市场竞争的日趋激烈，改革不断深化，国有企业市场化程度越来越高，上海市国有企业改革始终走在全国前列，过去依靠行政、垄断等资源生存和发展的现象逐步消失，创新转型将助力国有企业在市场竞争中的长足发展。此外，部分国有企业在现有制度和技术条件下，已经做到了国内行业规模最大，资本、劳动力等生产要素的边际效益不断下降，必须通过制度、技术等各方面的创新才能够在现有基础上做大做强，维持企业持续健康发展（蔡伟，2014）。

同时，上海市经济对外开放度和依存度都比较高，在这种背景下，上海市属国有企业只有创新转型，才能够从根本上提高抵抗国际风险的能力，取得国际竞争优势。从国内来讲，我国经济发展也面临诸多困难，稳定经济增长的任务十分艰巨，宏观经济环境的变化给市属国有企业的发展带来了较大压力，如原材料价格上涨、人工成本上升、市场需求不足、资金链紧张、盈利能力下降等。上海市在加快国际大都市、科技创新中心及"四个传统中心"的建设中，尤其注重城市安全、资源节约和环境保护，将优先发展资源消耗少、附加值高、引领和带动能力强的先进制造业和现代服务业，在此背景之下，一批能源、土地消耗量大的国有企业的发展受到制约，与上海市发展产生不适，而这些国有企业也必须走向创新和转型之路（蔡伟，2014）。

上海市另一类型的大企业是大型跨国公司，为上海市的国际化、开放创新、技术能力、经济发展等提供了诸多支持，该类企业在 7.3.1 节已提及，在此不再赘述。跨国公司对上海市的青睐也将其推入一种"强调大型"的固有模式之中。

（2）民营企业和中小企业存在感不强

上海市要建成科技创新中心，民营企业和中小企业未来的贡献也必不可少。近年来，随着上海市人民政府一系列优惠政策的出台，开放及市场化程度不断提升，上海市中小企业的发展环境越来越好，活力越来越强。但总体来说，当下上海市的发展模式还是以大企业为主导，相对还是对民营企业和中小企业创新活力的释放产生了制约，而创新活力的释放将对上海市的发展产生更大更积极的影响。在现有体制中，社会的外部环境尤其是非公有制经济成分的中小型企业，难以享受国有企业从国家财政得到的投入，金融业对于中小企业的科技创新活动难以形成大规模系统化的支持（蒋宇铮，2010）。当然，这一现象也在持续不断好转。

民营企业也是社会经济发展中的重要组成部分。通过对上海市国有企业 50 强与民营企业50强的对比发现，国有企业的研发费用投入远大于民营企业，拥有专利与发明专利的数量也远高于民营企业，但是民营企业在发明专利方面的增长率远高于国有企业。此外，国有企业拥有技术人员的规模远高于民营企业，技术人员比例优势略高于民营企业。技术人员的实力在一定程度上代表着企业的科技实力，直接关系到企业技术创新能力的提升及企业自身专利发明的创造，从而进一步影响企业发展的动力和企业效益的实现途径。同时，国有企业的高学历人才规模和比例都远高于民营企业，民营企业对于人才吸引和人才激励制度的关注度不够，而人才实力的不足在相当程度上限制了企业的创新能力（常奕舸和杭爱明，2015）。

根据民建上海市委发布的《上海中小企业创新能力调查报告》显示（徐泽春，2016），上海市中小企业创新能力的短板主要在于"政策作用有限""研发人才缺乏""创新项目不足""风险支持获取难"等，这些因素也影响着中小企业的创新环境，不利于其发展壮大。当前的上海市创新规划、政策等在现存中小企业的创新环境、人才吸引与培养、风险投资对接、创新创业孵化支持比例等方面存在不足。对于中小企业而言，在创新投入方面，企业新增创新经费投入占总收入比重比较小；在创新产出方面，企业新产品销售收入占总销售收入的比重也较小；在创新资源方面，企业信息化水平也处在一般甚至较低位置。上海市的中小企业面临研发人才缺乏的难题，有84%的企业没有"千人计划"专家，80%的企业没有各级政府部门认定的领军人物和专家，只有12%的企业拥有1～5名领军人物和专家。而对于科技型中小企业来讲，发展更不均衡，首先技术能力参差不齐，多数企业的技术发展集中于电子信息和生物医药等热点主题；其次专利集中于少数企业，更有50%左右的企业没有专利，而且不同专利结构的企业之间，专利数量差距巨大。

（3）企业家创新精神不强

上海市以大企业为主导，大小企业差距明显，也制约了上海市企业家创新精神的形成。企业研发投入和科技活动比例偏低，大部分企业缺乏核心关键技术和自主知识产权，与发达国家和我国先进地区的企业相比研发能力差距较大，还没有真正成为研发投入主体、创新活动主体和成果应用主体，企业在参与技术创新活动过程中主导作用不足。此外，国内新兴产业的龙头企业总部也较少设在上海市。例如，百度总部在北京市，阿里巴巴总部在杭州市，腾讯、华为总部在深圳市。

未来，上海市建设国际化大都市、全球科技创新中心及传统产业四个中心的目标，为上海市国有企业的发展提供了良好的区域经济环境，积累了技术、人才、品牌等各方面的优势。一系列鼓励企业创新与转型的政策举措，也提供了强有力的指导和支持。对外开放程度的日益提升加速了国有企业国际化（蔡伟，2014）。对于民营企业和中小企业来讲，其所处的生存环境对其创新能力的发挥影响较大，上海市要进一步加大对创新创业的关注，提高创业水平，但也要同样关注现存企业的创新和改造，设立更多优惠政策和发展制度，帮助企业轻装上阵，吸引更多的科技创新人才。对于上海市而言，要建成全球化的科技创新中心，必须依靠众多的中小企业。例如，德国的成功就是拥有上千个具有核心技术的中小企业，成为支撑国家工业的基础，仅仅依靠大企业并不够。

7.3.3 建设特色园区

上海市积极培育创建多个园区,高度重视高技术企业园区的建设,每个园区独立运营且远离市区,形成了以张江高技术园区为核心的高技术企业、研发机构和教育机构集聚的产业集群。

(1) 上海张江高技术产业开发区

硅谷拥有着培养创新精神、实验尝试和集体性学习的氛围,拥有着完备的组织制度、法律规范和文化环境的约束及激励,追求自由、创新的学风。真正成功的科技园区并不是在效仿的基础上建立的,而是需要有针对性的建设及卓越的创造力,上海张江高科技园区在这一点上就做得很好,成为上海市科技创新的符号工程,代表着上海市科技创新转型的方向。1992 年成立以来,上海张江高科技园区在国际上一直享誉 "The Silicon and Medicine Valley in China" 的盛名,2011 年形成了包括核心园、漕河泾园、闸北园、青浦园、嘉定园、金桥园、紫竹(莘庄)园、杨浦园、徐汇园、长宁园、虹口园、松江园、闵行园在内的 "一区十三园" 的格局,批准建设 "张江国家自主创新示范区",并在 2014 年扩展为 "一区二十二园",分别为长江核心园、漕河泾园、金桥园、闸北园、青浦园、嘉定园、杨浦园、长宁园、徐汇园、虹口园、闵行(莘庄)园、松江园、普陀园、陆家嘴园、临港园、奉贤园、金山园、崇明园、宝山园、世博园、黄浦园、静安园。经过 20 多年的发展,上海张江高科技园区成功崛起,已拥有科技型企业 7 万余家,200 万名从业人员,1400 多个研发机构,700 余家跨国公司研发中心和地区总部,300 余个公共服务平台,汇集了 44 所高校及全市 80% 以上的高端人才,已经形成生物医药、信息技术、节能环保、高端设备制造、新材料、新能源、新能源汽车、文化科技融合产业和现代服务业九大产业集群,已成为中国创新资源最密集的区域之一,发挥着集聚、示范、引领、辐射的巨大作用(秦佳文等,2017)。

引领型创新是张江发展模式的核心,其发展路径集成了科技创新源泉、技术创新和产业集群的综合优势。始终落实国家战略引领高端创新的模式,将上海市自由贸易试验区与科创中心紧密结合,充分利用国际和国内两种资源和两个市场,辐射长江三角洲、长江经济带乃至 "一带一路" 的创新发展。张江发展践行 "政府引导+市场化运作" 的创新模式,始终对标国际标准,汲取国际先进创新中心的精华,如在集成电路领域,借鉴台湾新竹,探索集成电路保税产业链试点;在信息软件业,借鉴印度班加罗尔,建立浦东软件与国家基地和软件服务外包基地;在生物医药、信息产业,借鉴美国硅谷和波士顿模式,引进海归人才,支持以企业为主体的创新创业,配套大规模的海内外创业投资基金;在科学中心和科学城的建设方面,借鉴美国国家实验室和日本筑波的模式,联合国内外高等院校的创新研究中心和跨国研发中心,布局先驱科学的研究。如今的上海张江高科技园区已经加速成为最前沿、颠覆性研究、国际孵化合作的创新高地,实现科技创新、制度创新、产业集群、城市更新、人才发展等多方面的引领。

(2) 杨浦 "国家创新型城市试点城区"

2010 年,杨浦区被授予 "国家创新型城市试点地区",成为上海市高校、科研机构及科技园区的集聚区，并践行"三区融合、联动发展"的创新发展理念，强调通过整合大学校区、科技园区、公共社区的资源，推动科技创新和科技成果转化，并在2016年成为全国创新驱动示范区。其中，"大学校区"负责知识创新和人才培养，提供人才资本和智力支撑；"科技园区"承担科技孵化、创新产品等职能，为产学研合作、创新创业和就业提供载体；"公共社区"则承担为大学和科技园区提供公共服务的职能，创造适宜居住、交流、休闲的生活空间和生态空间。

杨浦区提出"三个舍得"，舍得腾出最好的土地支持大学就近就地拓展；舍得把好的商业和地产项目让出来建设大学科技园；舍得投入人力、物力整治和美化大学周边环境。采取"一园多点"布局，建成以现代设计为核心的同济大学国家大学科技园，以电子信息、新材料为核心的复旦大学国家大学科技园，以科技金融服务为核心的上海财经大学国家大学科技园，以光机电一体化为核心的上海理工大学国家大学科技园，以新能源、智能电网为核心的上海电力学院国家大学科技园，以体育休闲健康为核心的上海体育国家大学科技园，以海洋科技为核心的上海海洋国家大学科技园等各具特色的科技园区20余家，承接高校、科研院所的知识溢出，杨浦区高校形成了"一圈、一廊、一谷、一园"等深层次合作项目，"一圈"是打造环同济知识经济圈升级版；"一廊"是推进复旦创新走廊建设；"一谷"是打造环财大金融谷；"一园"是推进上理工太赫兹产业园。杨浦区通过知识创新区的定位，以校区—园区—社区三区联动为抓手，成为上海市以创新为特色的中心城区。创新需要的是促进学校、园区和社区的密切合作关系，才能全面地在经济发展中创造出可持续发展的生产力，创造良好的促进发展的生态环境，将各种资源融合拓展，实现更高的价值。大学和社会城市的联动发展是城市发展模式中的重要命题。大学无法有效与各科研、企业、政府互动，将会发生知识溢出效应，降低资源利用率。

依托高校资源配置，杨浦区用市场化思维创新体制机制，用全球的视野配置国际创新资源，支持鼓励多学科交叉、多主体协同创新的科研组织体制，依靠互联网新经济培育战略性新兴产业，促进传统产业不断升级，从产业、金融、人才各方面设立政策和转型资金，首创"创业前—创业苗圃—孵化器—加速器"四级孵化服务链，助推创业，促进老工业区迸发创新萌芽。

(3) 上海自由贸易试验区

上海市作为开放性的国际化城市，于2013年成立了上海自由贸易试验区，范围涵盖上海外高桥保税区、外高桥保税物流园区、洋山保税港区和上海浦东机场综合保税区4个海关特殊监管区域，以更好地布局国际产业，促进我国产业转型升级，增加国际合作竞争新优势，是与国际金融、贸易、服务接轨的高级平台。截至2016年4月底，区内累计新设企业3.5万家，其中新设外资企业超过5500家，全市近一半外资企业落户在自由贸易试验区，新设外资企业数占比从自由贸易试验区挂牌初期的5%上升到20%，如今的自由贸易试验区以2%的面积创造了上海市25%的生产总值。

制度创新是自由贸易试验区发展的核心。上海自由贸易试验区的主要做法是自由贸易试验区以企业为主体，转变政府职能，在投资管理、贸易监管、金融创新、事中事后监管四大领域推出了一系列制度创新举措。从实践上看，自由贸易试验区的制度创新在

3个方面对企业创新发挥了支持作用：一是帮助企业降低交易费用，提高要素流动性和生产率，进而提高资源配置效率，这在金融服务、专业化服务平台等创新案例中得到了充分体现；二是对市场主体产生创新激励，有利于企业技术进步，这在研发服务、境外股权投资、报税维修等创新案例中得到了充分体现；三是引导市场主体构建合理的组织结构，实现规模效益，这在总部资金管理、供应链管理案例中得到了充分发挥（白少君等，2015）。

创造制度红利激发市场活力，是自由贸易试验区改革创新实验的最大优势。投资制度从我国传统涉外投资采取的"正面清单"模式转变为"负面清单"模式，不仅仅是文字之差，更是政府管理理念的巨大变革，从限定企业"只能做什么"到仅仅规定企业"不能做什么"的管理模式，让市场发挥更大的作用，迎合了中国改革开放与国际接轨的思路。国有企业将拥有更多的投资方向并享受良好的法律环境，创业型企业也将可以获得更优异的起点发展。贸易监管制度的创新将通过"先入区，后报关"的方式更直接地提高通关效率，把货物等待报关的时间节省2～3天，以及因此产生的物流、仓储成本，平均减少10%，彻底改变传统报关的流程，以更好地应对紧急订单抢占国内外市场。在自由贸易试验区，市场准入门槛被打掉，使一些新兴产业领域投资合理化，通过实行"三自一重"，高资信的外贸企业可以"自主报税、自助通关、自动审放"，海关只需开展"重点稽核"即可。自由贸易试验区的种种创新举措悄然改变着中国的外贸模式。

7.4 上海市创新驱动发展转型

7.4.1 制定清晰的产业升级转型重点

上海市曾被誉为"东洋明珠"，曾是中国乃至全球重要的创新创业城市，是中国近代民族工业的发源地之一。中华人民共和国成立之后，上海市作为中国的重要工业基地，为中国现代工业的发展做出了巨大贡献，在计划经济和与国际隔离的状况下，上海市用科技创新创造了工业辉煌，一大批拥有自主知识产权的工业产品在此诞生，填补了国内空白，也缩短了与国外的差距。改革开放后，尤其是20世纪90年代以来，上海市通过技术引进，改造传统落后的产业部门，大力发展高技术产业和战略性新兴产业。进入21世纪，要素成本上升、资源环境压力增大、市场竞争加剧、消费结构更加多样化和个性化等问题增加了上海市发展的压力，不得不面临新一轮的产业技术转型与升级，这些变化因素也成为助推上海市科技创新的动力，也只有推进科技创新才能化解以上的发展困境（雷新军，2015）。

根据国家的定位和上海市产业规划的要求，上海市对未来重点发展的产业行业进行了规划，按照科技需求确定重点发展战略性新兴产业、先进制造业和高端科技服务业三大领域。

（1）战略性新兴产业

上海市要提升国际竞争力，掌握发展主动权，就必须加速培育战略性新兴产业，这是上海市经济转型、创新发展转型的必然选择，更是服务国家战略的重大举措。上海市作为长江三角洲区域的核心城市，必定要发挥龙头引领作用，在新一代信息技术、高端装备制造、生物医药、新能源、新材料、节能环保、新能源汽车产业等领域能成为创新驱动的国际标杆城市，以辐射和带动长江经济带的协同发展。以集成电路为例，上海市具有最好的产业环境，上海市及其辐射的周边城市，形成了一个长江三角洲集成电路产业群，具有完整的产业链（左沈怡，2015），在芯片设计环节，上海市出现了展讯通信有限公司；在芯片制造环节，上海市有中芯国际集成电路制造有限公司等芯片代工企业；在芯片封装测试环节，上海市有众多的外资和台资企业，这种优势还会保持很久。中芯国际集成电路制造有限公司在 2000 年的落户，标志着上海市进入承接国际集成电路产业转移的时代，上海市随之成为我国集成电路产业重镇，此外，中国最新、发展最快的半导体行业的子行业也以上海市为中心，如上海华虹 NEC 电子有限公司、上海宏力半导体制造有限公司等。在上海市院士名单上，"医"字格外醒目。2016 年，中国科学院生命科学与医学学部在沪院士增至 33 人，中国工程院医药卫生学部在沪院士达 28 人。如此阵容，有助于上海市打造亚洲医学中心，也有助于生物医药行业的发展。

（2）先进制造业

上海市是全国重要的制造业基地，拥有完整的工业体系和雄厚的产业实力，大型装备、汽车、钢铁等支柱产业在国内占有重要地位，并形成了上海市独特的产业优势，同时也成为上海市建立创新中心、国际化都市、四个传统中心的重要支撑。为了摆脱落后产能，行业企业也是不断开拓发展思路，寻求转型出路。以上海钢联电子商务股份有限公司为例，其是典型的传统产业并积极利用"互联网+"的带动作用进行转型的示范。该公司的客户遍布生产性大宗商品的全产业链，从上游的矿业、有色金属、能源的生产贸易企业，到钢铁冶炼加工及贸易企业，再到建筑、汽车、机械制造等众多下游行业。在钢铁行业一片低迷的形势下，公司利用"互联网+"，开创了"免费+规模+用户精神体验"的经营模式，将线下钢材贸易搬到线上，各环节供应商与制造商等行业参与者通过互联网平台进行下单，就能够实现运输、物流、仓储、金融等全方位配套服务，交易模式更加安全、高效、便捷和透明，销售不断呈现规模化效应，促使公司实现爆发性增长。公司通过成立下属电商及网络运营公司，赢得了广大客户，并营造出上海钢联电商生态圈，拥有 70 余名来自政府部门、研究机构、钢铁制造业、流通领域、投融资机构的专家顾问组成的研究中心；同时，在全国 100 多个城市、20 多个海关口、30 多个仓库设有资讯采集基地，形成了独立健全的数据采集体系与质量指导准则，成为钢铁领域发展的行业标杆。互联网的风口为上海钢联电子商务股份有限公司提供了诸多机会，使其实现跨界创新，互联网思维也正在改写钢贸行业的竞争格局（朱姗姗，2015）。

近年来，上海市高技术产业的产值规模和增长速度均在国内居于前列，已经成为我国重要的高技术产业集聚地之一。但相关数据显示，产业发展仍处于投资拉动阶段，自主创新能力薄弱仍然是高技术产业持续发展的制约因素（朱瑞博，2011），因此未来转型的重点也不能仅仅局限于商业模式等的创新,更重要的还是关键技术的掌握,才能实现真正的升级转型。上海市进入工业化后期,必须把握人工智能、量子通信、虚拟现实、精准医疗等新兴技术,以及产业组织、分工体系等发展新趋势,坚持走创新引领、集约高效之路,弘扬工匠精神、企业家精神,促进全产业链融合,形成上海市先进制造业发展新格局。

(3) 高端科技服务业

随着信息技术和知识经济的不断发展,服务的改造升级已经成为创造需求、引导消费、提升附加值的新经济领域,科技服务业是现代服务业的重要组成部分,也是科技创新提供服务的新型产业,主要立足于技术转移、创业孵化、知识产权、研发中介等领域的服务(朱志远,2015)。

7.4.2 注重政府与市场的融合关系

上海市地方政府强大而有力,众多行业的发展都是在成熟强大的地方政府控制下的结果。例如,上海市人民政府试图通过直接的国家投资、研发奖励、项目合作、税收补贴等方式,来弥补金融财政方面存在的缺陷;为应对集成电路设计和软件等行业技术人才供不应求的局面,政府独立创建培训机构,与 IBM 等大型跨国公司合作,提升行业人员的技能,增加毕业生的供给。以信息技术产业为例,当地政府持续干预,使得信息技术产业被大型国有企业或者国外企业主导,更小的企业得不到发展机会和政府保护,在激烈的市场竞争和监管环境中自生自灭。

但是近年来,随着国际先进管理经验的不断涌入,国际化开放进程不断加速,市场化程度越来越高,上海市人民政府也在不断转变管理思路和理念,为市场发展注入更多更大的自由空间,释放更多的创新活力。以上海自由贸易试验区为例,政府行政管理职能的转变是一大核心改革,重新定义了政府与市场之间的关系。自由贸易试验区自 2013 年挂牌起,就被视为更高层次的开放,也被视为政府下一步改革的风向标。政府提出并履行的负面清单管理模式,制订了"外资三法"(《外资企业法》《中外合资经营企业法》《中外合作经营企业法》)。开放倒逼改革,也让简政放权成为政府改革之道。自由贸易试验区制度的可复制、可推广,也让上海市各区县政府纷纷加快自身改革步伐,承接自由贸易试验区"溢出效应"。政府改革越多,越能激发企业创新的活力,企业主体地位就越明显,进而将市场决定性作用发挥出来。

此外,上海市作为国内最发达的金融城市,政府在金融支持体系的建设方面做了大量工作,取得了可喜的成绩,特别是在探索建设科技创新中心的努力中,围绕金融支持体系建设,先后出台了一系列政策措施。在未来,政府要在市场监管中起到更高效的维护作用,保持上海市金融的领先优势;为国外风投公司入沪建立更畅通的渠道;设立更多的优质配套基金,积极引导风险资本进入科技创新型企业。未来,金融对科技创新的支持要更多地增加对民营企业和科研单位的支持,建立金融支持的差异化和个性化、及时性和便利性体系,增加创新性的金融方式。

7.4.3 对新技术保持敏感

(1)"互联网+"

2016年2月,《上海市推进"互联网+"行动实施意见》正式印发,明确提出了21个"互联网+"专项,包括互联网+研发设计、互联网+虚拟生产、互联网+协同制造、互联网+智能终端、互联网+能源、互联网+金融、互联网+电子商务、互联网+商贸、互联网+文化娱乐、互联网+现代农业、互联网+众创空间、互联网+交通、互联网+健康、互联网+教育、互联网+旅游、互联网+智能家居、互联网+公共安全、互联网+城市基础设施、互联网+电子政务等21个方面,全方位地推动"互联网+"在上海市各产业中的渗透,也希望上海市企业能够通过"互联网+"的思维实现传统产业升级与创新,打造"互联网+"产业融合新模式。

(2)大数据

上海市构筑了"交易机构+创新基地+产业基金+发展联盟+研究中心"五位一体规划布局。2016年上海市出台了《上海市大数据发展实施意见》,并提出到2020年实现大数据产业发展规模达到1000亿元,大数据储备和承载能力达到EB级,政府数据服务网站开放数据集超过3000项,建成3家大数据产业基地,培育和引进50家大数据重点企业的目标。

为了保证大数据产业发展的顺利进行,上海市提出要构建完善大数据技术标准体系,制定数据采集、管理、开放、应用等标准规范,鼓励企业参与大数据国际标准、国家标准、行业标准制修订工作,也陆续出台了多项措施和服务保障惠及大数据产业的发展。2011年,上海市政府数据服务网就已经商业运行,数据量涵盖共41个部门,涉及11个领域的803个数据集。建立的上海数据交易平台以国内领先的"技术+规则"双重架构,承担着促进商业数据流通、跨区域的机构合作和数据互联、政府数据与商业数据融合应用等工作职能。上海市鼓励本地银行、证券、保险等金融企业加强内部数据积累和外部数据合作,开展精准营销、风控管理、智能决策、个性化推荐等大数据应用,开发基于大数据的新产品和新业务。同时,上海市与互联网龙头企业深入合作,推动大数据在城市管理和民生服务领域的应用发展,大数据产业与云计算发展有机结合,成为当地数字经济发展的新增力量。

2017年3月,首个国家级数据流通工程实验室——大数据流通与交易技术国家工程实验室正式落户上海市,是国家大数据产业创新体系的重要组成部分。如今的上海市已经形成了相对完整的大数据产业生态,并与江苏、浙江两省一起引领长江三角洲地区的大数据产业集群发展。

(3)人工智能

近年来,上海市在人工智能领域积极开展规划布局,抢占人工智能产业制高点。例如,2015年10月,上海市科学技术委员会开始尝试推动"以科学为基础的人工智能"研究,先期启动的"以脑科学为基础的人工智能"项目中,一个听上去"一半是人脑,一半是机器脑"的"科学新词"——"类脑人工智能"浮出水面,上海市将大力推动以脑科学为基础的人工智能研发。以"健康脑"为导向,重点研究包括阿尔茨海默病在内的神经发育疾病、精神类疾病、神经退行性病变的预防和治疗等,寻找大脑与人工智能的关系,在两个领域的交叉地带认识脑、保护脑和模拟脑。上海市脑科学与人工智能重大项目和美国南加州大学合作,收集关于阿尔茨海默病的数据。一些智能算法(如深度学习)的成功应用,推动了人工智能进入发展黄金期。上海市人民政府已将脑科学与人工智能列为"十三五"期间科技发展的重点之一,列为本市重大科技项目,作为建设科技创新中心的重要举措。复旦大学也牵头联合浙江大学、华中科技大学、同济大学、上海交通大学等十几所高校及中国科学院,成立了"脑科学协同创新中心",推进脑科学研究和转化应用,积极推进和参与"上海脑计划"的实施。

未来,上海市人工智能产业的发展还需要企业的积极配合,根据某专业机构发布的2016中国人工智能企业排行榜显示,行业影响力排名前20的企业中,上海市只有1家,中小/初创企业最具竞争力的10家企业中,没有上海市本地企业。这些排名也从侧面显示出了上海市人工智能企业的整体现状,那就是十分缺乏新冒出来的、成长势头旺盛的企业。

(4) 机器人

从我国机器人产业的区域发展情况来看,长江三角洲区域雄霸天下,上海市作为长江三角洲区域的核心城市,功不可没。上海市在2012年就建立了机器人产业园,于2014年出台了《关于上海加快发展和应用机器人促进产业转型提质增效的实施意见》,加快发展和应用机器人,将机器人应用与上海市产业转型和提升经济发展质量集合起来,提出把发展工业机器人和服务机器人放在同等重要的地位,既重视面向大批量生产的工业领域需求,也重视教育、家政社区、助老助残、医疗保健等服务领域需求。

上海市对全市机器人产业的发展进行了定位,依托于制造业起点高、基础厚、模式新,国际人才高地,科技金融成熟及自由贸易试验区带来的红利等优势,吸引了一大批国际机器人巨头和国内知名企业。针对国内机器人产业主要集中在产业链低端的现状,上海市立足机器人产业化和示范应用两个环节,聚焦工业机器人、服务机器人领域,壮大发展机器人本体研发制造,突破精密减速器、伺服电机及驱动器、控制系统三大核心功能部件,拓展机器人系统集成应用,使上海市成为我国最大的产业机器人基地、机器人核心技术研发中心、高端制造中心、分服务中心和应用中心,成为我国产业规模最大的机器人产业集聚区,形成了外资企业与内资企业、本地企业与国内其他企业竞相发展的格局,形成了机器人研发、生产、应用等较为完整的产业链,集聚了一批本体和功能部件企业、系统集成商、相关大学和科研院所。例如,安川电机、ABB、库卡、发那科四家国际大型机器人公司,埃斯顿、华恒焊接、沈阳新松等国内大型机器人公司都在上海市建立了生产基地或分公司,上海交通大学、上海大学、上海电气中央研究院等也设立了专门的机器人研究中心。2015年,上海市机器人产业规模达160亿元,机器人企业数量超过400家。目前,上海市工业机器人产业链顶端仍由发那科、库卡、ABB和安川电机四大跨国企业牢牢把握,这四家企业涉及领域几乎涵盖整条机器人产业链,在最核心的关键零部件研发和制造方面处于绝对领先地位。国内领军机器人企业——新松机器人的业务已布及研发、整机集成、组建生产和应用服务等大部分环节,正向跨国企业奋起直追,也具备越来越强大的实力。

(5)智能制造

对上海市来说,智能制造已然成为制造业转型的主攻方向,是推进制造业供给侧结构性改革、促进产业转型提质增效的重要途径,也是实现《中国制造2025》、建成科创中心的重要抓手。2017年初,上海市人民政府发布了《关于上海创新智能制造应用模式和机制的实施意见》,提出到2020年,上海市要力争成为全国智能制造应用的高地、核心技术的策源地和系统解决方案的输出地,聚焦汽车、装备、电子信息、航空航天、船舶海工等重点产业,建设100家示范性智能工厂,培育离散型智能制造、流程型智能制造、网络协同制造、大规模个性化定制、远程运维服务等新模式。将在全市形成"1+X"智能制造发展空间布局,"1"即由临港形成的上海市智能制造主示范区,"X"是在松江、嘉定、浦东、宝山、闵行等区域打造若干个智能制造集聚区。

长江三角洲地区作为我国经济和制造业的中心,集结了汽车、船舶、航空航天、新能源等庞大的产业集群,上海市在工程机械、汽车、大飞机、轮船、电子制造等领域的产业优势可以为智能制造装备的应用提供广阔的市场空间,如上汽集团、上海大众、上海通用等大型企业的智能装备需求量与日俱增,以上海市为中心的长江三角洲区域3D打印服务市场需求规模为3亿~5亿元/年,且每年以20%左右的速度增长。

7.5 期望与前瞻

上海市已经是一个国家重要的制造和创新中心。它拥有当今创新所需的全球化基因,是国际化大企业活跃的舞台。但上海市在传统制造业的绝对优势,使它在产业转型和培育新型创新型企业时遇到了挑战。一是在数字经济产业,发展迟于深圳市和北京市;二是在创业驱动的新增长点上,相对较慢;三是在科学驱动的创新进程中,遇到了重点培育的生物产业发展速度不快的矛盾。但上海市在科技创新领域,投资大,又有制造优势,一旦找到好的科学与产业的接合点,并实现一些观念的转型,上海市会在创新驱动上更上一层楼。

第8章 浙江省创新驱动能力分析

2006年,习近平在浙江省工作期间明确提出到2020年建成创新型省份的战略目标。10年来,浙江省委、省政府始终坚持这一目标不动摇。

2013年,浙江省发布《中共浙江省委关于全面实施创新驱动发展战略 加快建设创新型省份的决定》,将创新驱动发展摆在核心战略位置,推动新兴产业跨越式发展,加快推进传统产业改造升级,全面提升"浙江制造"品牌形象等目标。

2016年7月,浙江省人民政府制定了《科技创新"十三五"规划》,提出大力发展战略性新兴产业,以"互联网+"为核心的信息经济率先进入全球价值链中高端,建成以信息经济为先导、以杭州城西科创大走廊为主平台的"互联网+"世界科技创新高地,率先建成创新型省份等目标。为了推进规划落地,浙江省人民政府出台了《加快推进"一转四创"建设"互联网+"世界科技创新高地行动计划》和《浙江省人民政府办公厅关于补齐科技创新短板的若干意见》。《加快推进"一转四创"建设"互联网+"世界科技创新高地行动计划》提出要坚持把创新作为引领发展的第一动力,把创新目标锁定在全国第一方阵,把科技创新作为需要补齐的第一短板,聚焦科技与经济紧密结合,把科技成果转化作为第一工程,全面驱动"创新大平台、创新大项目、创新大团队、创新大环境"四个轮子。《浙江省人民政府办公厅关于补齐科技创新短板的若干意见》对浙江省企业牵头承担国家工程实验室、重大科技基础研究专项等,设立了最高1000万~3000万元的资金支持,并设立20亿元的省科技成果转化引导基金,支持银行业金融机构开展科创企业投贷联动试点。同时,对激发人才创新潜能,扩大人才科研自主权,强化财政科研项目绩效激励,改革科研项目经费管理等方面做出了相应的制度安排。

8.1 浙江省创新能力概况

根据《中国区域创新能力评价报告》近年来的统计,2008~2016年,浙江省的区域创新能力综合排名连续9年位列全国第5位。其中2016年,企业创新指标最优,位列全国第3位,知识创造、知识获取、创新环境和创新绩效分列第5、第7、第6和第11位。

根据《2016年浙江省国民经济和社会发展统计公报》的统计数据,浙江省2016全年全社会R&D经费支出1130亿元,相当于地区生产总值的比例为2.43%。有国家认定的企业技术中心107家(含分中心)。新认定高技术企业2595家,累计9474家。新培育科技型中小企业7654家,累计31 584家。全年专利申请量39.3万件,授权量22.1万件,其中发明专利授权量2.7万件。新增高技术企业2595家,科技型中小微企业7654家。大力推进特色小镇建设,在集聚人才、驱动创新、扩大有效投资上发挥重要作用。积极推进

"四换三名",完成工业技术改造投资 7126 亿元,新增工业机器人 10 820 台,制定实施"浙江制造"标准 120 个,新增境内外上市公司 32 家、"新三板"挂牌企业 493 家。2016 年,浙江省第一产业增加值为 1966 亿元,第二产业增加值为 20 518 亿元,第三产业增加值为 24 001 亿元,分别增长 2.7%、5.8% 和 9.4%,第三产业对 GDP 的增长贡献率为 62.9%,产业发展结构已经转变为"三二一"型结构。2016 年,浙江省外商直接投资项目 2145 个,实际利用外资 176 亿美元。第三产业为外商投资主要领域,有投资项目 1718 个,占外商直接投资项目总数的 80.1%,实际利用外资 103 亿元,占外资总额的比例为 58.6%。

8.2 浙江省创新驱动类型:效率驱动型+客户中心型

8.2.1 效率驱动型

浙江省有相当于支柱型的十大优势行业,分别为纺织业,电气机械及器材制造业,通用设备制造业,化学纤维制造业,交通运输设备制造业,医药制造业,金属制品业,塑料制品业,纺织服装、鞋、帽制造业,工艺品及其他制造业,多数为效率驱动型行业。港口海洋资源、工业企业结构都偏轻型化。

制造业是浙江省经济发展的基石,制造业出口对浙江省经济发展的拉动作用日益凸显。据 2016 年统计数据,浙江省出口总额为 17 666 亿元,占全国出口总额的 12.8%;民营企业出口 13 380 亿元,占浙江省出口总额的 75.7%。另据 2014 年统计数据,浙江省七大类传统劳动密集型产品(包括纺织品、服装、箱包、鞋类、玩具、家具、塑料制品)约为 1049.7 亿美元,占全省出口总值的 38.4%,占全国出口总值的 21.7%;出口机电产品约为 1126.2 亿美元,占全省出口总值的 41.2%,占全国出口总值的 8.6%。由此可见,制造业对浙江省外贸出口有巨大的拉动作用,是浙江省经济增长的主要动力之一。

根据 2014 年对浙江省 5000 余家小微科技型企业的统计,70% 以上的企业集中在电子信息、光机电一体化、生物技术、新材料、新能源、节能环保等高技术领域及战略性新兴产业方向。很大一部分新设小微企业来自于教育、科学研究和技术服务业等行业,增幅分别达到 105%、83% 和 63%。截至 2014 年 6 月底,浙江省拥有资产管理、财富管理、金融服务外包等与金融行业相关的新兴市场主体 3500 多家,同比增长 84%。除了提高生产工艺、机器换人、产业梯度转移等传统升级方式外,借助于互联网平台,浙江省传统大型企业也在积极探索平台战略,如传化集团的物流平台等(王祖强和张默,2015)。大企业在转型升级过程中以平台为中心,吸引更多的中小微企业参与,产品、技术研发、市场开发、股权合作等方面协同或分工合作,大大拓展了企业的升级空间。

8.2.2 客户中心型

浙江省信息产业十分发达,尤其以电子商务的发展最为突出。

基于互联网的市场不断拓展，2015年浙江省拥有各类网店数量147万家。目前，浙江省有电子商务平台网站千余家，占全国总数超过20%，其中杭州电子商务网站数量居全国第一。从平台实力来看，全国约85%的网络零售额、70%的跨境电子商务交易额（含B2B）和60%以上的电子商务交易额是在浙江省平台上实现的（王祖强和张默，2015）。同时，浙江省有电子商务交易活动的企业数也全国领先，如图8-1所示。

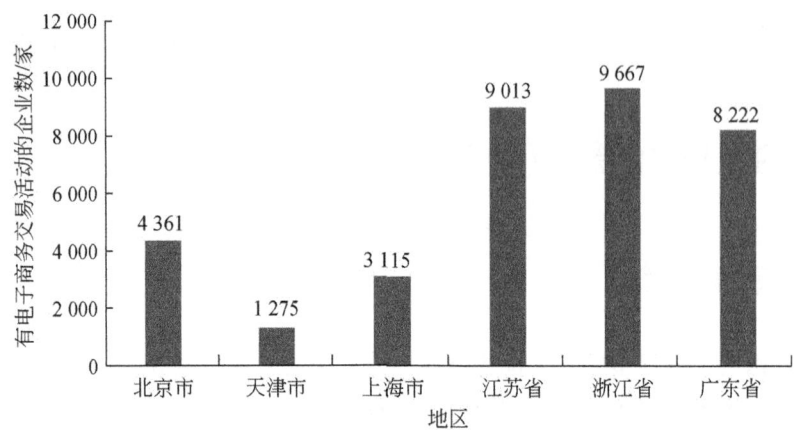

图8-1　2014年六省（市）有电子商务交易活动的企业数比较

8.3　浙江省创新驱动发展特点

8.3.1　民营中小企业为主，重视创新创业

浙江省国有企业较少，2015年4万余家规模以上工业企业中，国有及国有控股企业仅为750家。浙江省是民营经济大省，区域创新中以民营经济和中小企业推动为主，企业家有良好的洞察力和冒险精神，能够快速识别客户需求，迅速占有资源，发展了一大批特色产业。浙江省由于其自然资源的缺乏及生存环境的束缚，造就了浙江人特别能冒险的精神，这种冒险不是毫无根据的误冲猛撞，而是一种对资源价值认识的眼光和洞察力，帮助企业以较低的代价及早地占有资源。创业创新于浙江省而言，一直都是浙江省经济发展的原动力。浙江省也将建设全国创新创业人才高地作为目标。改革开放初期，浙江人敢为天下先，打破原有的生产方式，纷纷踏上闯世界的道路，也创造出了享誉全球的浙商大军。

在经济发展新旧动力转换攻坚时刻，浙江省借助民营经济发达的市场优势强化制度供给，为创业创新提供从注册登记、园区入驻、培养孵化到资金匹配的全链条服务。浙江省人民政府对创新创业扶持力度很大，除最大限度地简化审批、增值服务以外，尤其重视市场化的孵化平台培育和后端的产业基金导入。例如，浙江省人民政府在梦想小镇设立5000万元"浙江天使梦想基金"，重点支持优质初创团队。与此同时，一些互联网金融、财富管理机构和产业基金也快速成长，并与政府扶持资金展开合作，更好地发挥市场在筛选项目、成本控制方面的优势（朱国贤和王政，2015）。

30 多年前，从义乌货郎"鸡毛换糖"开始，民营经济就在浙江大地萌芽：温州市诞生了中国第一个个体工商户，改革开放后中国第一家股份制企业在温岭市登记注册；收购沃尔沃的吉利，成为首个上榜世界 500 强的中国民营企业。还有，万向集团已经在美国收购 20 多家行业，在海外的工厂平均年净资产回报率超过 80%，远远高于美国同行的平均水平；阿里巴巴打造了全球最大的电商平台，成为世界领先的大数据公司；义乌市作为全球最大的小商品集散中心，被联合国、世界银行等国际权威机构确定为世界第一大市场。紧跟互联网创新，浙商正用"千方百计提升品牌、千方百计保持市场、千方百计自主创新、千方百计改善管理"的"新四千"精神，以马云为代表的新一代浙商开创了浙商群体创业创新的巅峰，让浙江省成为中国信息经济发达地区之一，形成了阿里系、海归系、高校系、浙商系组成的创业创新"新四军"，他们凭借灵敏的市场嗅觉和创新创业的精神，活跃海内外，成为浙江省活力的源泉。如今，浙江省的众创空间数量、创业热度、创新创业大赛获奖数量等都在全国各省份中名列前茅。为了更好地保护草根创新创业群体，政府更是加大了对众创空间的政策扶持，大力发展科技服务业，营造公平竞争的创新环境，加强创新平台载体的建设，加强科技金融的结合，加强科技体制的创新，加强知识产权保护等。2015 年 12 月，《浙江省人民政府关于大力推进大众创业万众创新的实施意见》正式出台，这是浙江省加快推进创业创新的又一大重要政策保障，助推浙江省成为创新创业的引领者。

8.3.2 建立特色小镇

产业特色鲜明、人文气息浓厚、生态环境优美、兼具旅游与社区功能的特色小镇是浙江省在经济新常态下加快区域创新发展的战略选择，也是推进供给侧结构性改革和新型城市化的有效路径。2015 年 6 月 4 日，第一批浙江省省级特色小镇创建名单正式公布，全省 10 个设区市的 37 个小镇列入首批创建名单。2016 年 1 月 29 日，省级特色小镇第二批创建名单正式出炉，42 个小镇入围第二批名单。2016 年 5 月 26 日，省级特色小镇规划建设工作联席会议主任办公会议讨论研究，10 个特色小镇被确定为省级示范特色小镇。2016 年 12 月 5 日，从召开的全省特色小镇文化建设现场会上获悉，20 个特色小镇入选浙江省首批 20 个特色小镇文化建设示范点。2016 年，经专家复核，会签国家发展和改革委员会、财政部，认定 127 个镇为第一批中国特色小镇，其中浙江省共有 8 个小镇入围，是全国入围数量最多的一个省。特色小镇，特色创建，成为带动浙江省区域创新能力提升和产业转型升级的关键路径选择。目前，小镇主要有三种创建模式，一是企业主体、政府服务的模式。政府负责小镇的定位、规划、基础设施和审批服务，引进民营企业建设特色小镇。二是政企合作、联动建设的模式，政府做好大规划，联手大企业培育大产业。三是政府建设、市场招商的模式。政府成立国资公司，根据产业定位面向全国招商。

浙江省只有 10 万平方公里的陆域面积，而且是"七山一水两分田"，长期以来一直致力于在非常有限的空间里优化生产力的布局。从块状经济、县域经济，到工业区、开发区、高新区，再到集聚区、科技城，无不是试图用最小的空间资源达到生产力的最优化布局。特色小镇符合产业结构演化的规律，成为破解浙江省有效供给不足的重要抓手。绍兴纺织、大唐袜业、嵊州领带、海宁皮革等块状经济，是浙江省从资源小省迈向制造大省、市场大省、经济大省的功臣。然而，步入新常态的浙江制造，并没有从"微笑曲线"底端走出来，产业转型升级滞后于市场升级和消费升级，导致有效供给不足和消费需求外溢。一般来讲，在经济发展水平达到一定程度之后，主导产业需要逐渐从以纺织业为主的轻纺工业向以信息产业为主的高技术产业转换（李强，2016）。因此，特色小镇定位最有基础、最有特色、最具潜力的主导产业，聚焦支撑浙江省长远发展的信息经济、环保、健康、旅游、时尚、金融、高端装备七大产业，以及茶叶、丝绸、黄酒、中药、木雕、根雕、石刻、文房、青瓷、宝剑等历史经典产业，通过产业结构的高端化推动浙江制造供给能力的提升，通过"创建制""期权激励制"及"追惩制"打造政务生态，强化社区功能打造社会生态，集聚创业者、风投资本、孵化器等高端要素，促进产业链、创新链、人才链等耦合，形成了富有吸引力的创新创业生态。例如，梦想小镇在启动半年时间内，就吸引了400多个互联网创业团队、4400多名年轻创业者落户，300多亿元风投基金蜂拥而至，形成了完整的互联网创业生态圈。

每个特色小镇都紧扣七大产业和历史经典产业，主攻最有基础、最有优势的特色产业，错位发展，避免同质竞争。例如，云栖小镇、梦想小镇都是信息经济特色小镇，但云栖小镇以发展大数据、云计算为特色，而梦想小镇主攻"互联网创业+风险投资"。特色小镇还要求投资项目要重视质量，要与实体经济转型紧密结合，聚焦前沿技术、新兴业态、高端装备和先进制造。截至2016年11月，首批37个重点培育的特色小镇新集聚了3300多家企业，引进了1.3万多人才，包括大批青年人才，带来了含金量较高的新增投资、新建项目和新增税收。他们同时瞄准高端产业和产业高端，引进创新力强的领军型团队、成长型企业，鼓励高校毕业生等"90后"、大企业高管、科技人员、留学归国人员等创业，尤其要为有梦想、有激情、有创意，但无资本、无经验、无支撑的"三有三无"年轻创业者提供一个起步的舞台。功能叠加不能"散而弱"，力求"聚而合"。特色小镇强调功能融合，不仅仅是简单的功能叠加，而是要起到"1+1>2"的作用；特色小镇还强调文化标识，将文化基因植入产业发展全过程，形成"人无我有"的区域特色文化，为小镇增添更多的生命力。例如，制造业特色小镇的建设要围绕生产、体验和服务来设计旅游功能，嘉善巧克力甜蜜小镇突出"旅游+工业"特色，围绕甜蜜和浪漫主题，整合"温泉、水乡、花海、农庄、婚庆、巧克力"元素，全方位地展示了巧克力工艺文化和浪漫元素。

特色小镇顺应了浙江省的发展规律和发展趋势，再次激发出浙江人"敢为人先，特别能创业"的精神。

8.3.3 国际贸易发达

改革开放以来，浙江省坚持实施外贸出口多元化战略，从封闭半封闭状态转变为全方位、宽领域、多层次的外贸格局，成为全国举足轻重的贸易大省。1978年，国务院正式批准浙江省为对外贸易口岸省份，随着外贸由中央高度集中垄断逐步向地方放权，浙江省相继成立了工贸结合的进出口公司，设立了省级专业外贸公司，20世纪90年代初，浙江省开始进行自营出口，推行外贸承包责任制，扩大自营进出口经营权，使得浙江省的外贸从小到大，从弱到强，得到了迅速发展。1992~2001年，浙江省在外经贸工作中实行省级外贸专业公司、市县外贸公司、自营出口生产企业和三资企业并驾齐驱，扩大出口，外贸、外资、外经"三外"一起抓。具体地，浙江省一方面加大对国有外经贸企业的改革力度，尝试国有企业转换经营机制和产权制度改革，率先在全国进行外经贸股份制试点，释放了企业经营外贸的极大热情；另一方面推动民营经济积极发展外向型经济，从而形成"千军万马搞外贸"的形势。中国加入世界贸易组织，为浙江省的外向型经济发展注入了强心剂，大大促进了浙江省融入国际经济一体化进程和与世界经济互补对接的过程，为浙江省外贸出口营造了一个稳定、可预期的贸易环境。浙江省能够充分利用"两个市场""两种资源"缓解浙江省各种生产要素，特别是各种原材料的旺盛需求与矿产品等短缺的问题。为了与国际制度和惯例接轨，浙江省较早在省内进行了制度创新改革，逐步构建起适应世界贸易组织规则的制度环境，在与国际接轨、体制机制创新方面走在了全国前列。浙江省外贸虽然在2008年的金融危机中受到严重冲击，但经过短期的调整，其又重新走上了较快发展的道路，其中有一个突出特征，就是进口增速大大地超出了出口增速。经过这次金融危机的考验，浙江省更加清楚地认识到现有的贸易结构不平衡、贸易结构低级化的问题，明确了扩大进口，推进市场多元化，转变外贸发展方式，走产业转型升级之路的方向（潘冬青，2013）。

浙江省对外贸易以一般贸易为主，这一特征成为浙江省与全国及广东省、上海市、江苏省等对外贸易大省（市）相区别的重要方面，成为浙江省独树一帜的特征。一般贸易在浙江省蓬勃发展的原因，主要是浙江省贸易主体中的国有外经贸企业和集体私营企业，其产品具有创新快、低成本、多品种和强竞争力等特点，直接面向国际市场，采用一般贸易方式成交，可获得更高的附加值。出口商品中的传统农产品和轻纺、工艺、机电类商品，其原材料基本不需要进口，可以实现本土原料，本地生产；一般贸易可以利用更多的国内原材料，其发展也直接或间接带动了一大批国内相关企业产品的出口，使得外贸企业与本土企业的关联度越来越密切，从而逐渐在浙江省内形成了若干个大大小小的产业集群；浙江省民营经济的特点主要以一般贸易为主，这与外资经济较发达的广东省、江苏省等地的加工贸易出口模式有明显区别，浙江省民营企业家在经济全球化的浪潮中大胆"走出去"，在世界许多地方构筑起有效的"生产销售网络"；而浙江省的区位特点也确实限制了加工贸易的发展，浙江省南有广东省、福建省，北有山东省和江苏省，导致浙江省在承接中国香港、中国台湾，以及日本、韩国制造业转移的区位优势上明显较弱，同时浙江省引进外资相对滞后，保税区、出口加工区和国家级开发区的建设数量也相对较少，造成以加工贸易为主的外资企业出口规模相对较小，无法依赖"两头在外"的加工贸易开展国际化经营，只能靠承接国外的订单生产和来料加工等代工业务开展生产和出口，从而形成了加工贸易比例过低的局面。另外，一般贸易比例过高也反映了浙江省长期以来利用外资比例偏低的现实，贸易方式结构发展不平衡的状况，加工贸易从无到有、从小到大，近年来也得到了蓬勃发展，但仍属于浙江省外贸中的短板，浙江省加工贸易企业以外商独资企业与中外合资企业为主，外商投资企业是最大的主体，也在一定程度上限制了民营加工贸易的发展，民营企业从事加工贸易比例偏低，也成为制约浙江省加工贸易发展的主要原因。浙江省的民营加工贸易企业起步晚，国际化经营经验不足、人才缺乏等，造成现阶段浙江省加工贸易主体不平衡的现状。20 世纪 90 年代，浙江省各类贸易主体中，以国有企业为主，过了 2010 年，浙江省民营私营经济已经成为浙江省第一大类出口主体，成为对外贸易中最活跃的经济主体。80 年代开始，浙江省的出口商品结构有了很大程度的改变。初级产品出口在浙江省出口总额中的比例呈下降趋势，工业制成品出口包括机电产品出口所占比例呈上升态势，已成为浙江省出口商品的主要构成部分，也是浙江省外贸快速发展的主要推动力。2010 年以后，高技术产品的出口增长速度明显快于机电产品，高技术产品出口将会成为浙江省贸易的新生力量。但是机电产品的出口比例最多，是浙江省工业制成品的主力军。

浙江省沿海城市也注重海洋资源的发展，积极为国家海上丝绸之路和"一带一路"倡议做贡献。2014 年，我国船舶交易额和交易量的 1/3 在浙江省，浙江省交易量的 80% 在舟山市。浙江省紧跟国家战略，发展海洋经济，建设群岛新区，建立了舟山江海联运服务中心，在舟山海洋产业集聚区，一大批临港装备等海洋基础大项目涌现，成为连接长江经济带和海上丝绸之路的关键节点，给当地外贸、开放经济带来了新机遇。义乌—新疆—马德里铁路货运班列，让物流时间大为缩短，业务快速拓展，这班列车连接着亚洲、欧洲两个最大的小商品市场。波兰-宁波工业园的建立，为浙江省商品更好布局中东欧国家，进入欧洲打开了便捷通道。

保持中国外贸传统优势、加快培育竞争新优势是推动浙江省增长动力由要素驱动为主向创新驱动转变，实现由"浙江制造"到"浙江创造"跨越的关键，也是事关中国发展全局的重大问题。

8.4 浙江省创新驱动发展转型

8.4.1 传统产业转型

改革开放以来，浙江省长期形成了以加工型、外向型和以中小企业为主的经济结构和体制结构。在本省资源相对匮乏，经济基础较为薄弱的情况下，在国内率先走上以民营经济为主体，制度创新为主导的市场化改革之路。1978 年，浙江省工业化进程全面启动，浙江省经济成功地抓住了从乡镇企业到民营经济再到块状经济的发展机遇，民营经济迅速发展起来，利用农村大量剩余劳动力向非农产业转移的迫切需要，以补偿性消费需求为导向，传统型工业得到快速发展，产业资源的配置从计划导向转到市场为主，市场化程度明显提高，现代企业制度逐步建立，个体私营经济和利用外资成为浙江经济增长的重要推动力，民营经济正进入快速和全面发展阶段。21 世纪之后，浙江省实行以信息化带动工业化，以工业化促进信息化，以建设先进制造业基地为基础，坚持经济效益、社会效益和生态效益并重为主要特征的经济导向，重点开始倾向以加工组装为重心的装备制造业和以电子信息等代表的高技术产业发展,以及服务业的提升,虽然在2008年全球金融危机中实体受到一定程度的重创,但也凭借浙江省精神迅速恢复,产业结构已经从"一二三"结构转变为"三二一"结构,如图8-2所示,2015年第三产业首次超过第二产业,从第二产业来看,浙江省实现了从轻工业向基础工业为主的重工业转移,再向以加工组装为重心的装备制造业转移。

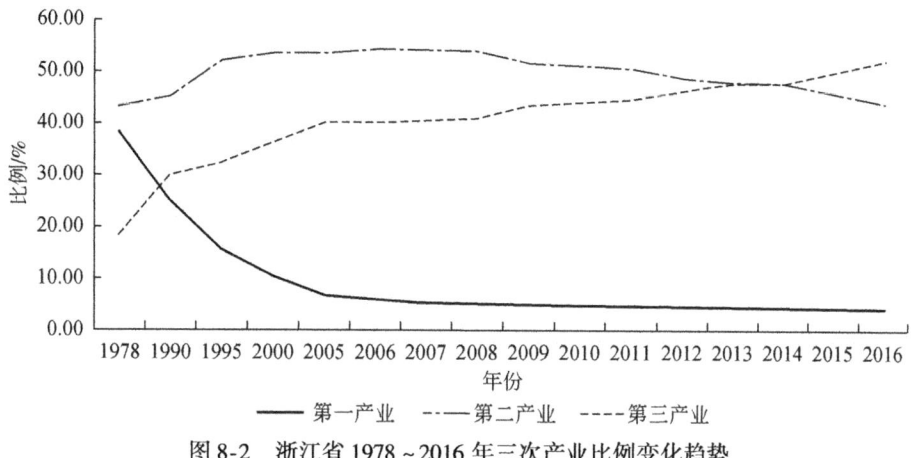

图 8-2　浙江省 1978～2016 年三次产业比例变化趋势

据不完全统计,没有资源依托的区域特色产业集群在浙江省有300多个。这些农民创造的块状经济成为推动浙江省农村工业化的支点。在工业化进程中,浙江省"无中生有"形成了一个个产业集群,这样的"零资源"产业不断延伸产业链,形成了多个百亿级产业。近年来的县域经济百强榜中,浙江省的县(市、区)入围数量常居前列。对于县域经济、块状经济起步早、企业多、占比大的浙江省来说,推动升级转型遭遇传统产业的惯性阻力更大。浙江省各地市探索以土地、能源、环境容量等多方面要素供给倒逼企业提高经营绩效,要素倒逼机制已经在浙江全省推开。嘉兴市海宁鑫诺服装有限公司占地11.29亩①,原在海宁中国经编园产业区的土地使用期限已经到期。在2013年底的企业考评中,公司拿到亩均税收43万多元、亩均销售收入1943.47万元、亩均工业增加值134.68万元的优良业绩,且产品符合环保潮流,科技含量和附加值高,跻身海宁要素改革评级中的A+。根据这份评定,公司获得工业用地续期出让,以每亩25万元优惠价续约29年。这样的做法让各种要素快捷、高效、顺畅地流向优质企业和市场主体。义乌市推行"市场采购"的新型贸易方式,是一种商业模式的创新,实现了传统产业的商业集聚,推动以"特色强县"为特征的浙江省产业集聚形态的转型升级。该模式有效整合了以纺织服装、箱包鞋袜、文体用品、工艺礼品等为代表的"一般工业制成品"的对外贸易,降低了交易成本,适合于"浙江特征"的对外贸易发展,提高了义乌市出口贸易的交易效率,对报关、商检、通关、保税、退税等对外贸易行政管理的手段简化,大大降低了国际贸易的交易成

---

①　1 亩 ≈ 666.7 平方米。

本，通过搭建商贸服务业集聚区、小商品国际贸易区、国家级会展平台、境外经贸合作区、保税物流中心、经济技术开发区、物流和综合交通运输平台、义乌国际陆港及航空口岸九大平台，促进了信息资源、市场资源、商业网络资源、物流资源、资金资源等围绕商业模式形成集聚，通过商业集聚带动浙江省传统产业集聚区的转型升级（朱革胜，2013）。

低端制造、外贸出口、贴牌加工等落后的生产方式让浙江省经济触到"天花板"。浙江省人民政府也多次强调了依靠科技创新、信息化、互联网等新兴技术实现传统转型升级的重要性，一些卓越的浙江制造企业也纷纷创新发展，于是出现了宗庆后、鲁冠球、李书福等老一代浙商的再创新、再发展，浙江省正行驶在以互联网为核心的信息经济快车道上，跨领域、协同化、网络化的创新平台，正在重组传统的制造业创新体系（江耘等，2016）。如今，温岭市的鞋业整治、永康市的五金产业升级、浦江县的水晶行业关停并转、吴兴区的童装借力互联网转型等，都在传统行业的自我革新过程中突围。浙江省大胆突破创新方式，不断释放出"传统制造+互联网+创业创新"的叠加优势。

8.4.2　发展大型企业，提高产品附加值

由于历史原因，浙江省大型企业较少，这反倒成为改革开放后，浙江省经济快速发展的一个重要因素，大量的私营企业、民营企业如雨后春笋，蓬勃发展，造就了浙江省颇具活力的非公有制经济体系，但同时也欠缺了行业性大企业龙头的带动和示范作用。根据2015年的数据，当年规模以上工业企业中，大型企业仅有593家，中小微型企业为40 574家，占到所有企业数的98.6%，其中小微型企业占到88.4%。而规模以下的工业企业（单位）数为80余万家。在浙江省，小企业是绝对的经济主体。2014年高技术产业中的大型工业企业主营业务收入，广东省超过2万亿元，江苏省超过1.5万亿元，浙江省只有1900多亿元。2010年，浙江省启动了打造大企业战略，提出坚持把"大平台大产业大项目大企业"建设作为经济工作的突破口。4年后，在互联网经济领域，浙江省有了自己的大企业。阿里巴巴在美国上市，开创史上最大一笔IPO（首次公开募股）。

在生产和贸易规模不断扩大的同时，浙江省制造业出口贸易仍然锁定在全球价值链低端，出口商品的技术含量、品牌知名度、产品附加值较低。在全球经贸格局调整，国内经济转型进入关键期的环境下，传统的以低成本、低价格为主的要素驱动竞争优势难以为继，亟待培育以"技术、品牌、质量、服务"为核心的出口竞争新优势（艾亚，2014）。浙江省纺织服装产业是典型的劳动密集型产业，也是长期锁定价值链低端的产业。意大利的纺织服装产业在高端市场的竞争力尤其明显，环保、时尚、技术创新是其取胜的法宝。浙江省力图通过加大创新投入力度培育纺织服装产业的出口竞争新优势，依靠技术创新引领，加大研发投入，以市场为导向，加大对技术含量高、附加值大的产业用纺织品的研发，增强纺织服装企业的自主创新能力和技术消化吸收能力，重点研发创新性的纱线和面料，同时兼顾环保和时尚元素（王瑞荣，2016）。由于浙江省纺织服装产业主要是由中小民营企业构成，研发投入不足成为影响纺织服装企业研发顺利开展的重要原因，发掘行业大型企业、龙头企业，能够建立起纺织服装企业上游、中游和下游企业（包括与之对应的

龙头企业、中小型企业）和客户所组成的大型价值网络平台，这对技术交流与创新互动至关重要。

8.4.3 政府和市场

政府对创新创业扶持十分重视，除最大限度地简化审批、增值服务以外，尤其重视市场化的孵化平台培育和后端的产业基金导入。例如，浙江省人民政府在梦想小镇设立5000万元"浙江天使梦想基金"，重点支持优质初创团队，也吸引了资本市场投资基金与政府专项资金的合作，提高了市场筛选项目的效率和活力。在特色小镇的建设上，政府制定个性化的政策，对如期完成年度规划目标任务的特色小镇，省里按实际使用建设用地指标的50%给予配套奖励，其中信息经济、环保、高端装备制造等特色小镇再增加10%的奖励指标，对3年内未达到规划目标任务的，加倍倒扣奖励指标，同时实行企业"零地"投资项目政府不再审批，企业独立选址项目高效审批，企业非独立选址项目政府不再审批，大大增加了企业的主导地位及市场化运作的程度。例如，义乌市打造了从市场主体登记到项目验收的"一条龙"审批流程，政府部门审批时限从原来的30个工作日缩减到4个工作日，对入驻省级特色小镇的企业申请冠省名的，注册资本从1000万元降低至500万元（李强，2016）。

在浙江省，政府营造了市场主体快速成长的沃土，根据浙江省的经济增长和中小企业创新活力的实践结果：政府为市场搭建好了平台，激发经济细胞的活力，全面深化改革，向改革要红利，"政府干预"与市场主导相平衡，可以推动经济增长和激发中小微企业持续迸发活力。例如，2013年开始，浙江省以"简政放权"为要求，全面梳理省级部门的行政权力，清权、减权、制权，减幅超六成；率先在网上晒出省级部门权力清单，通过"四张清单一张网"，搭建起政府履职的制度架构，努力打造审批事项最少、办事效率最高、投资环境最优的省份（苏靖，2016）。外向型经济程度较高的浙江省是国际金融危机波及最早、影响最深的省份之一，但也成为修复、回升较快的省份。

一直以来，浙江省是"小政府"，政府有"无为而治"的传统。尤其在20世纪80年代，对一时看不准、环境不允许而广大老百姓又愿意干的事，浙江省人民政府以宽容的态度予以默许、支持和引导，允许试、允许闯，甚至允许犯错误，同时以不争论、不攀比、不张扬、不气馁、不动摇的方式，推动中小企业自主发展。从市场经济的角度看，这未尝不是好事——因为政府插手得少，意味着市场起作用大。然而，当企业发展到一定阶段，需要跨出省（市）参与更大的竞争时，政府的支持就显得重要起来。特别是浙江省多为中小企业，即便是大一点的民营企业，在与大企业竞争时，没有政府恰当的支持，仍然处于劣势。例如，民营企业发展到一定阶段，会面临将立不立的危机，需要政府以政策的手段给予间接支持，这方面最显著的就是浙江省内存在的企业互保现象。由于民营企业繁多，单个企业的信用不足以支撑起银行放贷，因此企业互保现象在浙江省十分普遍，一些无辜企业往往在发展势头较好时被互保链条所累而夭折（蔡若愚，2015）。因此，政府的作用也要与市场的自由度保持适当的平衡。

8.4.4 对前沿技术的敏感

(1) 大数据

2014年，浙江省就开放了浙江政务服务网-数据开发频道，浙江网上政府24小时在线，涉及行政审批、便民服务、公共支付等650项数据。2016年2月，浙江省印发了《浙江省促进大数据发展实施计划》，把打造全国大数据产业中心作为发展信息经济的重要目标，宁波、台州等地（市）也发布了相应规划，乌镇成立了乌镇大数据高技术产业园。浙江省人民政府还鼓励本地银行、证券、保险等金融企业加强内部数据积累和外部数据合作，开展精准营销、风控管理、智能决策、个性化推荐等大数据应用，开发基于大数据的新产品和新业务。

浙江省孕育了世界上最大的互联网公司之一的阿里巴巴，以大数据推动各产业跨界融合。2016年3月，浙江省建立了大数据交易中心，它是一个促进数据提供方和需求方找到交易匹配、完成数据交易的交换平台，也是一个提供数据加工、整合、脱敏、模型构建等服务的数据管理平台。大数据产业在浙江省，有其先天优势。例如，杭州市云集了阿里巴巴、网易、海康威视、华三通信等行业龙头企业，形成了以"阿里云"、华数为代表的云服务基础设施提供商，以及以华三通信为代表的云服务提供商，海量的云应用企业构建了较为完整的大数据产业链。

(2) 人工智能

浙江省也十分重视人工智能的发展。在浙江省，众多的领军企业已经提前布局。安防出身的海康威视，通过多年的视频数据积累，快速切入人工智能；传化集团以智慧物流为支点撬动发展新动力；吉利不断深入智能驾驶领域，确立了以智能化为方向的技术发展道路；饮料大王娃哈哈集团也成立了人工智能研究中心，跨入机器人产业。以云计算平台代表企业阿里巴巴为例，通过开放云计算平台，阿里云的用户获得了人工智能服务的能力，阿里巴巴也继续占据入口这一有利位置，成为人工智能时代的"基础设施"。

2016年10月，杭州市"城市数据大脑"正式发布，通过人工智能，全市的交通管控将变得数字化和智能化，杭州市将成为全球首个应用人工智能技术来辅助公共管理的城市。每一个红绿灯的时长、是否禁止左转、潮汐车道的设置等都将通过历史数据、即时数据及预测数据进行同步调整。在杭州市萧山区部分路段的初步试验中，城市大脑通过智能调节红绿灯，车辆通行速度最高提升了11%。城市大脑的目标，是让数据帮助城市来做思考和决策，将杭州市打造成一座能够自我调节、与人类良性互动的城市。城市大脑的内核采用阿里云ET人工智能技术，可以对整个城市进行全局实时分析，自动调配公共资源，修正城市运行中的Bug，最终将进化成为能够治理城市的超级人工智能。在杭州市人民政府的支持下，来自阿里云、富士康、依图科技、数梦工场等13家企业的一批中国顶尖的人工智能科学家已经扎根浙江省。城市大脑计算平台采用阿里云自主研发的飞天操作系统。城市大脑涉及的数据量巨大，仅视频摄像头就有5万多路。城市大脑，是杭州市代表中国城市为世界在做的一次探索，一次使用人工智能进行社会管理的前瞻性实践。

8.4.5 进一步加强政产学研合作

浙江省的科研投入规模逐年上升，研发投入力度不断加大，从浙江省科技活动经费投入的执行部门来看，20 世纪 90 年代早期以研究机构为主体，90 年代后期工业企业成为科技经费的主要执行部门，充分说明了观念上的转变，企业成为科技生产力的重要执行者。而只有企业成为掌握和配置各类科技资源的主要使用者，才能更好地使科研成果转化为实际的生产力。浙江省是民营经济大省，民营企业对本省经济贡献巨大，这一点从 R&D 经费投入来源中也可看出浙江省民营经济的创新活动非常活跃，已经形成企业研发投入的主体地位。浙江省 R&D 经费内部支出以开发新产品为主，达 60% 以上，成为保持企业竞争力和开拓市场的关键（潘冬青，2013）。

浙江省劳动密集型产业当前还面临缺乏关键技术、产业附加值低的困境，需要政府发挥主导作用，推动信息服务体系建设，把企业的实际需要与科研机构、高等院校的服务有效对接，推动科技中介服务组织体系的建设与完善，以互联网为媒介，创建纺织服装产业科技中介网络服务平台，鼓励科技中介组织与纺织服装企业强强联合，推动科研成果转变为现实生产力，在专利申请、科技项目申报等方面，为传统型企业提供高效的、专业化的服务。

科技创新改变着浙江省经济基因。科技体制改革的一个突破就是解决科技导向的问题，让市场来决定科技的价值，实现市场导向的重要抓手就是办好技术市场，促进科技成果转化。浙江省把培育提升企业创新能力和转化能力作为关键，为了鼓励企业转化科技成果，浙江省科学技术厅建立了科技创新云服务平台，设立每年 3 亿元的科技型中小企业专项资金，激发科研机构和企业双向的热情。让市场决定科技价值，发挥高校院所的主力作用。浙江全省共引进大院名校共建创新载体近 1000 家，累计建设国际科技合作基地国家级 27 家、省级 20 家，转化应用成果 1000 项以上，但是目前浙江省 985 和 211 高校仅有浙江大学一所，如图 8-3 所示，高校资源是短板，需要加强浙江大学对同省内其他普通高校的带动作用，加强普通高校对产学研合作的参与。

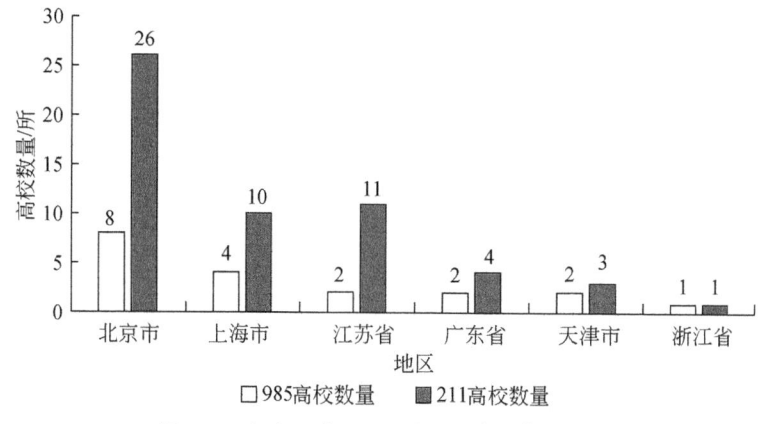

图 8-3 六省（市）985 和 211 高校数量比较

截至 2015 年末，浙江省人民政府建立的网上技术市场，已经覆盖整个浙江省，拥有省内企业网上会员近 10 万家，累计签约技术合同 3.6 万项、成交金额 330 多亿元，举办 30 余场科技成果竞价（拍卖）会，培育认定重点科技中介服务机构 100 余家，培训技术经纪人 2000 余人。

如今浙江省正全面落实科学发展观，科技创新由少到多、由引进到消化、由吸收到创新、由模仿到创造，自主创新走到了全国前列。"市场引领、政府推动、企业主体、产学研结合"，推动了浙江省由制造大省向创新强省转变。

第 9 章　天津市创新驱动发展模式分析

2013 年 5 月，习近平在考察天津市期间，对天津市提出"三个着力"的重要要求，分别是要着力提高发展质量和效益、着力保障和改善民生、着力加强和改善党的领导，加快打造美丽天津市，为天津市创新发展指明了方向。尤其是针对提高发展质量和效益，市委、市政府坚持实施创新驱动发展战略，以改革创新为统领，加快新旧动能的转换，加快培育以创新引领和支撑的经济体系和发展新模式，培育新的增长点。

2016 年 9 月，天津市人民政府印发了《天津市科技创新发展"十三五"规划》，指出"十三五"期间是天津市加快改革开放、实现创新驱动发展的关键时期。提出要以科技创新引领全面创新，把建设产业创新中心作为做好供给侧结构改革的重大举措，坚持国际开放创新和京津冀协同创新，开创大众创业万众创新等目标和要求。

"十三五"时期，天津市将积极落实《中国制造 2025》，推动产业融合发展，加快调整优化产业结构，提高产业核心竞争力，构建以服务经济为主体、先进制造业为支撑、都市型农业为补充的现代产业体系，基本建成全国先进制造研发基地和生产性服务业集聚区。

2017 年 5 月，天津市提出要在下一个五年加快建设创新发展的现代化天津，京津冀协同发展目标如期实现，成为全国领先的创新型城市和产业创新中心。

创新是引领发展的第一动力。天津市作为北方最大的沿海城市，2016 年人均 GDP 位列全国第一。天津市始终践行创新驱动发展的理念，将加快推进以科技创新为核心的全面创新，着力提高高技术产业化水平，向创新要动力、要活力、要潜力，并形成了顺应地方形势和背景的发展与转型模式。

9.1　天津市创新能力概况

2016 年，天津市人均 GDP 达到 115 613 元，高居全国各省份榜首，如图 9-1 所示。在一系列大项目、大投资下，GDP 增速已经连续四年领跑全国。

根据《2016 年天津市国民经济和社会发展统计公报》数据，2016 年天津市创新驱动发展取得了丰硕成果。科学研究方面，全社会研发经费支出占生产总值比重超过 3.1%，专利申请 10.65 万件，专利授权 3.97 万件，其中发明专利 5185 件；年末有效专利 12.48 万件，其中发明专利 2.27 万件。年末全市共有国家重点实验室 12 个，国家部委级重点实验室 49 个，国家级工程（技术）研究中心 36 个，国家级企业技术中心 45 个。2016 年新建博士后工作站 19 个，博士后流动站 77 个、工作站 227 个，并引进清华大学电子信息研究院等一批高水平研发机构，组建产学研用创新联盟 30 家。科技成果方面，全市 12 项科

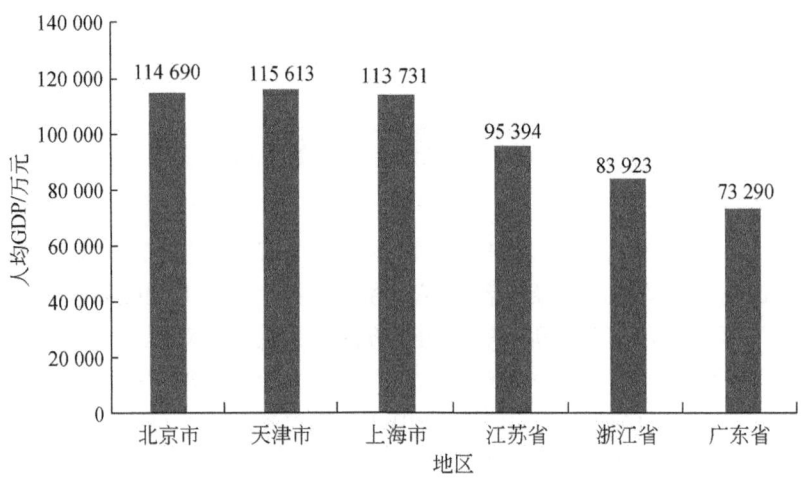

图 9-1 2016 年六省（市）人均 GDP 比较

技成果获得国家科学技术奖，其中，技术发明奖 2 项，科技进步奖 10 项，涉及装备制造、生物医药、新材料等多个领域。完成市级科技成果 2622 项，其中，80 项属于国际领先水平，390 项达到国际先进水平。企业与人才方面，2016 年新增科技型中小企业 14 737 家，其中规模过亿元企业 456 家，累计分别达到 8.8 万家和 3902 家。小巨人企业 3900 家，产值占规模以上工业总产值 50% 以上，国家级高技术企业超过 3200 家。众创空间达到 139 家，其中滨海新区 TjAb 众创空间（分子医学国家专业化众创空间）成为全国首批国家专业化众创空间。通过实施"千企万人"计划和人才"绿卡"制度，引进和培养高层次创新人才 6000 多人。此外，2016 年全年新批外商投资企业 1106 家，直接利用外资 101 亿美元，其中，服务业实际直接利用外资 67.41 亿美元，增长 60%。

9.2 天津市创新驱动类型：工程技术型

根据天津市创新发展基础和模式特点，我们将天津市创新驱动发展的类型定义为工程技术型。

天津市形成了八大优势产业，分别为航空航天、石油化工、装备制造、电子信息、生物医药、新能源和新材料、国防科技和轻纺工业，其中绝大部分均属于工程技术和要素驱动类型的产业，尤其是石油化工业是典型的要素驱动型，更是天津市产业发展的重要组成。

天津市针对优势产业，也提出了未来具体的发展重点和目标。其中，航空航天产业，重点发展以大飞机、直升机、无人机、大推力火箭、卫星航天器制造和空间站为核心的"三机一箭一星一站"；石油化工产业，重点发展石油化工、海洋化工和精细化工，形成以石油化工为主，从石油勘探开发到炼油、乙烯、化工完整的产业链条；装备制造产业，突出大型、成套和精密方向，涉及海洋工程、大型重型装备、成套设备等原材料和关键零部件的研发制造；电子信息产业，突破新一代移动通信、新型显示器件、高端通用芯片等关键技术，促进产业向高端发展；生物医药产业，重点发展现代生物制药，巩固化学制药优势，大力推进中药现代化和国际化；新能源和新材料产业，建成国家重要的绿色能源研发制造基地、国内最大的风力发电设备生产基地和以化工新材料为主的全国最大的新材料研发生产基地，力争在未来10年成为世界风电产业中心，当前天津硅材料是全国第一；国防科技产业，推动军民融合深度发展，强化国防科技工业自主创新，构建国防科技工业高端产业高地，打造先进国防科技工业体系；轻纺工业，做精品品牌，加快升级换代，走绿色、安全、循环发展之路；进一步提升海鸥手表的国际知名度和品牌影响力，做大做强自行车，建成高端整车及零部件研发制造基地等。

天津市是我国民族工业的发祥地，有雄厚的制造业基础，并致力于提高制造业核心竞争力，发展高端先进制造业。天津市抓住滨海新区开发开放的重大历史机遇，引进龙头企业，聚焦重点项目，加快产业聚集，推进两化融合，形成了以航空航天、智能装备、海工装备、工程机械为代表的产业体系，初步具备了比较优势。《天津市建设全国先进制造研发基地实施方案（2015—2020年）》也将指导天津市加快建设全国先进制造研发基地，支撑和引领全国制造业发展。

2016年天津市工业发展成效显著，先进制造业实力进一步壮大。其中，工业总产值超过3万亿元，优势产业增加值占全市工业的91%，已有百年历史的装备制造业增加值占规模以上工业的36.1%，航空航天、高端装备等支柱产业集群占全市工业比重达到77%。国家中小企业创新转型三年试点工作全面完成，1.5万家企业成功实现转型升级。航空航天、新材料及生物医药等新兴产业合计增加值占全市工业的16.5%，消费品制造业增加值占全市工业的20.8%。

天津市是先进制造研发的基地，重工业发达，但工业潜力没有很好发挥，行业竞争力不强，发展不平衡。天津市作为后发城市，正处于高速成长期，经济特征呈现高投资、高增长、高集聚的特征，这也导致了天津市虽然人均GDP排名第一，但居民人均收入增长不多。当前天津市产业结构偏重，发展主要靠工业，因而资源环境的约束日益增大。天津市的GDP产值主要靠投资拉动和能源消耗为主，高投资也主要是政府主导，多以中央企业和国有企业为主，靠大项目。在经济发展进入新常态后，天津市产业转型升级面临新阶段。

9.3 天津市创新驱动发展特点

9.3.1 "大项目、小巨人、楼宇经济"

天津市的发展狠抓"大项目、小巨人、楼宇经济"。

近年来，新一代大推力运载火箭、超级计算机、无人机等大项目支持下的高端产品正在成为天津市的全新名片。一汽大众华北基地、中芯国际芯片等一系列大型项目开工建设，通过延伸产业链带动产业结构调整，助推实体经济的发展，围绕航空航天、生物医药、节能环保等有增长前景的新产业重点投资，帮扶支持存量经济释放活力，已实现产业结构转型和调整。

针对天津市中小企业的发展现状，通过各方资金和政策的支持培育小巨人企业，鼓励企业和大学建立新型研发机构，鼓励企业进行金融模式、商业模式的创新，实现科技创新资源引导和聚集。亚洲唯一的埃博拉疫苗生产基地——天津康希诺生物技术有限公司疫苗产业化基地，已在开发区启动。未来，这个年产超1亿剂疫苗的基地，将成为国内工业价值最高的人用疫苗产业化平台，可实现年工业产值35亿元。这是天津市科技小巨人的一个代表。

在楼宇经济发面，进一步盘活现有空置楼宇，在存量和增量两个方面，实施"腾楼换企"工程，提高楼宇入住率、注册率和贡献率，提升楼宇品质和科技含量，充分发掘楼宇中的企业活力，打造经济发展新的增长点。2016年，商务楼宇"去库存"效果显著，累计盘活空置楼宇440万平方米，亿元楼宇达到200座。

9.3.2 京津冀区域协同创新

天津市主动融入重大国家战略，推动京津冀科技创新全方位对接，培育区域协同创新。现已设立100亿元京津冀产业结构调整引导基金，助推区域内产业优化升级。天津市积极承接非首都功能，如与北京市签署了建设滨海—中关村科技园合作协议，共同推进未来科技城等一批承接平台建设；与中国科学院全面科技合作，建成中国科学院天津工业生物技术研究所等重大创新平台40个，61家中国科学院企业在天津市落户；中船重工融资租赁、中国能建天津电力工程技术自主创新产业园等一批产业合作项目签约落地。在河北省方面，与河北省签署"1+4"合作协议，启动实施对口帮扶承德市工作。京秦高速天津段建成通车，京唐铁路开工建设，一批"瓶颈路"顺利打通。天津港与唐山港组建津唐国际集装箱码头公司，意味着京津冀首个海铁联运集装箱中心站开通运营。京津冀海关区域通关一体化改革继续深化，京津实现离境退税互联互通，天津市口岸进出口总额中，来自北京市与河北省的货物比重达到32.5%。据统计，2016年引进京冀投资项目2701个，投资额达1994亿元，占全市实际利用内资的44%。北京市企业来天津市投资到位1700亿元，河北省企业来天津市投资到位294亿元，天津市企业到河北省投资到位400多亿元。

为了推动天津市经济的发展，政府也与时俱进地出台了"京津冀协同创新发展""京津联动发展"等一系列政策，促进地区间的交流、学习，引导社会资源的有效配置。在天津市与北京市、河北省沟通互动的过程中，其在制造业上明显的资源优势、区位优势日益凸显，也对其制造产业群落更大范围的形成增添动力。

9.3.3 重视科技创新生态体系建设

天津市始终积极推进科技创新生态体系的建设和完善，强化支撑、优化服务，最大限度地激发"双创"活力。天津市大力建设高水平的国家自主创新示范区，截至2016年底，示范区注册企业总数超过 8 万家,形成新一代信息技术、生物医药、节能环保等主导产业。科技领军企业牵头高校、院所及上下游企业,组建了 30 家产学研用创新联盟,开展以科技领军企业牵头的产业全链条创新,带动了产业整体创新能力的提升。同时,发挥领军创新人才带动力。围绕化学、生命科学等重点学科领域和高端制造、生物医药等创新方向,大力引进培育领军拔尖人才。截至 2016 年底,天津市国家"千人计划"人才达到 161 人,科学技术部"创新推进计划"人才 71 人,国家杰出青年科学基金获得者达到 91 人。大力实施"新型企业家培养工程",累计培育 723 位具有国际视野、熟谙市场规律、勇于突破创新的新型企业家。

为了实现"天津制造"和"天津创造"双轮驱动的目标,天津市坚持以市场为导向,产学研相结合,攻克了一批关键核心技术,重点突破制约高端装备制造业的工业机器人、3D 打印和新能源汽车三大新技术,突破大推力火箭、万万亿次高性能计算、特高压、激光分离、高速机车核心技术,顺应数字化变革趋势,抢占技术制高点,培育了一批天津制造的"杀手锏"产品,中重型直升机、高速离心机、大型海上石油钻井平台、巨型子午线轮胎装备、大马力柴油机等一批产品填补了国内空白,推动天津制造向天津创造转型。

在科技成果转化方面,打通创新成果与产业的对接通道,完善科技成果转化制度设计。建设了面向海内外的科技成果转化线上线下交易平台,形成全链条服务体系。从高校、院所选派 2270 名企业科技特派员带技术、带项目入驻 2018 家企业开展协同创新。同时,天津市加大体制机制自由度,释放体制机制创新潜力,加大立法、规划、政策等方面的制度供给,下放财政资金预算等权限,让科研经费更好地为科技人员创新性活动服务,并赋予其更大的自主权。

9.4 天津市创新驱动发展转型

9.4.1 重工业向高精尖产业转型

当前,天津市创新驱动发展充分利用本市雄厚的制造业基础,大力发展战略性新兴产业,推动传统产业优化升级,壮大发展高端装备、新一代信息技术、航天航空、新能源汽车、新材料、生物医药、新能源、节能环保、现代石化、现代冶金十大产业,形成技术先进、配套完备、链条完整的先进制造产业集群,将先进制造业产值占工业比重由 50% 提高到 70%。同时,提高制造业核心竞争力。完善产业创新体系,建设一批制造业创新中心,提高产业创新能力。实施质量强市战略和标准化提升计划,推进名品名牌名企名家创建工程和工业强基工程,更好地支撑产业转型升级。大力引进科技含量高、创新意识强、能大幅提升生产效率的要素,使天津市制造业向高附加值、高生产率、低成本的水平迈进。

所有产业的发展都要突出高端,坚持走高端高质高新化的路子,推进产业链向高端转移,加速价值链向高质转化,实现产业结构向高新转变。例如,2014 年空客 A320 已交付 150 多架飞机,产值超过百亿元;直升机建成了系列化民用直升机总装生产线,成功实现了自主研发、自主设计、自主装备,新签订单 100 多架;空客二期将增加空客 A320neo 总装线,启动 A330 双通道宽体客机交付中心项目。届时,天津市将成为空客亚洲制造中心、全国飞机租赁中心和北方国际航运中心。

例如,石油化工产业是典型的要素驱动型产业,现已形成颇具规模的石化产业集群,大力发展现代石化,提升价值链,建立了国家级石化产业示范基地,并通过引进多个大型化工项目,形成了以炼油乙烯为龙头的石化产业链。加快建设南港世界一流石化产业基地,重点打造以炼油乙烯为龙头的石化、原料多元化及低碳化、传统盐化工产业升级改造、高端石化产品集群和石化装备制造五大产业体系。推进产业链向高端延伸。依托龙头骨干企业,通过自主创新、资本运作、兼并重组、装备与技术改造升级等方式,积极向石化深加工、石化装备等产业链上下游延伸,发展高端化精细化绿色化产品,逐步实现由原料生产型向深加工、精加工转变,推动优势石化企业创新驱动发展,实现转型升级、结构优化、提质增效。供给侧结构性改革初现成效。2016 年,钢铁行业"去产能"提前完成 370 万吨粗钢产能年度压减任务,生铁、粗钢、平板玻璃等产量分别下降 15.0%、11.5% 和 1.5%。

随着国际产业转移竞争的加剧,大量国际公司纷纷落户天津市投资建厂,他们将产品的生产过程转移到天津市,不仅带动了当地就业增长率,促使人流、物流、资金流向其涌入,形成了一定的集聚效应,而且在承接国际产业转移的过程中,发达国家及地区知识、技术等生产要素的不断溢出也有利于带动天津市制造业的发展,使其更加专业化、精细化。

另外,信息技术服务的广泛应用,也使整个制造行业的沟通更加流畅、信息更加对称、联结更加紧密,加速了天津市制造业的集聚,打造了更具规模的产业集群。

9.4.2 增强产业集聚,加快新旧动能转换

增强产业集聚。天津市围绕产业链,建设了一批产业聚集区,临港经济区和北辰经济技术开发区装备制造产业基地成为国家新型工业化产业示范基地。其中,临港重装基地规划 200 平方千米,重点发展轨道交通、工程机械、风力发电、核电装备、造修船、海洋工程、港口机械、超高压输变电、石化装备、国防关键设备十大成套装备,是目前国内最大的装备制造业产业聚集区。实施四进工程,集成集约发展。推进产业进园、进区、进链、进平台,实现产业集约、高端、链条发展。推进产业进园,将项目集中于园区,实现资源集约利用,功能集成建设;推进产业进区,加快天津自由贸易试验区、未来科技城、中新生态城、临港经济区、临空产业区、南港工业区等一批产业聚集区建设,形成自研发设计到终端产品,上下游联动的区域产业体系。

同时,大力推进两化深度融合,深化泛在感知、宽带移动、智能融合的信息网络技术在工业领域的集成应用,推广智能制造、互联制造、绿色制造,促进工业全产业链、全价值链信息交互和集成协作。例如,"滨海工业云平台"依托于天津超级计算中心,为中国石油、中国海油、中船重工等 500 余家的企业、政府、科研机构提供服务。天津汽车模具

股份有限公司的协同生产管理系统,涵盖了从集团到子公司、从管理到生产的全过程,平均缩短模具材料的采购周期15~20天。"互联网+"背景之下的两化融合,实现了跨地域、跨部门的协同设计、数据共享与网络化制造,实现了产业链制造资源与服务的开放协作、社会资源高度共享。

天津市不断强化企业创新主体地位和创新能力,打造新旧动能转换源动力,尤其是科技型企业,在传统产业下滑的情况下,通过科技创新源动力的增量有效弥补减量。以荣程集团为例,该公司在新旧动能转换过程中有一套自己的"加减乘除组合拳":以产品研发做加法,加大新产品的研发力度,减少普钢产量,附加值相对较高的优钢和品种钢的比例上升至50%,部分产品成功打入汽车、高铁、海洋工程、军工等领域,产销率保持100%;以控规模、减总量做减法,在2014年主动压减50万吨产能的基础上,优化生产组织,通过转炉多吃废钢等,压减高炉产量,粗钢产量同比降低5.7%,吨钢综合能耗降低21.27千克标准煤,实现"减量、减碳"生产;以"互联网+"做乘法,通过智能化建设,大幅提高发展质量和效益,人均产钢接近1000吨,职工收入逐年上升,同比增长10%;以低碳环保、节能减排做除法,通过工序优化和节能减排项目的实施,能源消耗总量同比降低12%,实现主业做精,绿色发展。通过"加减乘除组合拳"的全面推进和实施,荣程集团持续保持盈利。

9.4.3 推动创新创业,拓展全球化视野

天津市将推动大众创业、万众创新作为打造经济发展新引擎的重要举措,用含金量高的政策措施,加快建设市场化、专业化、集成化、网络化的众创空间,并在滨海新区设立了"双创特区"。"双创特区"有独特先进的创新管理模式,一是全面落实负面清单管理、建设国家贸易"单一窗口"、扩大服务业开放等一系列投资和贸易便利化措施,着力推进跨境投融资、资本账户可兑换、加大知识产权保护等方面的制度创新,为创新创业提供与国际通行规则相衔接的制度环境;二是充分利用国家自主创新示范区政策,在特区率先构筑有利于创新和创业融合互动的政策体系和激励机制,从资金奖励、房租补贴、融资担保、人才落户等方面全方位助力企业发展、人才创新;三是"企业动嘴、政府跑腿"的服务特色,实行服务专员制度,通过政府公共服务+购买服务的方式,向企业提供设立代办、财税咨询、融资对接等各类专业化服务,最大可能地为创新创业者降低成本、提供便利。

创新创业的推动有助于加快创新模式和新型业态的培育。例如,在制造业与服务业的融合过程中,把加工中心融入到用户的制造环节,从单纯卖产品向打包卖服务转变,逐步向制造服务转型。加快发展平台制造模式,以O2O(线上到线下)模式、大宗商品交易平台、分包众包众筹创新平台为代表平台经济模式,形成"硬件+软件+平台+服务"的商业模式,建立起价值链、财富链的共享和分享新机制。

下一步,天津市要更具有全球化的视野,站在全球产业再分工、再布局的高度,抓住新一轮产业和技术革命带来的重大机遇,以信息通信技术与制造业深度融合为切入点,强基础、促转型、增效益,加快建设现代制造中心,打造天津制造升级版。

9.4.4 应用新兴技术，打造天津智港

天津市积极谋划智能科技产业战略布局，加快培育"大智能"创新体系，建设人工智能、智能制造、智能金融、智能健康医疗和智能农业等产业集聚区，打造"天津智港"。

(1) 智能制造

积极布局向智能制造转型。天津市选择钢铁、石化、轻工、纺织、电子信息等领域开展智能工厂应用示范，提升智能化水平，组织实施流程制造关键工序智能化、关键岗位机器人替代工程，加快可穿戴设备、机器人等智能产品的发展，开展智能制造示范区试点建设，推广成功经验和模式。启动实施"天津市智能制造重大科技专项"，计划在2015～2017年内投入经费1亿元，加强机器人产品研发，突破智能制造装备产业创新发展过程中的关键技术，提升智能制造装备数字化水平和智能化水平，推动制造业转型升级，做大做强智能制造装备产业，打造5～10家智能制造综合示范工厂，建设100家机器换人示范企业，在天津国家自主创新示范区中，打造10个以上智能制造特色产业集群。

(2) 大数据

推进工业大数据的应用与发展。国家超级计算天津中心获国家发展和改革委员会批准成为国家大数据领域工程实验室，在已构建起的石油勘探数据处理、动漫与影视特效渲染、生物医药数据处理、高端装备制造设计与仿真、地理信息处理五大应用基础平台的基础上，将利用大数据与高性能计算融合技术的关键技术研发成果，针对与天津市和周边区域重点支柱及新兴产业密切相关的油气勘探、生物信息、环境、新能源等领域，构建产业应用平台，使之成为产业技术自主创新的重要源头和提升企业创新能力的支撑平台。浪潮集团与滨海高新区签署战略合作协议，建设大数据研发及应用创新中心、政府及企业云平台、云计算数据中心、国产安全可控应用推广展示与服务中心、大数据虚拟产业园、云计算及大数据实训基地，将为天津市和周边地区工业企业提供大数据应用和培训服务。大数据正成为天津市工业转型升级的新引擎，作为国家工业云创新示范工程试点，已集聚用户超过2000家。天津市将以大数据为关键技术支撑，实施智慧城市管理、智能应急、智慧环保、智慧安监、城建监管信息化、食品药品安全和社会治安防控体系信息化等重点专项，让大数据"化大为小"，通过变身一个个APP软件和手机终端，和人们的衣食住行紧密联系在一起，让城市生活更加便捷舒适。

(3) 电子商务

电子商务如今已成为制造业转型新引擎，积极应用电子商务有助于推动贸易转型升级。天津市也拥有发展电子商务的良好基础和环境，互联网出口带宽6100GB，带宽接入能力100Mbit/s，光纤入户能力818万户，成为国内首个实现全光网络的城市。建设了"i-Tianjin"公共免费Wi-Fi，开通网络热点超过10万个。

北辰区成为国家工业电子商务区域试点，在医药、装备、印刷等行业探索工业与电子商务融合的新途径。工业电子商务平台建设取得突破，天物大宗商城通过现货交易、在线融资、物流服务和信息资讯等综合服务，打造专业化的供应链集成服务平台；"大健康网"在销售药品和保健产品的同时，为糖尿病门特患者提供网上（电话）预定药品、在线结

算、送货等服务；渤商网为钢铁产业链企业提供产品信息发布、交易、融资等电商服务。荣程集团作为国内制造业首个获得中央银行第三方支付许可，搭建了融宝支付服务平台和融通物贸电子商务平台，为行业提供现货交易、仓储物流、贷款融资等服务，探索钢铁行业服务化转型升级的新路径。

按照空间上科学规划、产业上合理布局、功能上体现特色的要求，天津市陆续打造了武清区京津电子商务产业园、滨海国际电子商务产业园和天津宝坻区海滨国际商贸物流城3个国家级电子商务产业示范基地，中北电子商务产业园、中新生态城电子商务与互联网创新创意基地2个市级电子商务产业示范基地，以及天津港保税区、东疆保税港区、武清商务区、东丽航空商务区4个市级跨境电子商务创新试验区和C92文化创意产业园、E谷（南开）创想世界、红桥区八戒园区等一批各具特色的区级电子商务园区。同时，引导各园区针对各自特点，研究制定了与本区域发展相适应的电子商务优惠政策和促进措施，着力完善综合服务体系，提升电子商务发展的软硬件环境，打造产业发展服务高地。通过园区、基地建设，推动了产业招商，促进了产业集聚。目前，各大电子商务园区已经成为全市电子商务企业密集度最高的区域，集聚了阿里巴巴、京东商城、唯品会等一大批国内外知名电子商务企业。例如，武清京津电子商务产业园，通过几年的运营发展，已聚集电子商务及相关配套企业达到560家，其中2016年就引进电子商务企业达270家，网络销售达到1558亿元，同比增长38%。

同时，天津市充分发挥其得天独厚的区位交通优势、独具特色的产业发展优势和发达的商贸物流基础等自身优势，着力构建现代大物流体系，完善海港、空港、陆路港、铁路、公路等物流基础设施，打造京津冀便捷高效的交通网络体系。在滨海新区和郊区县物流资源集中、交通便利的区域建设现代物流园，重点发展交易市场、电子商务、仓储运输、加工配送、交易结算和物流金融等现代物流业，打造一批大宗商品交易所和交割库等物流平台。完善港口集疏运体系和专业化运输系统，推广应用物联网等新一代信息技术，形成多式联运物流网络。全面提升口岸信息化服务水平，加快大通关体系建设，创新口岸监管模式，实现京津冀通关一体化。拓展无水港功能，在有条件的无水港发展物流园区。

此外，天津市还积极探索发展跨境电子商务，出台实施了《天津市发展跨境电子商务扩大出口的实施方案》，建设形成了天津港保税区、东疆保税港区、武清商务区、东丽航空商务区等多个跨境电子商务创新试验区。2015年以来，又先后获批国家跨境电子商务综合服务试点城市和跨境电子商务综合实验区，为跨境电子商务的发展提供了广阔空间。截至2016年底，全市通过与信息化综合服务平台对接，开展跨境电子商务保税进口和直邮进口业务的企业超过100家，全年完成进口订单超过20万票，货值近4000万元。在跨境出口方面，2016年上线开展业务的外贸企业超过1800家，实现B2B（企业对企业）外贸出口超过3000万美元。推动建设跨境电子商务公共海外仓，建成海外仓30余个。通过海外仓业务实现跨境电子商务出口交易4000多万美元，相关物流服务收入500多万美元。得益于全市跨境电子商务服务环境的不断提升，目前，包括京东、阿里菜鸟、聚美优品、唯品会、网易、一达通、大龙网在内的一批国内外跨境电子商务龙头企业陆续在天津市落地，天津北方跨境电子商务口岸节点地位初步显现。

第10章 六省（市）创新驱动发展若干指数分析比较

10.1 六省（市）创新能力基本指标比较

由于数据整理时 2014 年各方面数据公布较为完整，故统一采用六省（市）2014 年数据进行对比。

(1) 经济总量与产业结构

如图 10-1~图 10-3 所示，广东省、江苏省的 GDP 总量位居前两位，并与其他四省（市）拉开明显差距，但同时两省也是人口大省，使得人均 GDP 的水平被平均。六省（市）GDP 总量的排位与人口总量的排位相同。天津市由于 GDP 总量相对较小，其人均 GDP 列第一位，同时也是全国人均 GDP 最高的省份，之后是北京市和上海市。

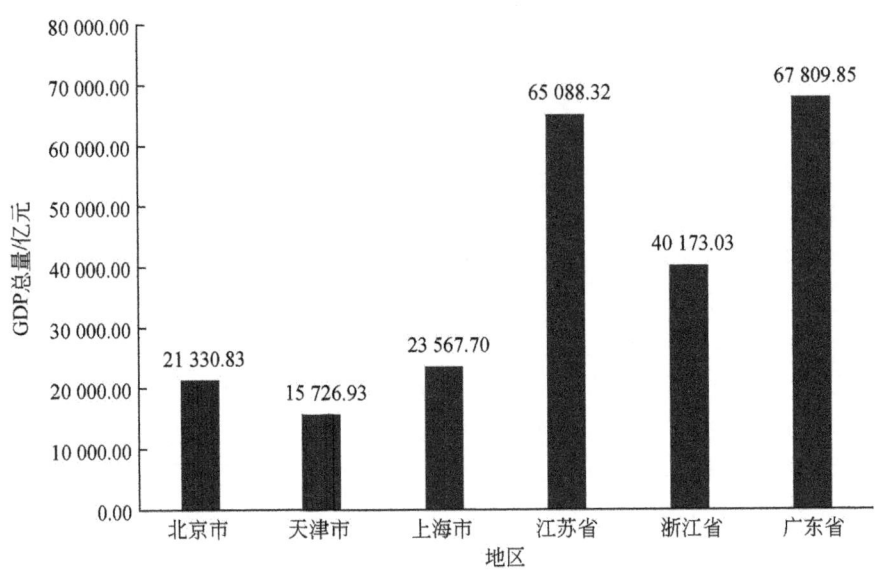

图 10-1 2014 年 GDP 总量比较

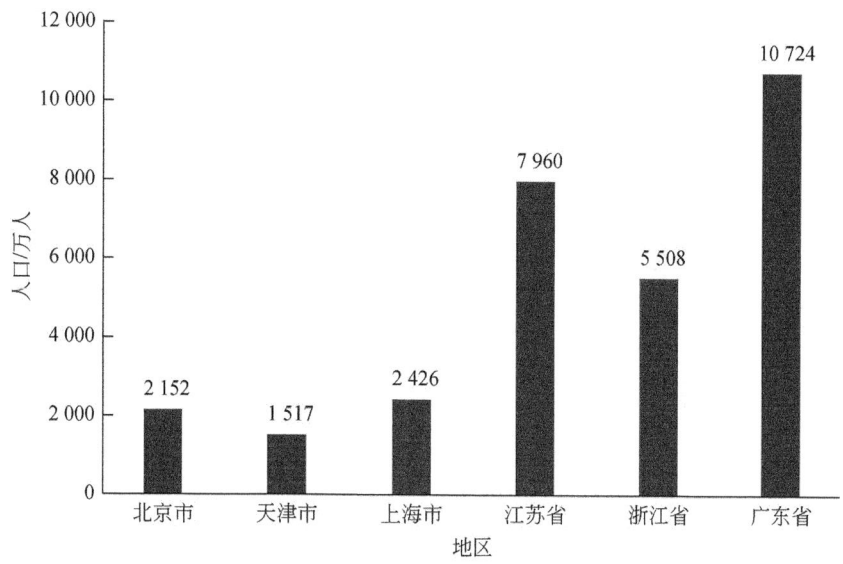

图 10-2　2014 年人口数量比较

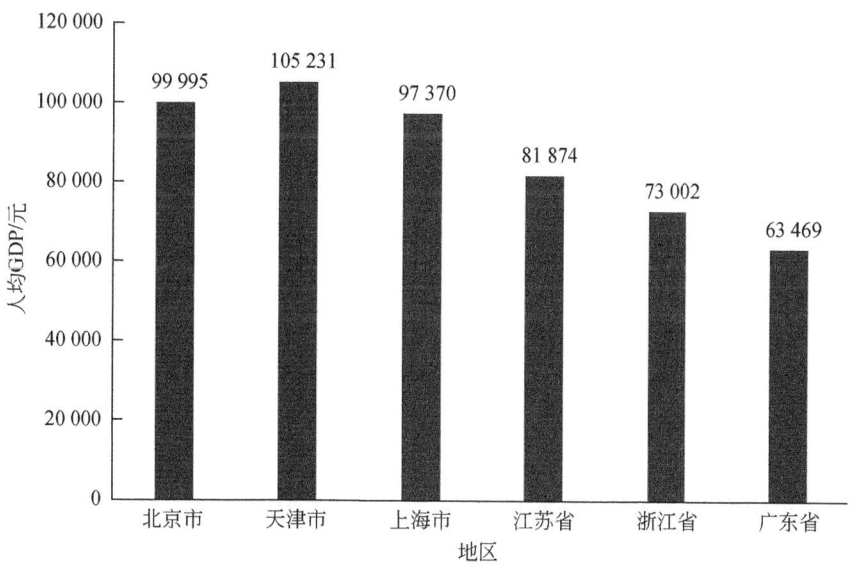

图 10-3　2014 年人均 GDP 比较

从三次产业结构来看，如图 10-4 所示，广东省和江苏省的第三产业增加值也居前两位，一部分原因是两省经济总量大，另一部分原因是两省第三产业内的行业发展较为发达和先进，尤其是广东省。这也从一个侧面说明，创新能力的提升与产业向第三产业发展的速度是有一定关系的。

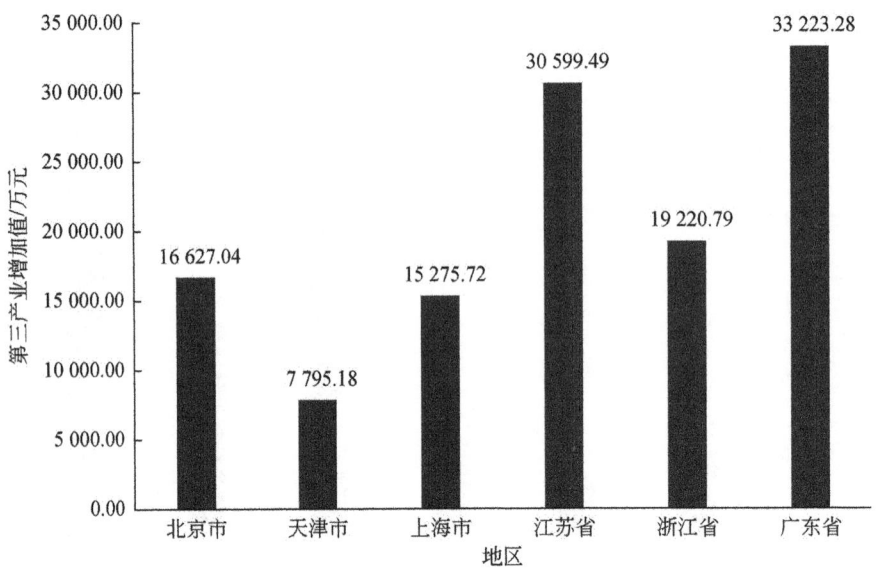

图 10-4　2014 年第三产业增加值比较

从高技术产业角度来看，如图 10-5 和图 10-6 所示，广东省高技术产业的就业人数和占比均大幅领先于其他省（市）。排名第二的是江苏省，其他省（市）则相差较多。这也反映出，向高技术产业发展的速度是一个地区创新驱动发展的重要标志。

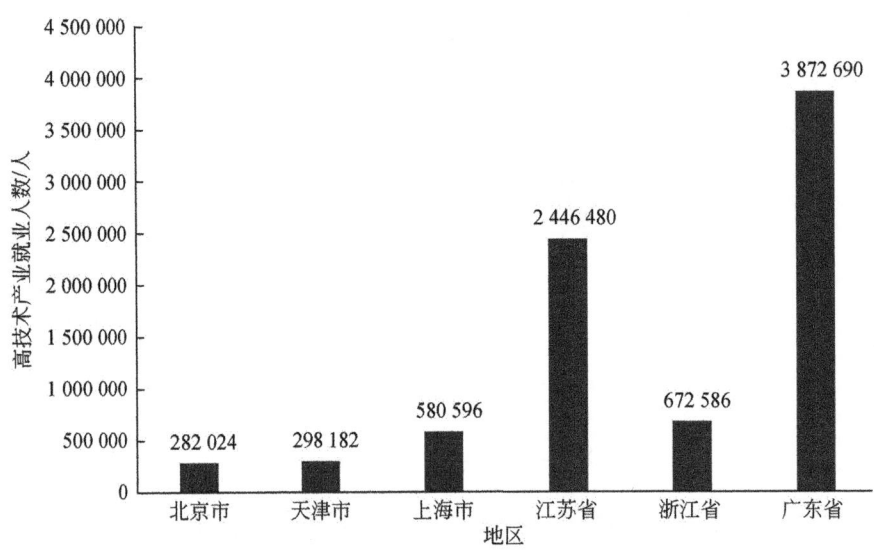

图 10-5　2014 年高技术产业就业人数比较

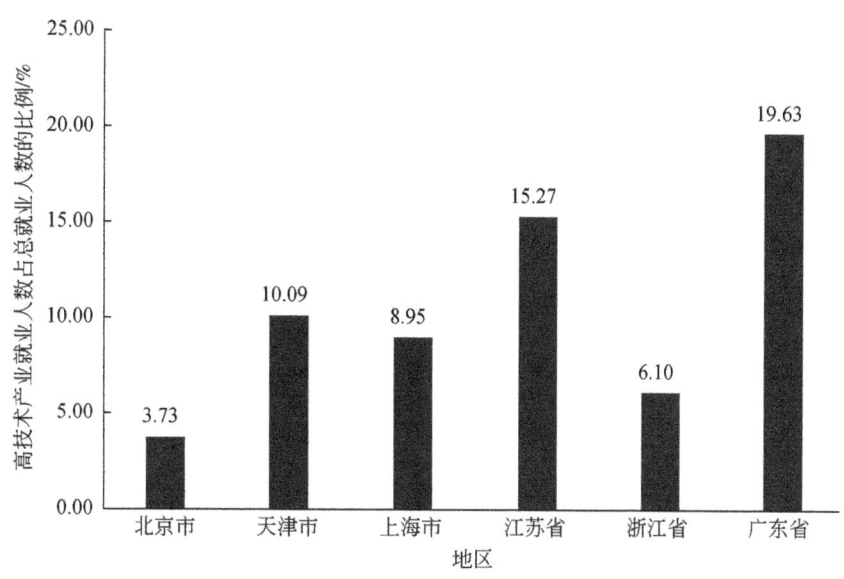

图 10-6 2014 年高技术产业就业人数占总就业人数的比例比较

(2) 各地区对科学技术的重视

从整体来讲，地区研发经费内部支出总额如图 10-7 所示，江苏省最高，广东省紧随其后，北京市列第三位，三省（市）排位也与区域创新能力的排名相符合。R&D 人员情况如图 10-8 所示，广东省最高，江苏省紧随其后，浙江省排位第三；受地区规模与人口数量影响，三个直辖市数量相对较少，其中北京市人员最多，与高校、科研机构的云集密不可分，这也使得 R&D 经费占 GDP 的比例北京市领先较多，如图 10-9 所示。从科技服务业从业人员及其占第三产业从业人员的比例来看，如图 10-10 和图 10-11 所示，北京市也处于优势领先地位。

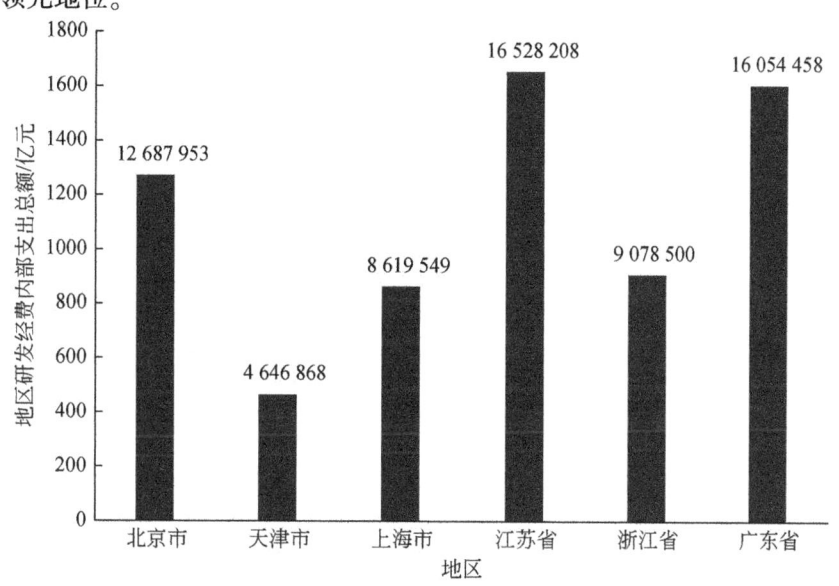

图 10-7 2014 年地区研发经费内部支出比较

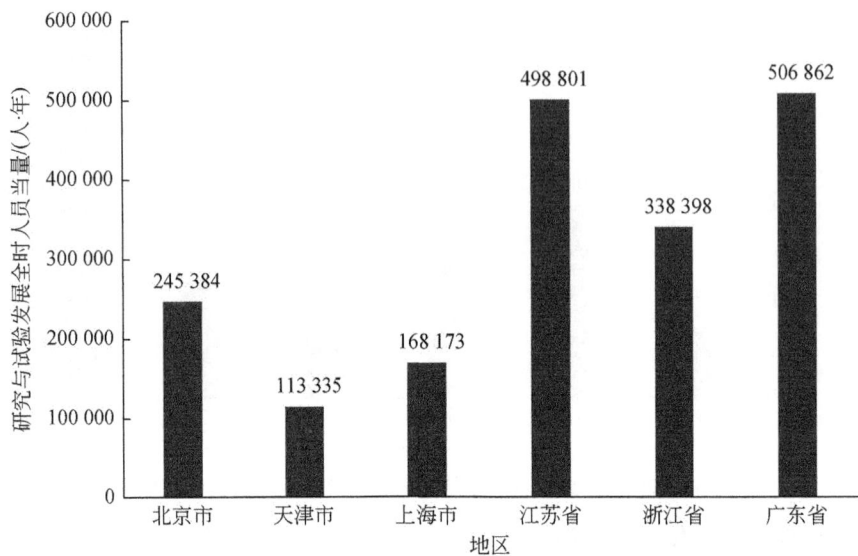

图 10-8 2014 年研究与试验发展全时人员当量比较

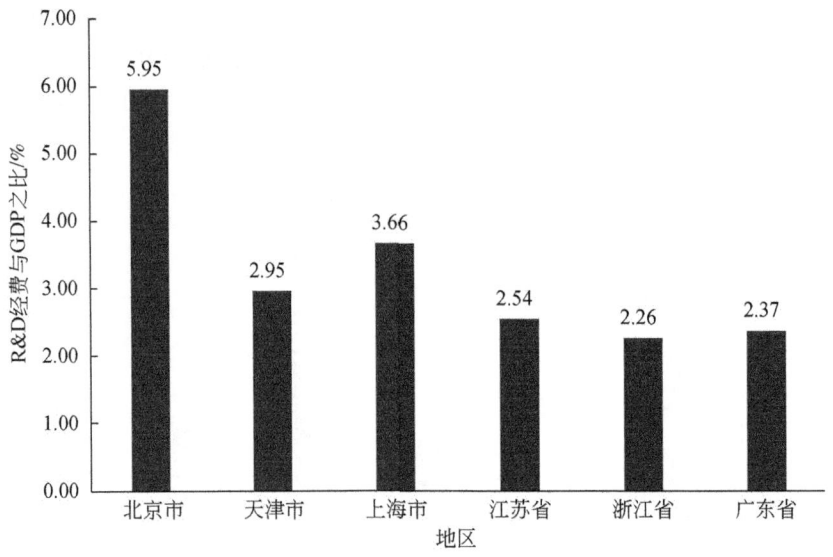

图 10-9 2014 年 R&D 经费与 GDP 之比的比较

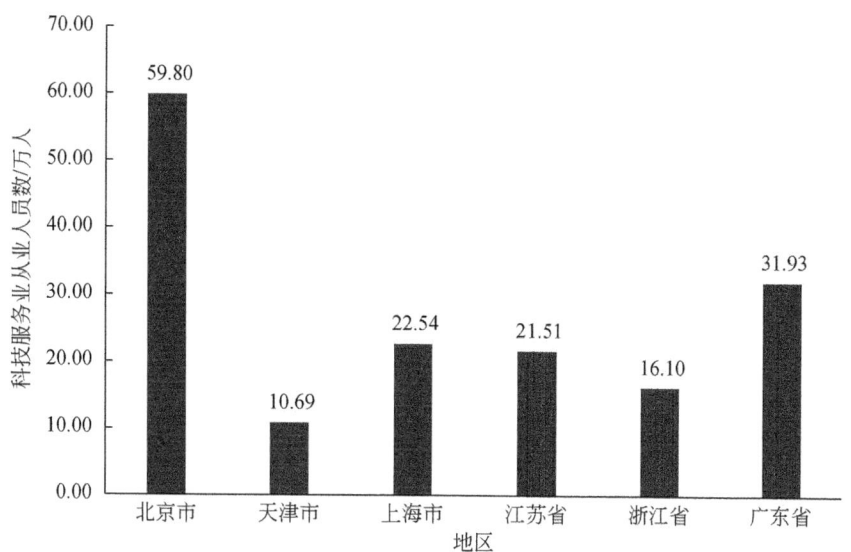

图 10-10 2014 年科技服务业从业人员数比较

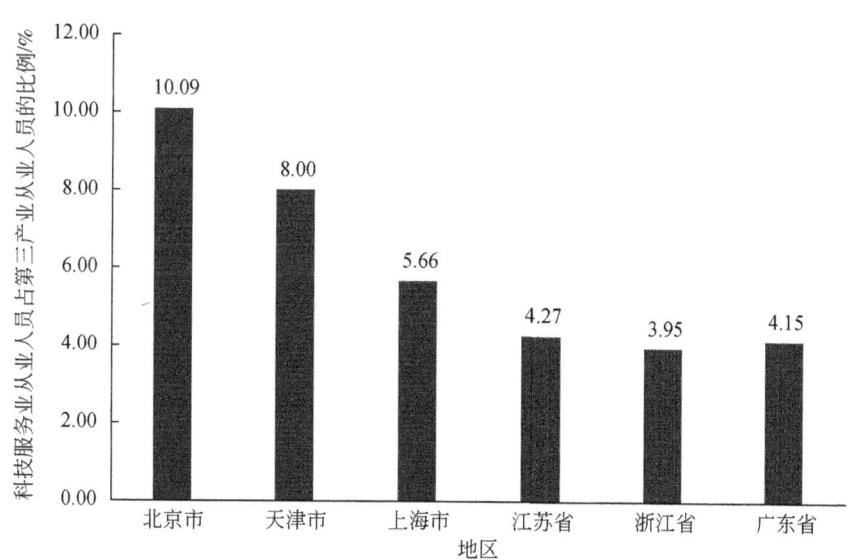

图 10-11 2014 年科技服务业从业人员占第三产业从业人员的比例比较

对科学技术与研究的重视，势必会反映到发明专利的授权上，如图 10-12 所示，北京市、广东省、江苏省位列前三名，其中北京市最多。天津市授权数与其他五省（市）差距较大。但是人均之后，排名发生变化，除北京市的明显优势之外，上海市上升为第二位，如图 10-13 所示。

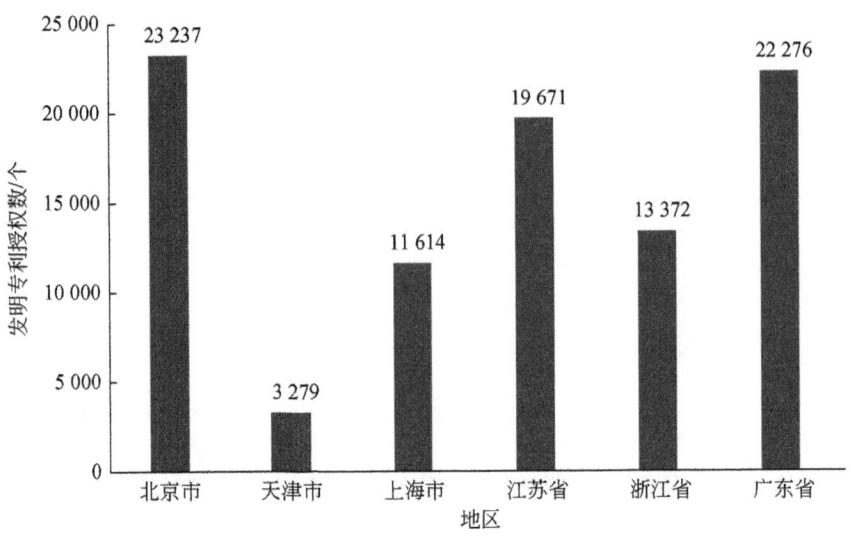

图 10-12 2014 年发明专利授权数比较

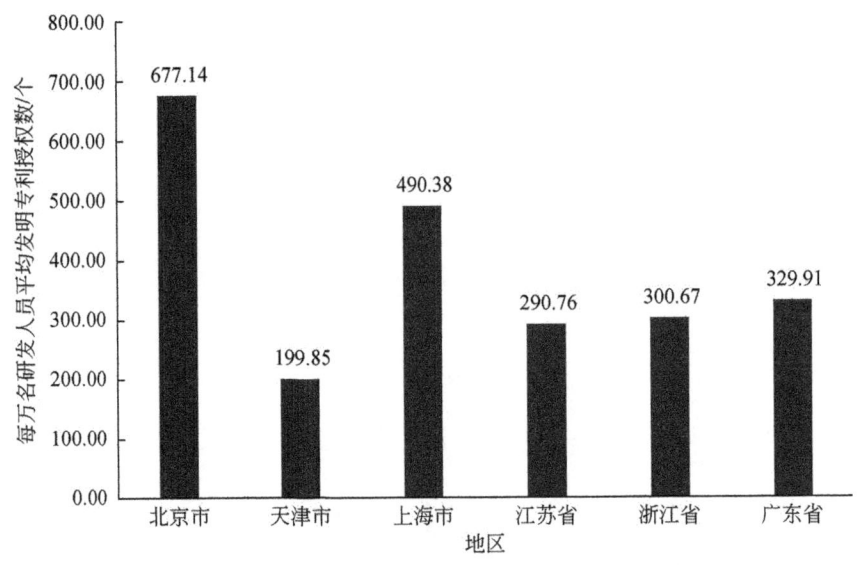

图 10-13 2014 年每万名研发人员平均发明专利授权数比较

从政府层面来讲，在教育支出方面，如图 10-14 所示，同样是广东省和江苏省领先；在科学技术支出方面，如图 10-15 所示，江苏省最高，北京市、广东省、上海市、浙江省也都紧随其后，相差并不太多，只有天津市较为落后，有待进一步加强对科学技术的投入；在政府研发投入方面，北京市因为具有优势科技资源、总部经济、中央企业引领等特征，政府投入优势明显，占 GDP 的比例也自然远高于其他省（市），如图 10-16 和图 10-17 所示。

第10章 六省（市）创新驱动发展若干指数分析比较

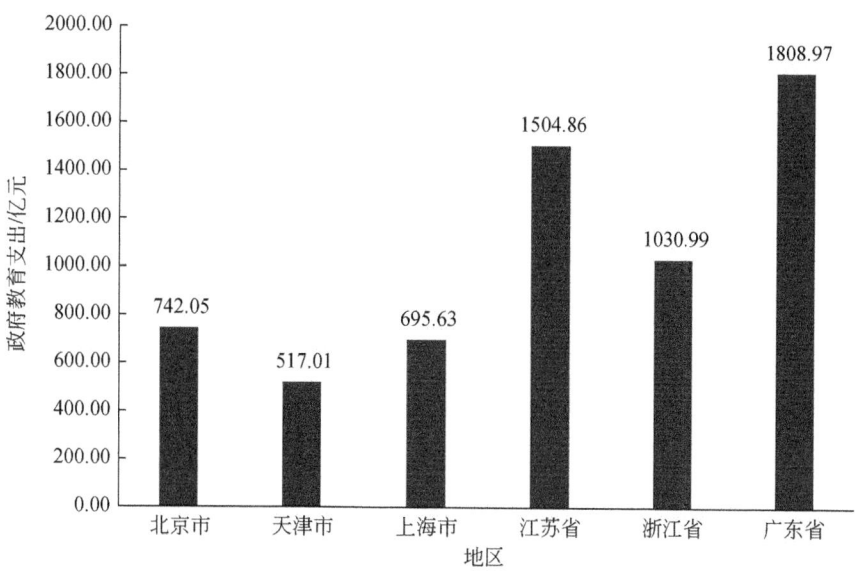

图 10-14　2014 年政府教育支出比较

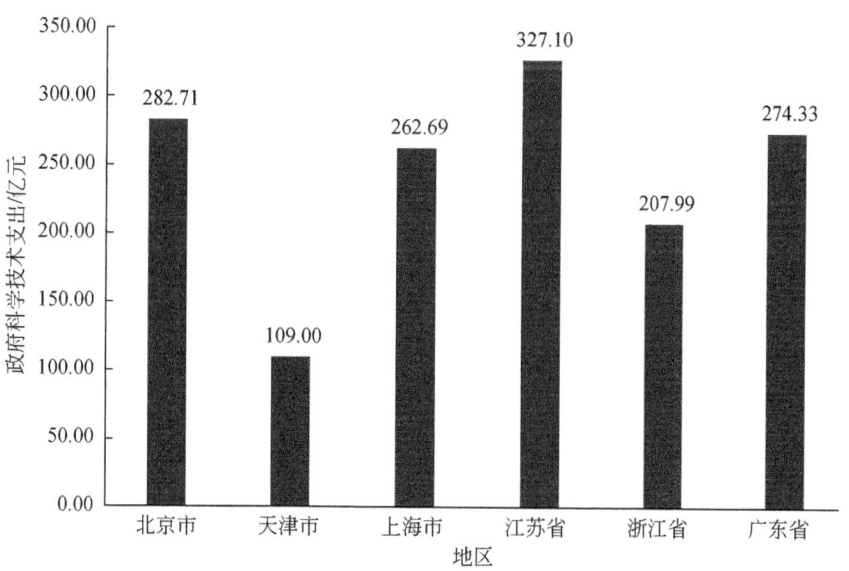

图 10-15　2014 年政府科学技术支出比较

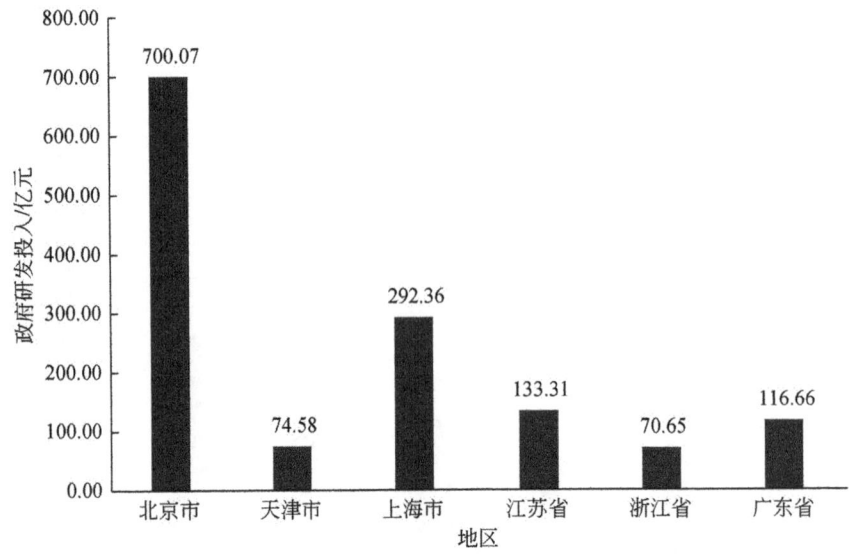

图 10-16 2014 年政府研发投入比较

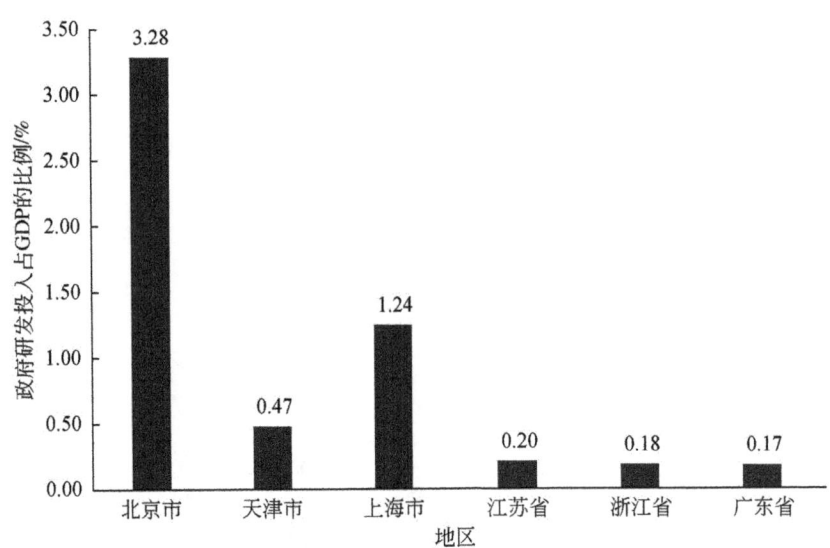

图 10-17 2014 年政府研发投入占 GDP 的比例比较

从企业层面来讲，如图 10-18 所示，规模以上工业企业的数量江苏省最多，这也奠定了其雄厚的制造业工业大省的基础和实力，其次是广东省和浙江省。北京市由于中央部属和地方规划，工业企业、传统企业外迁等，数量最少。

图 10-19 和图 10-20 更加清晰地显示出各区域工业企业对研发活动的重视程度。江苏省规模以上工业企业有研发机构的企业数量和比例遥遥领先，这也恰恰解释了江苏省区域创新能力持续多年保持全国第一的一个重要原因。

第10章 六省（市）创新驱动发展若干指数分析比较

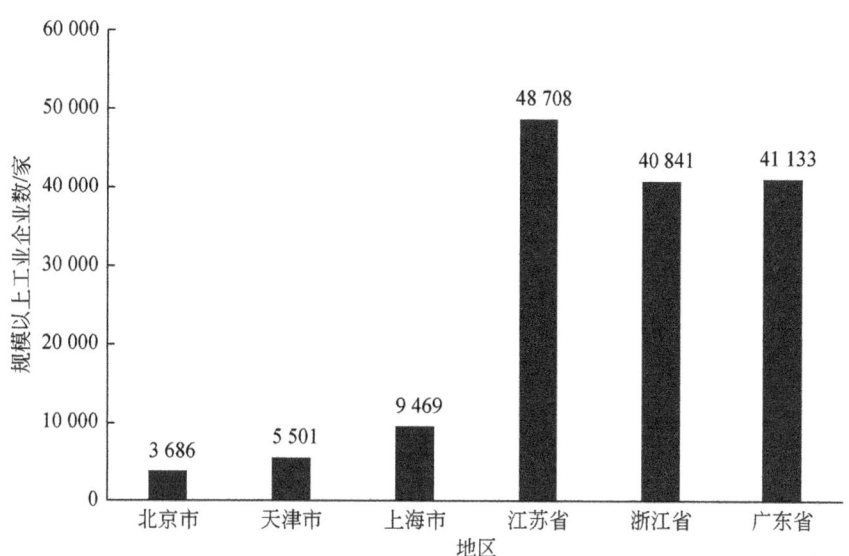

图 10-18　2014 年规模以上工业企业数比较

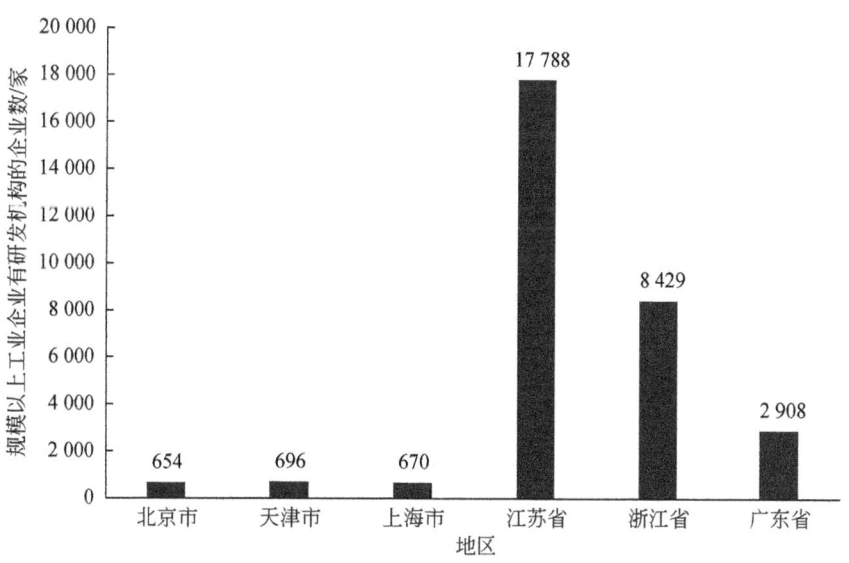

图 10-19　2014 年规模以上工业企业有研发机构的企业数比较

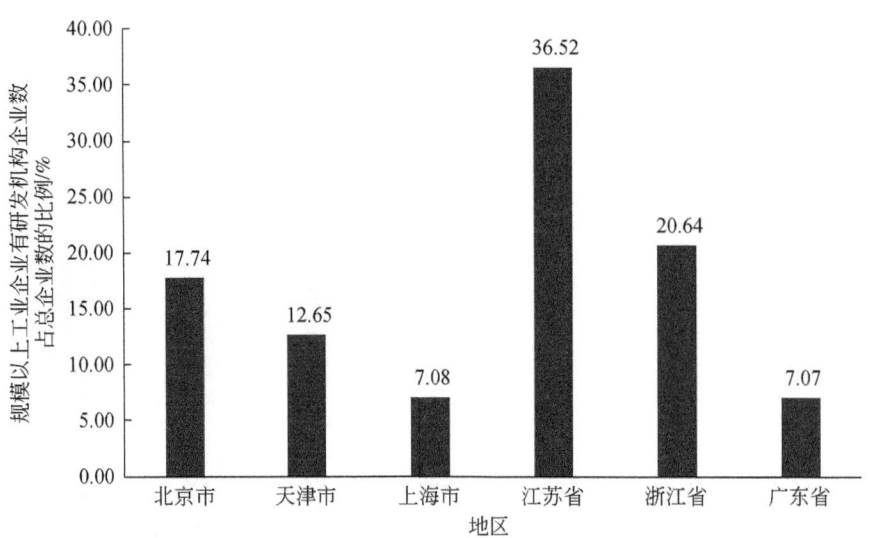

图 10-20　2014 年规模以上工业企业有研发机构企业数占总企业数的比例比较

在企业研发活动经费支出方面，如图 10-21 所示，总量上也是江苏省最多，其次是广东省，比较可看，广东省虽然设有研发机构的企业数量比江苏省少很多，但是研发活动经费却不相上下，足见广东省企业研发比较集中，一些大企业非常重视研究开发。而江苏省的研发效率有待进一步提高。对于研发活动经费占销售收入的比例，如图 10-22 所示，六省（市）比例都很低，均处于 1% 左右，也从侧面反映出全国的研发活动经费支出占销售收入的比例都是亟待提高的地方。

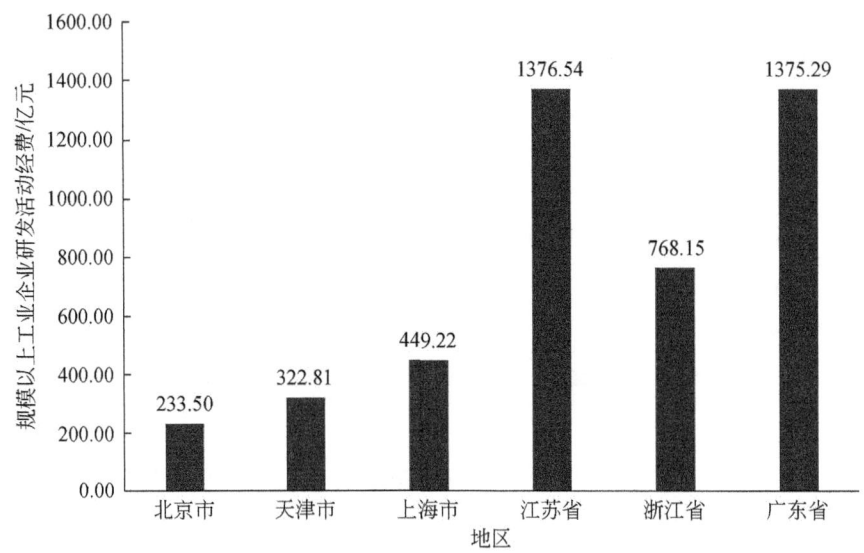

图 10-21　2014 年规模以上工业企业研发活动经费比较

第 10 章 六省（市）创新驱动发展若干指数分析比较

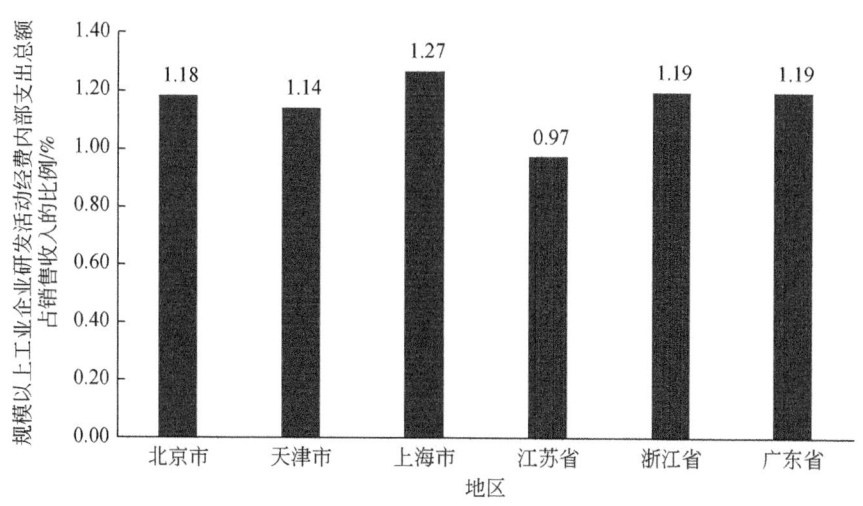

图 10-22　2014 年规模以上工业企业研发活动经费内部支出总额占销售收入的比例比较

企业新产品销售收入也能够反映出地区和企业的创新发展，如图 10-23～图 10-25 所示，江苏省是工业、制造业大省，因此企业主营业务收入和新产品销售收入的总量也都排在前列，其次是广东省，但占比上均被浙江省超越。三个直辖市中，上海市的指标情况高于北京市和天津市。

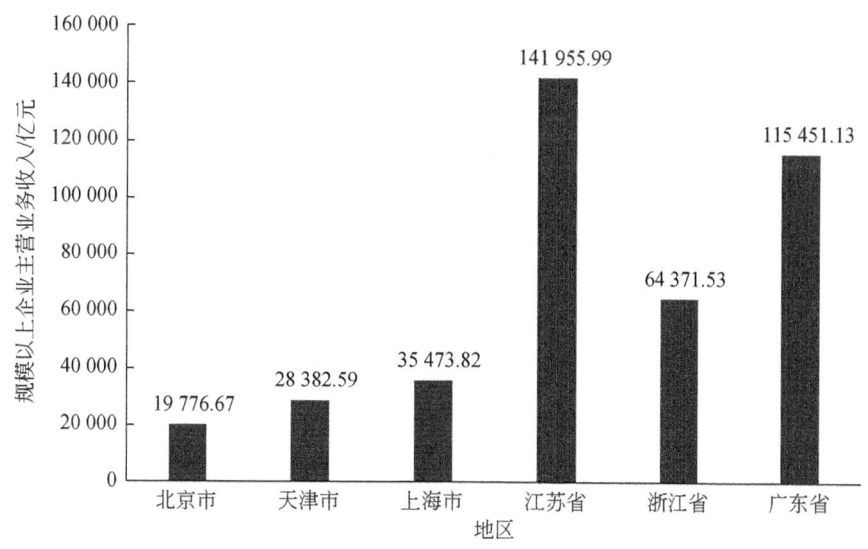

图 10-23　2014 年规模以上工业企业主营业务收入比较

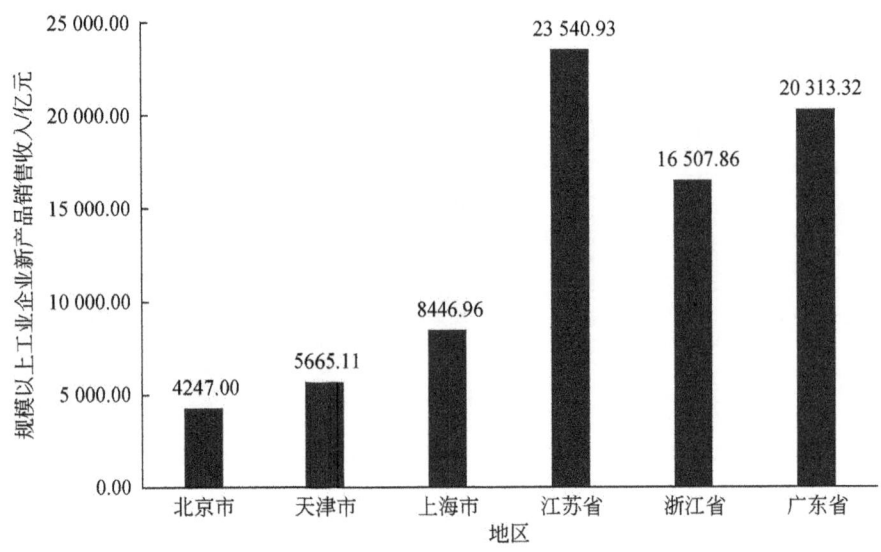

图 10-24　2014 年规模以上工业企业新产品销售收入比较

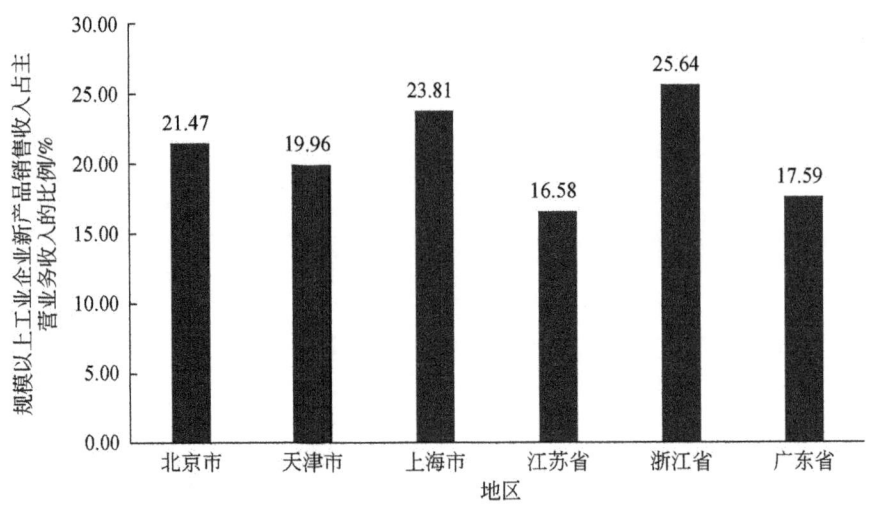

图 10-25　2014 年规模以上工业企业新产品销售收入占主营业务收入的比例比较

从高技术企业的情况来看，如图 10-26 所示，北京市高技术企业占规模以上工业企业数量的比例最高，其次是广东省。但从总体数量来看，依旧是广东省和江苏省为前两名，如图 10-27 和图 10-28 所示。

(3) 产学研合作情况

根据高校和科研院所研发经费内部支出额中来自企业资金的比例指标来看，天津市最高，其次是浙江省、江苏省、广东省和上海市，北京市最少。

第 10 章 六省（市）创新驱动发展若干指数分析比较

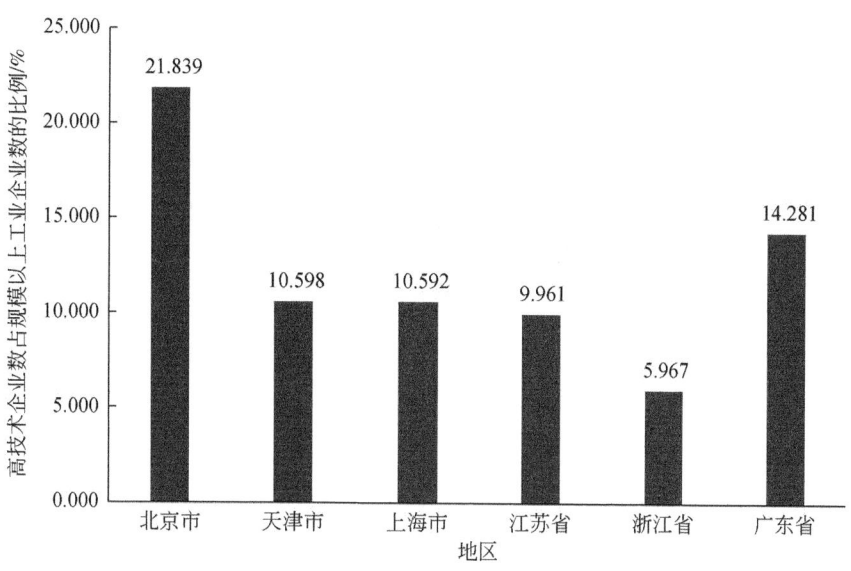

图 10-26　2014 年高技术企业数占规模以上工业企业数的比例比较

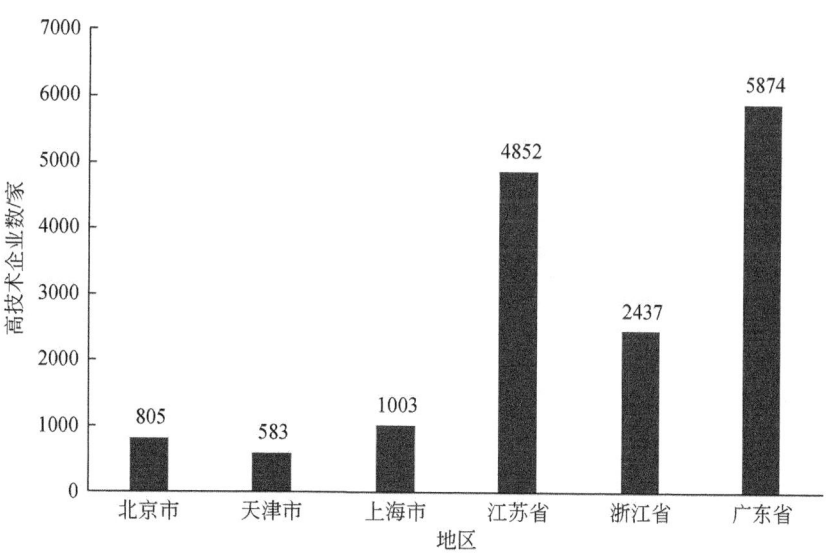

图 10-27　2014 年高技术企业数比较

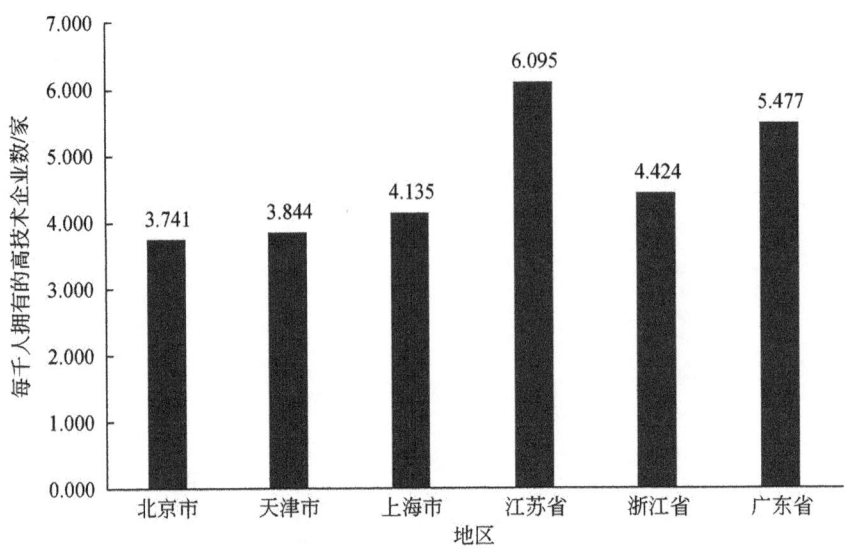

图 10-28　2014 年每千人拥有的高技术企业数比较

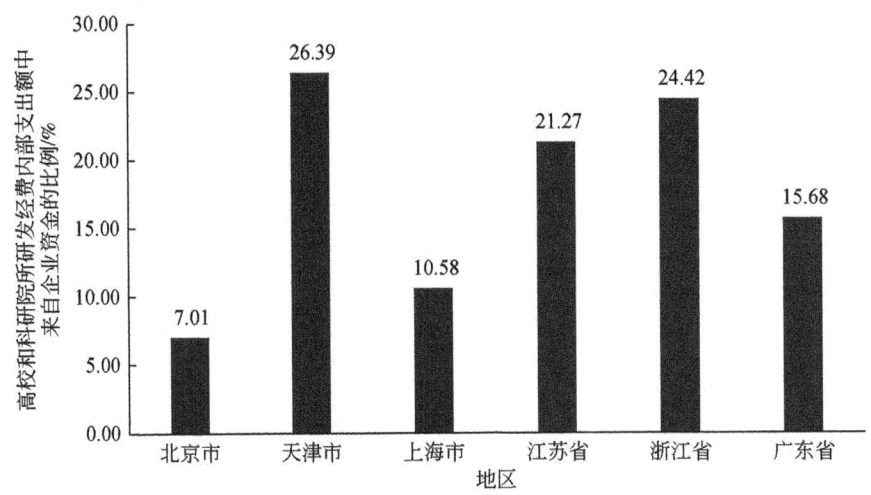

图 10-29　2014 年高校和科研院所研发经费内部支出额中来自企业资金的比例比较

(4) 对新兴技术的关注和参与

前沿地区对新技术的关注和参与也能够反映出一个地区对创新驱动发展、创新能力提升的重视和持续性。如图 10-30～图 10-33 所示，从科技企业孵化器数量、创投风险金额、电子商务活动企业数量等指标可以看出，科技孵化器数量江苏省最多，企业实力和基础雄厚；北京市企业孵化器获得风险投资额最多，作为首都对风险投资的吸引力较大；有电子商务交易活动的企业数浙江省最多，阿里巴巴等起到了带动作用；有电子商务交易活动的企业数占比北京市和浙江省最多。

第 10 章 | 六省（市）创新驱动发展若干指数分析比较

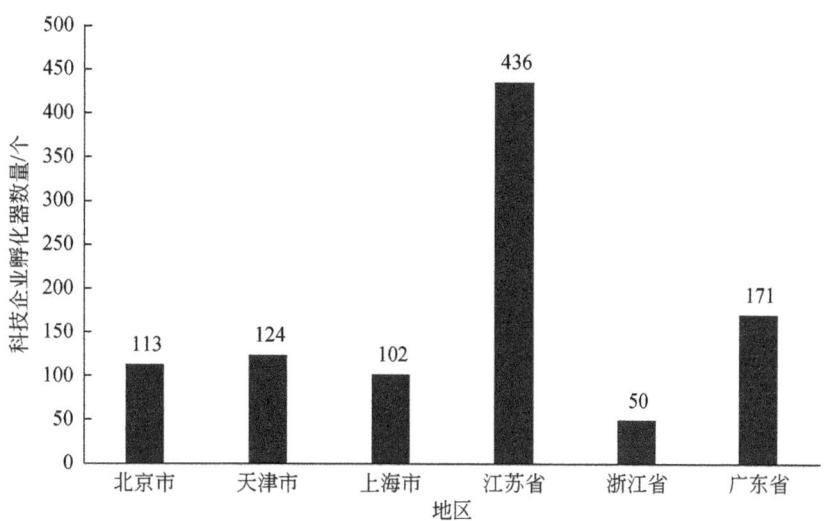

图 10-30　2014 年科技企业孵化器数量比较

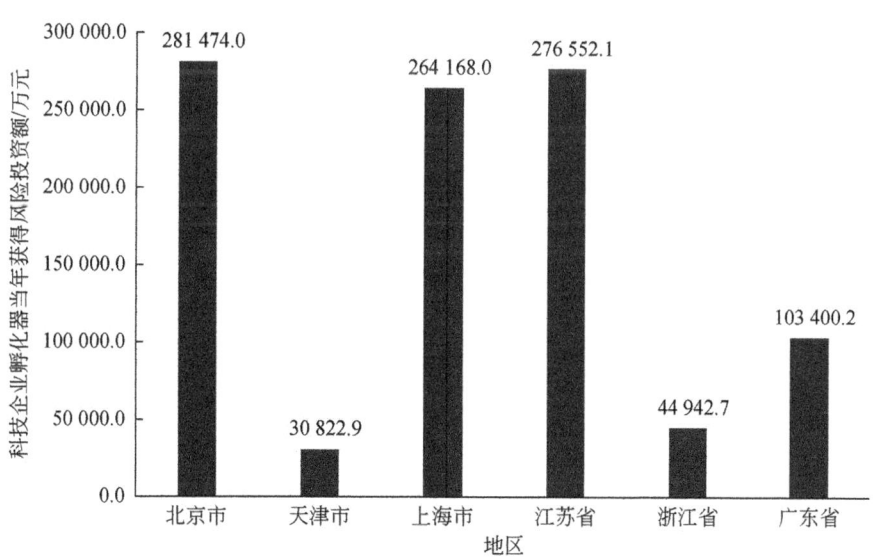

图 10-31　2014 年科技企业孵化器当年获得风险投资额比较

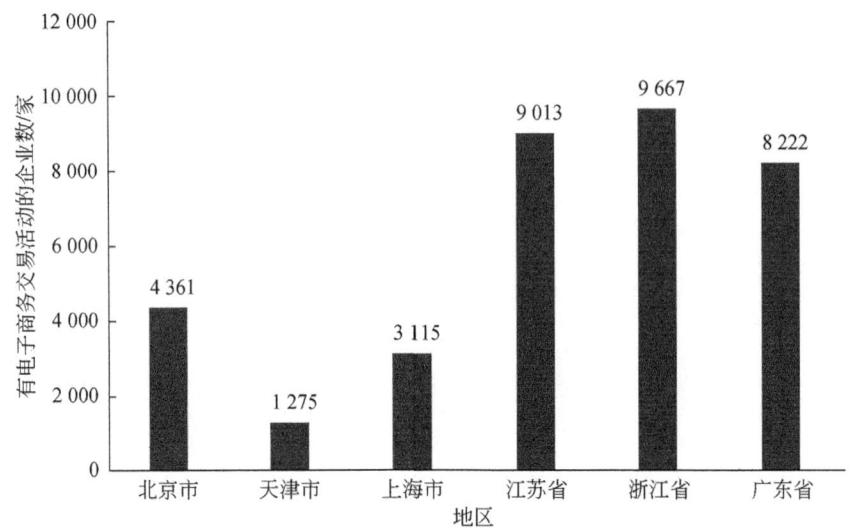

图 10-32　2014 年有电子商务交易活动的企业数比较

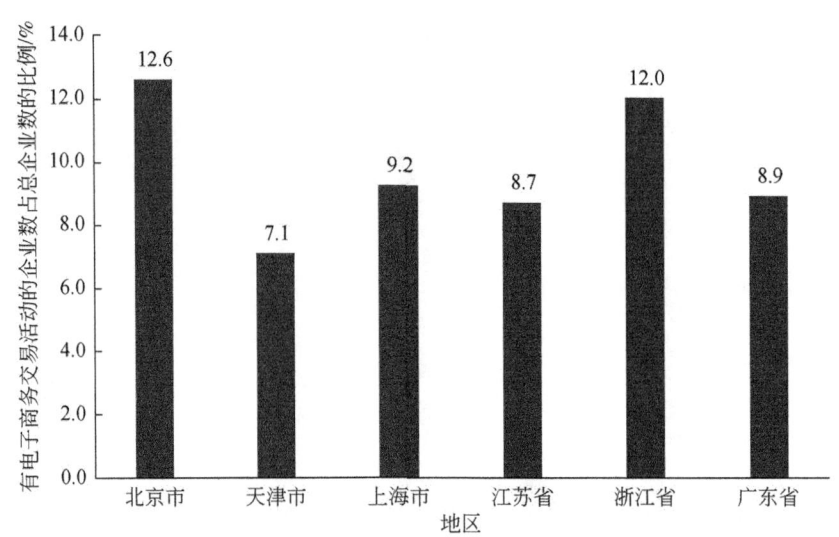

图 10-33　2014 年有电子商务交易活动的企业数占总企业数的比例比较

通过对六省（市）创新能力基本指标的比较，可以看出，江苏、广东两省的大多数指标都排在前列，呈现引领形势。直辖市中，北京市指标情况要明显优于上海市和天津市。值得注意的是，天津市绝大多数指标都排位垫后，天津市应该借鉴其他省（市）经验，加强对创新驱动发展的重视，快速提升区域创新能力。

10.2 中国企业 500 强在六省（市）的分布

在由中国企业联合会、中国企业家协会主办的 2016 中国企业 500 强发布暨中国大企业高峰会上发布了 2016 中国企业 500 强及其分析报告，参照国际上通行的做法，该报告以 2015 年企业营业收入为入围标准，经专家委员会审定，推出了 2016 中国企业 500 强。2016 年中国企业 500 强在北京市、天津市、江苏省、浙江省、广东省、上海市六省（市）的数量分布如图 10-34 所示，北京市以 101 家的绝对优势取得第一名，这 101 家 500 强中大国有企业占据了主要地位。江苏省、浙江省、广东省三省 500 强企业数基本持平，位居第二梯队。

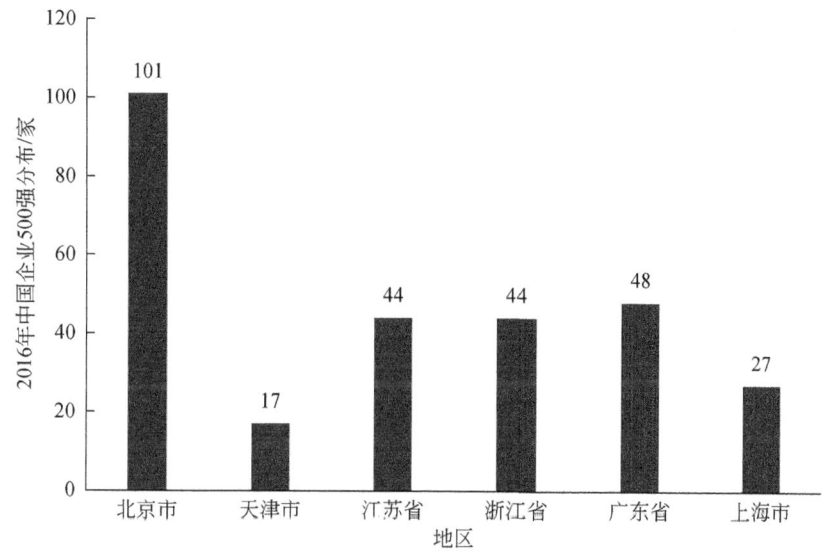

图 10-34　2016 年中国企业 500 强分布比较

分省数据详细情况见表 10-1～表 10-6。

表 10-1　北京市入围中国企业 500 强企业前十名

地区	名次	企业名称	所属行业	营业收入/万元
北京市	1	国家电网公司	能源（含电力、热力、燃气等）供应、开发、减排及再生循环服务业	207 134 945
北京市	2	中国石油化工集团公司	石化产品、炼焦及其他燃料加工业	204 727 191
北京市	3	中国石油天然气集团公司	石油、天然气开采及生产业	201 675 666
北京市	4	中国工商银行股份有限公司	银行业	107 983 800
北京市	5	中国建设银行股份有限公司	银行业	92 587 800
北京市	6	中国建筑股份有限公司	建筑业	88 057 713
北京市	7	中国农业银行股份有限公司	银行业	83 376 600

续表

地区	名次	企业名称	所属行业	营业收入/万元
北京市	8	中国银行股份有限公司	银行业	76 922 200
北京市	10	中国移动通信集团公司	电信、邮寄、速递等服务业	67 092 753
北京市	12	中国人寿保险（集团）公司	人寿保险业	63 644 438

表10-2　天津市入围中国企业500强企业前十名

地区	名次	企业名称	所属行业	营业收入/万元
天津市	26	天津物产集团有限公司	生产资料内外贸易批发、零售业	40 366 194
天津市	119	天津中环电子信息集团有限公司	通信器材及设备、元器件制造业	12 152 383
天津市	121	天津百利机械装备集团有限公司	电力、电气等设备、机械、元器件及线缆制造业	11 866 099
天津市	129	天津渤海化工集团有限责任公司	化学原料及化学制品制造业	11 008 975
天津市	136	天津渤海轻工投资集团有限公司	生活消费品加工制造业	10 381 541
天津市	239	天津荣程祥泰投资控股集团有限公司	黑色冶金及压延加工业	5 503 839
天津市	250	天津泰达投资控股有限公司	房地产开发与经营、物业及房屋装饰、修缮、管理等服务业	5 229 092
天津市	256	天津一商集团有限公司	商业零售业及连锁超市	5 100 903
天津市	298	渤海银行股份有限公司	银行业	4 374 434
天津市	336	天津纺织集团（控股）有限公司	生活消费品内外批发及商贸业	3 881 846

表10-3　江苏省入围中国企业500强企业前十名

地区	名次	企业名称	所属行业	营业收入/万元
江苏省	19	太平洋建设集团有限公司	建筑业	45 905 631
江苏省	35	苏宁控股集团有限公司	电器商贸批发、零售业	35 028 812
江苏省	65	恒力集团有限公司	化学纤维制造业	21 207 961
江苏省	69	江苏沙钢集团有限公司	黑色冶金及压延加工业	20 582 346
江苏省	130	三胞集团有限公司	软件、程序、计算机应用、网络工程等计算机、微电子服务业	10 806 963
江苏省	143	江苏悦达集团有限公司	汽车及零配件制造业	10 181 297
江苏省	149	中天钢铁集团有限公司	黑色冶金及压延加工业	10 016 316
江苏省	167	盛虹控股集团有限公司	化学纤维制造业	8 180 421
江苏省	174	协鑫（集团）控股有限公司	综合制造业	7 978 687
江苏省	187	徐州工程机械集团有限公司	工程机械、设备及零配件制造业	7 394 093

表 10-4 浙江省入围中国企业 500 强企业前十名

地区	名次	企业名称	所属行业	营业收入/万元
浙江省	87	物产中大集团股份有限公司	生产资料内外贸易批发、零售业	18 257 322
浙江省	99	浙江吉利控股集团有限公司	汽车及零配件制造业	16 530 399
浙江省	108	海亮集团有限公司	一般有色冶金及压延加工业	14 016 131
浙江省	123	万向集团公司	汽车及零配件制造业	11 535 989
浙江省	146	阿里巴巴集团控股有限公司	信息、传媒、电子商务、网购、娱乐等互联网服务业	10 114 300
浙江省	160	广厦控股集团有限公司	建筑业	8 971 015
浙江省	162	青山控股集团有限公司	黑色冶金及压延加工业	8 768 949
浙江省	170	浙江荣盛控股集团有限公司	化学纤维制造业	8 060 568
浙江省	172	浙江省兴合集团有限责任公司	综合性内外商贸及批发、零售业	8 019 763
浙江省	175	浙江恒逸集团有限公司	化学纤维制造业	7 940 567

表 10-5 广东省入围中国企业 500 强企业前十名

地区	名次	企业名称	所属行业	营业收入/万元
广东省	9	中国平安保险（集团）股份有限公司	综合保险业	69 322 000
广东省	17	华润（集团）有限公司	多元化投资控股、商务服务业	48 122 063
广东省	18	中国南方电网有限责任公司	能源供应、开发、减排及再循环服务业	46 942 579
广东省	27	华为技术有限公司	通信器材及设备、元器件制造业	39 500 900
广东省	39	招商银行股份有限公司	银行业	30 384 300
广东省	40	正威国际集团有限公司	一般有色冶金及压延加工业	30 036 385
广东省	64	广州汽车工业集团有限公司	汽车及零配件制造业	21 643 680
广东省	78	万科企业股份有限公司	房地产开发与经营、物业及房屋装饰、修缮、管理等服务业	19 554 913
广东省	110	美的集团股份有限公司	家用电器及零配件制造业	13 844 123
广东省	112	恒大地产集团有限公司	房地产开发与经营、物业及房屋装饰、修缮、管理等服务业	13 313 000

表 10-6 上海市入围中国企业 500 强企业前十名

地区	名次	企业名称	所属行业	营业收入/万元
上海市	11	上海汽车集团股份有限公司	汽车及零配件制造业	67 044 822
上海市	33	交通银行股份有限公司	银行业	35 798 543
上海市	49	上海浦东发展银行股份有限公司	银行业	26 413 400
上海市	50	中国华信能源有限公司	矿产、能源内外商贸批发业	26 315 060

续表

地区	名次	企业名称	所属行业	营业收入/万元
上海市	52	中国太平洋保险（集团）股份有限公司	保险业	24 720 200
上海市	57	宝钢集团有限公司	黑色冶金及压延加工业	23 005 904
上海市	59	中国远洋海运集团有限公司	水上运输业	22 426 441
上海市	67	绿地控股集团股份有限公司	房地产开发与经营、物业及房屋装饰、修缮、管理等服务业	20 725 659
上海市	105	光明食品（集团）有限公司	食品业	14 755 461
上海市	114	上海烟草集团有限责任公司	烟草加工业	13 183 197

10.3 中国创业板企业在六省（市）的分布

创业板，又称二板市场即第二股票交易市场，是与主板市场不同的一类证券市场，专为暂时无法在主板上市的创业型企业、中小企业和高科技产业企业等需要进行融资和发展的企业，提供融资途径和成长空间的证券交易市场。通过创业板企业数可以看出一个区域的创业氛围是否浓厚。根据对万德数据库 2016 年发布的创业板统计数据整理，广东省创业板企业有 143 家，居于各省（市）首位，创业氛围浓厚，如图 10-35 所示。

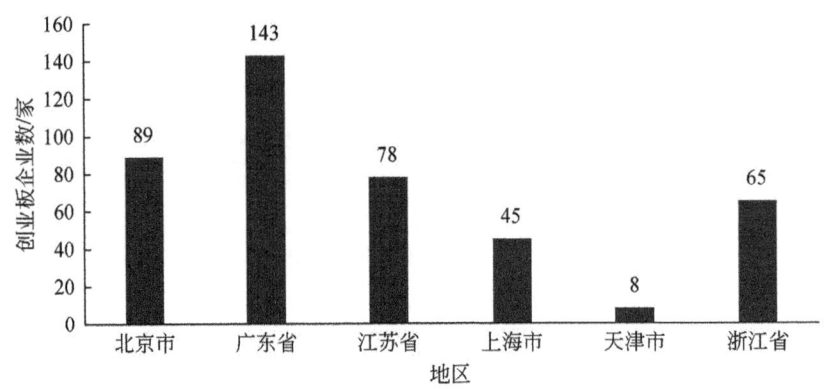

图 10-35 六省（市）创业板企业数比较

10.4 中国大陆创新企业百强在六省（市）的分布

2016 年 12 月 8 日，为了寻找并研究中国企业的创新引领者，展示中国企业在创新上的成绩，全球领先的智能信息服务机构——科睿唯安（原汤森路透知识产权与科技事业部）首次发布了《2016 年中国大陆创新企业百强》报告。作为全球最具影响力的智能信息服务机构，科睿唯安已经连续 5 年发布"全球创新百强机构"榜单。该榜单有着广泛的影响力,成为衡量一个企业国际市场竞争力的一个指标,同时该榜单亦被众多权威学术机构及企业引用参考。"2016年中国大陆创新企业百强"榜单聚焦中国,是对创新企业不断突破、激活全球经济行动给予肯定和鼓励。着眼未来,企业创新必将成为中国未来发展的最主要驱动力之一。而重视研发与创新,掌握突破性创新技术,并利用知识产权保护其发明成果,在国内国际市场做好专利布局的公司,将会在商业世界中领先一步,更将引领中国产业未来的发展方向。

评选标准包括四个要素:发明总量、专利授权率、全球化和影响力。

专利指标:报告采集的是德温特世界专利索引(Derwent world patents index,DWPI)和德温特专利索引(Derwent patents citation index,DPCI)数据库所收录的,公开日期在2011~2015年的专利数据。榜单评选范围仅限于中国大陆地区,不含香港、澳门和台湾地区。

全球化指标:通过揭示企业为其创新成果在全球范围内寻求专利保护的程度,间接反映企业创新成果的价值。从这一指标分析,中国大陆企业将创新成果保护工作的中心放在了国内市场,但也有些企业在全球化方面表现不俗,如华为和阿里巴巴。

影响力指标:该指标衡量的是企业创新成果在企业外部产生的影响。该指标前20位的企业分别来自14个不同行业,除计算机软件、家用电器、汽车、电信服务和通信设备等大量涌现高影响力创新成果的行业之外,还涉及建筑与工程、石油化工等传统行业,但并未有某个行业的企业体现出明显的影响力优势。

报告发现:"2016年中国大陆创新企业百强"所在行业分布广泛,上榜的100家企业来自23个不同行业,有传统的金属原材料与电力行业,也有新兴的电信服务和媒体与互联网等行业。其中,汽车行业上榜企业最多,共10家。值得一提的是,新能源车和无人驾驶及人车交互等新技术领域表现抢眼。紧随其后的是家用电器行业和电力生产与供应行业,分别有8家企业上榜。上榜企业在地域上较为集中,来自全国15个省(市)(以企业总部所在地计),这些省(市)主要在中国东部地区。北京市以43家上榜企业数名列首位,可谓创新企业的半壁江山。广东省有21家企业上榜,名列第二;华东地区的上海市、山东省、江苏省、浙江省、安徽省五个省(市)均有企业入围榜单,如图10-36和图10-37所示,具体列表见表10-7~表10-11。

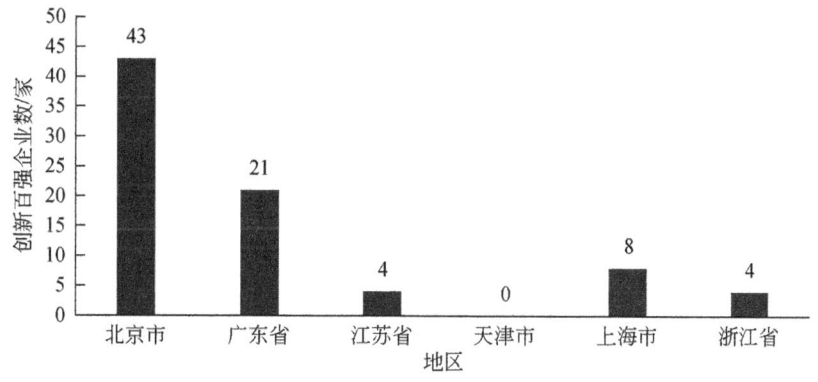

图10-36 六省(市)2016年中国大陆创新百强企业数量比较

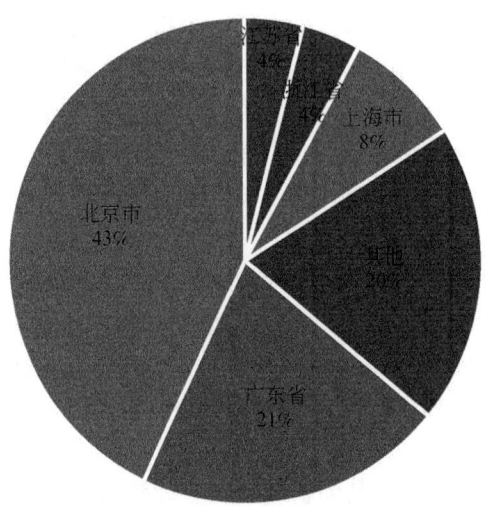

图 10-37 六省（市）创新百强企业分布图

注：天津市创新百强企业为 0

北京市创新百强企业（排名不分先后）：

北京市共有创新百强企业 43 家，排名全国第一，来自 16 个行业，主要集中在电力、计算机、材料、石化等领域，除国家电网、中国移动等大国有企业之外，百度、奇虎 360、小米等互联网企业创新表现也很优秀。

表 10-7 2016 年北京市拥有的中国大陆创新百强企业

企业名称	所属行业	企业名称	所属行业
中国国电	电力技术与设备	中国建筑	建筑与工程
国家电投	电力生产与供应	中国铁建	建筑与工程
国家电网	电力生产与供应	中国中铁	建筑与工程
汉能控股集团	电力生产与供应	首钢	金属原材料
神华集团	电力生产与供应	有研总院	金属原材料
中核集团	电力生产与供应	中国铝业	金属原材料
中国移动	电信服务	中冶集团	金属原材料
北京电控	电子元器件	百度	媒体与互联网
中国电子	电子元器件	奇虎360	媒体与互联网
中材集团	非金属材料	小米	媒体与互联网
中国建材集团	非金属材料	中船重工	其他运输设备
航天科工	航空航天	中国中车	其他运输设备
航天科技集团	航空航天	北汽集团	汽车
中航工业	航空航天	中国海油	石油化工
国机集团	机械制造	中国化工	石油化工
中国兵工集团	机械制造	中国石化	石油化工

续表

企业名称	所属行业	企业名称	所属行业
中国兵装集团	机械制造	中国石油	石油化工
方正集团	计算机软件	中化集团	石油化工
汉王	计算机软件	大唐电信	通信设备
清华同方	计算机软件	中国电科	通信设备
紫光	计算机软件	华润	综合
联想控股	计算机硬件		

注：企业名称均为原榜单写法，至表10-11

广东省创新百强企业（排名不分先后）：

广东省共有创新百强企业21家，仅次于北京市，企业来自12个行业，主要集中在电力、电子、家电、通信等领域。以华为、中兴为代表的通信设备制造商和以美的、格力为代表的家用电器制造商无论是创新表现还是市场表现都很突出。

表10-8　2016年广东省拥有的中国大陆创新百强企业

企业名称	所属行业	企业名称	所属行业
大洋电机	电力技术与设备	康佳集团	家用电器
南方电网	电力生产与供应	美的	家用电器
中广核	电力生产与供应	TCL	家用电器
比克电池	电子消费品	腾讯	媒体与互联网
酷派集团	电子消费品	中集集团	其他运输设备
瑞声科技	电子消费品	比亚迪	汽车
欧菲光	电子元器件	广州无线电集团	通信设备
金发科技	非金属材料	华为	通信设备
中国联塑	非金属材料	中兴	通信设备
海洋王	辅助电力设备	天威控股	消费品
格力	家用电器		

江苏省创新百强企业（排名不分先后）：

江苏省共有创新百强企业4家，来自4个行业，包括消费品、家电、电力和机械制造领域。

表10-9　2016年江苏省拥有的中国大陆创新百强企业

企业名称	所属行业
好孩子集团	消费品
莱克电器	家用电器
天合光能	电力生产与供应
徐工集团	机械制造

上海市创新百强企业（排名不分先后）：

上海市共有创新百强企业8家，来自6个行业，有3家都来自电子元器件领域，此外汽车、金属原材料等领域也有一些优秀企业。

表 10-10　2016 年上海市拥有的中国大陆创新百强企业

企业名称	所属行业
宝钢	金属原材料
华虹集团	电子元器件
华力微电子	电子元器件
欧普照明	辅助电力设备
上海电气	电力技术与设备
上汽集团	汽车
中国商飞	航空航天
中芯国际	电子元器件

浙江省创新百强企业（排名不分先后）：

浙江省共有创新百强企业4家，来自4个行业，包括媒体与互联网、汽车、仪器仪表、辅助电力设备领域，其中全球知名创新型企业阿里巴巴就位于浙江省。

表 10-11　2016 年浙江拥有的中国大陆创新百强企业

企业名称	所属行业
阿里巴巴	媒体与互联网
吉利汽车集团	汽车
舜禹光学科技	仪器仪表
正泰	辅助电力设备

10.5　六省（市）战略性新兴产业发明专利授权量

战略性新兴产业是以重大技术突破和重大发展需求为基础，对经济社会全局和长远发展具有重大引领带动作用，知识技术密集、物质资源消耗少、成长潜力大、综合效益好的产业。温家宝2010年9月8日主持召开国务院常务会议，审议并原则通过《国务院关于加快培育和发展战略性新兴产业的决定》。会议确定了战略性新兴产业发展的重点方向、主要任务和扶持政策。从我国国情和科技、产业基础出发，现阶段选择节能环保、新一代信息技术、生物、高端装备制造、新能源、新材料和新能源汽车七个产业，在重点领域集中力量，加快推进。可以通过各个省（市）在不同战略性新兴产业的发明专利授权量大致了解各省（市）不同产业的发展情况和侧重领域。（目前政府公布的数据只更新到2014

年,其中新材料的专利数据缺失。)具体如图 10-38 ~ 图 10-43 所示,其中,从区域角度来看,发明专利授权量广东省新一代信息技术最多,高端装备制造最少;江苏省生物领域最多,高端装备制造最少;北京市新一代信息技术最多,高端装备制造最少;上海市生物领域最多,高端装备制造最少;浙江省生物领域最多,高端装备制造最少;天津市生物领域最多,新能源领域最少,可以看出,生物和新一代信息技术是各省(市)战略性新兴产业最为关注的重点领域,而高端装备制造的专利授权则几乎每个地区都排在末位。从产业角度来看,节能环保业,北京市最多,天津市最少;新一代信息技术业,广东省最多,天津市最少;生物产业,北京市最多,天津市最少;高端装备制造业,北京市最多,天津市最少;新能源产业,北京市最多,天津市最少;新能源汽车产业,北京市最多,天津市最少,可以明显看出,北京市的专利水平明显高于其他省(市),而天津市依旧排在末位。

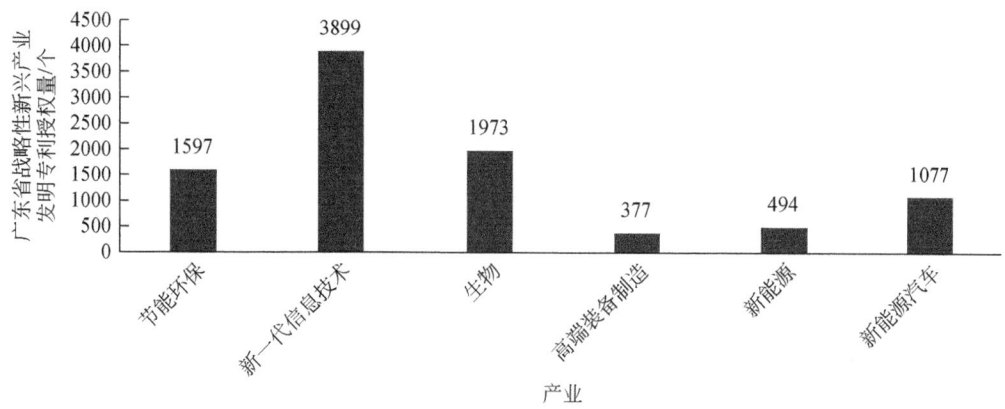

图 10-38 广东省战略性新兴产业发明专利授权量

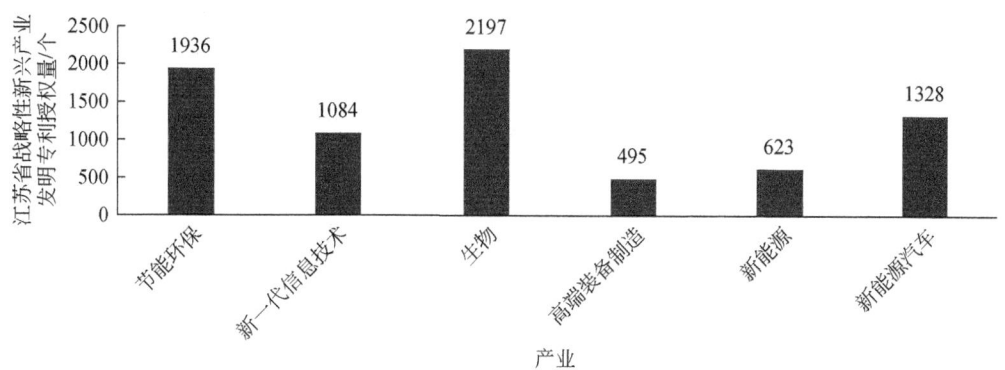

图 10-39 江苏省战略性新兴产业发明专利授权量

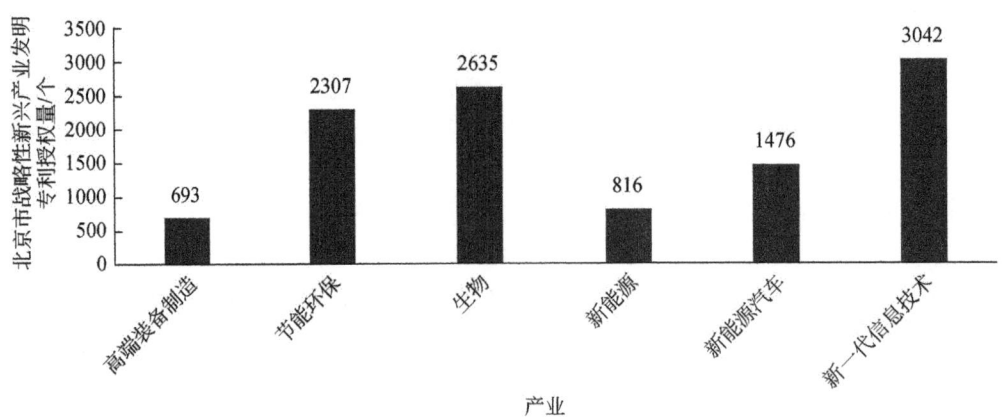

图 10-40　北京市战略性新兴产业发明专利授权量

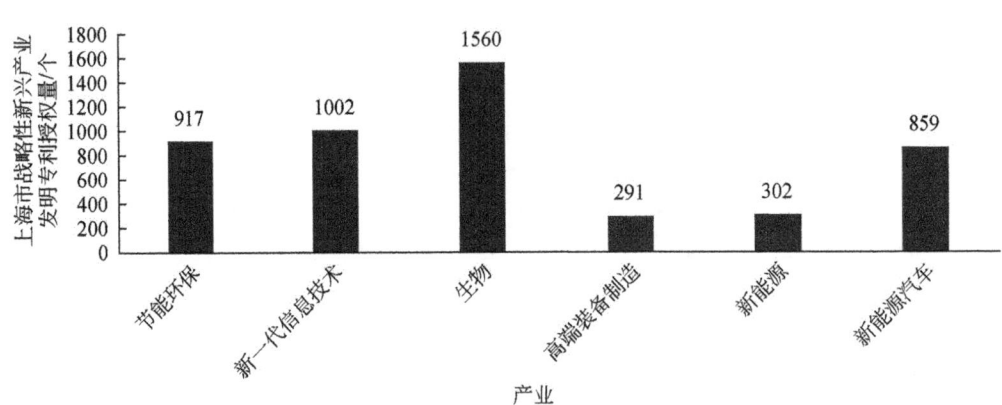

图 10-41　上海市战略性新兴产业发明专利授权量

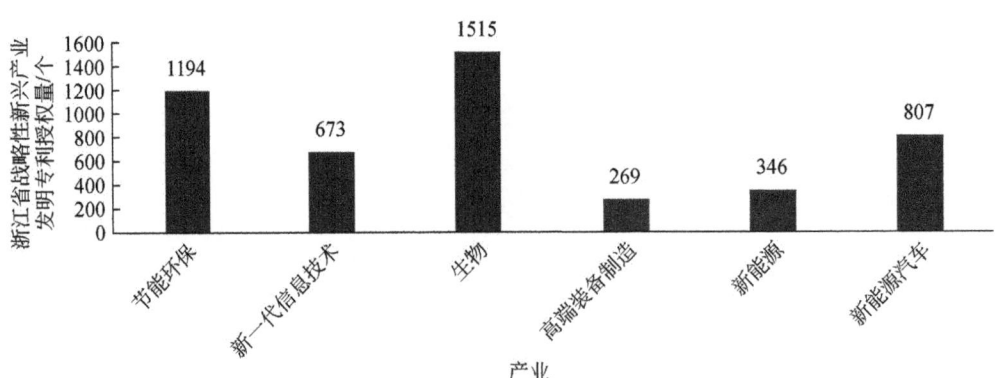

图 10-42　浙江省战略性新兴产业发明专利授权量

第10章 六省（市）创新驱动发展若干指数分析比较

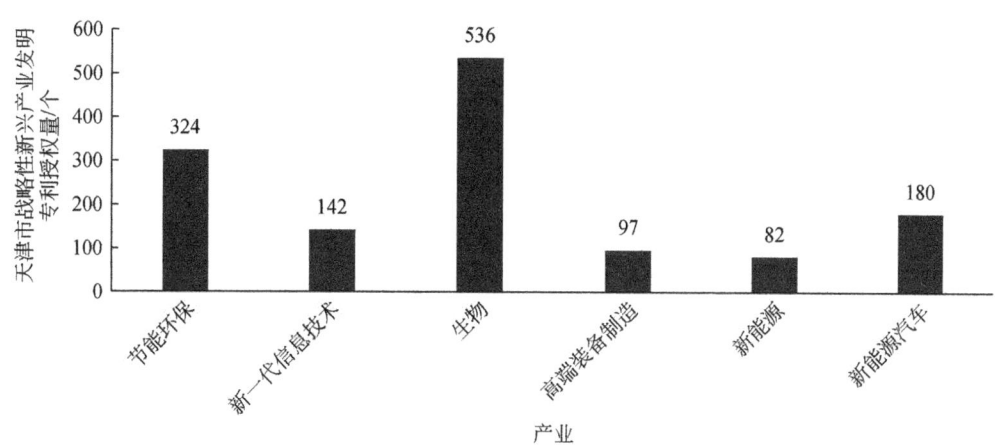

图 10-43　天津市战略性新兴产业发明专利授权量

10.6　六省（市）高校资源分布

对于六省（市）的高校资源分布情况，北京市具有明显的高校云集优势，985高校全国最多，211高校数量达到26所，占比超过全国211总数量的1/5。浙江省最少，只有浙江大学。具体情况如图10-44和表10-12所示。

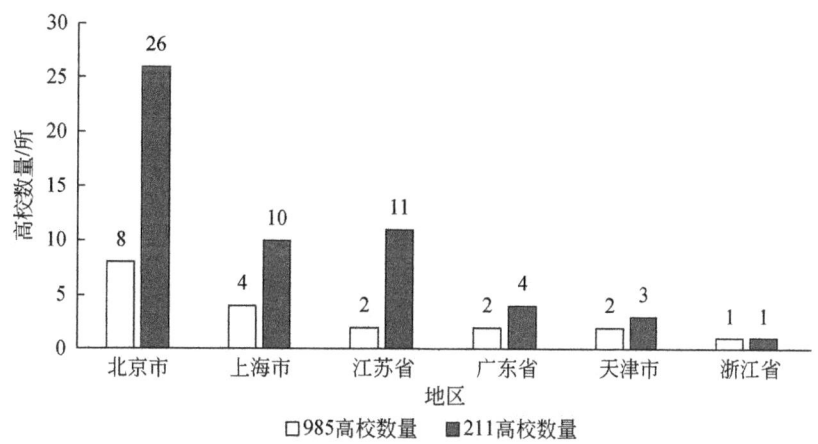

图 10-44　六省（市）985及211高校数量分布

表 10-12　百强高校分布及排名

	1 北京大学
	2 清华大学
北京市	8 中国人民大学
	19 北京师范大学
	23 北京航空航天大学

续表

上海市	4 复旦大学
	6 上海交通大学
	24 同济大学
	28 华东师范大学
	51 华东理工大学
浙江省	5 浙江大学
	87 浙江工业大学
	92 浙江师范大学
	98 杭州电子科技大学
江苏省	6 南京大学
	22 东南大学
	39 南京农业大学
	44 河海大学
	46 南京师范大学
天津市	13 南开大学
	14 天津大学
	98 天津师范大学
广东省	12 中山大学
	27 华南理工大学
	64 华南师范大学
	69 暨南大学
	76 深圳大学

注：武书连于2017年发布，取各省（市）前5名

10.7 六省（市）创新效率比较

10.7.1 专利创新效率比较

以每十亿元研发费用产生专利数和每万名研发人员产生专利数为指标，衡量北京市、天津市、上海市、江苏省、浙江省、广东省六省（市）的专利创新效率（图10-45）。

研发费用产生专利数：北京市排名第一，每十亿元研发费用产生专利数为206.5个，其次为浙江省，每十亿元研发费用产生专利数为174.9个，广东省、上海市和江苏省分别位于第3、第4、第5位，但相差不大，每十亿元研发费用产生专利数分别为156.4个、154.8个、146.7个，天津市每十亿元研发费用产生专利数最低，为78.7个。

研发人员产生专利数：北京市排名第一，每万名研发人员产生专利数为1082.3个，

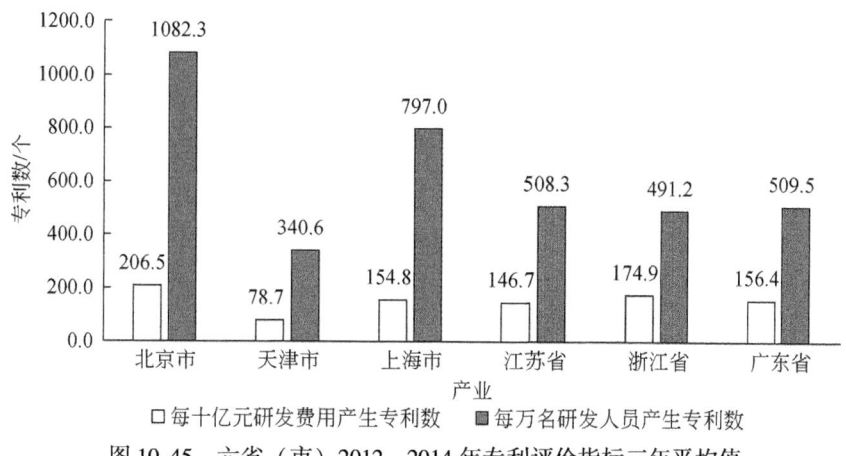

图 10-45　六省（市）2012~2014 年专利评价指标三年平均值

其次为上海市，每万名研发人员产生专利数为 797.0 个，广东省、江苏省和浙江省分别位于第 3、第 4、第 5 位，但相差不大，每万名研发人员产生专利数分别为 509.5 个、508.3 个、491.2 个，天津市每万名研发人员产生专利数最低，为 340.6 个。

10.7.2　新产品创新效率比较

以每万元研发费用产生新产品产值和每万名研发人员产生新产品产值为指标，衡量北京市、天津市、上海市、江苏省、浙江省、广东省六省（市）的新产品创新效率（图 10-46）。

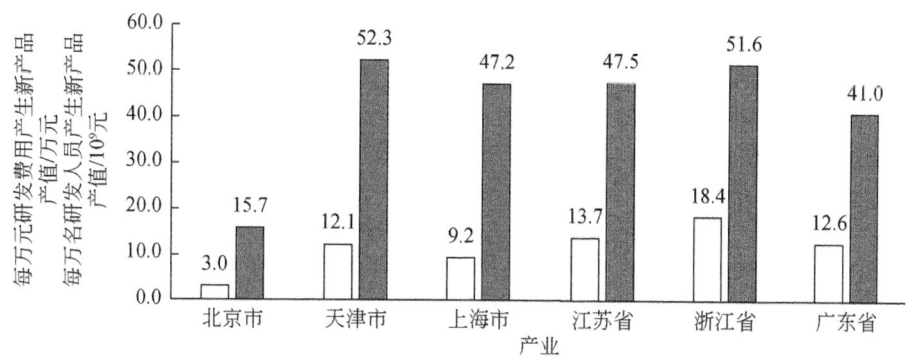

图 10-46　2012~2014 年新产品评价指标三年平均值

研发费用产生新产品产值：浙江省位于第 1 位，每万元研发费用产生新产品产值为 18.4 万元，其次为江苏省，每万元研发费用产生新产品产值为 13.7 万元，广东省和天津市分别位于第 3 位和第 4 位，每万元研发费用产生新产品产值分别为 12.6 万元和 12.1 万元。上海市位于第 5 位，每万元研发费用产生新产品产值为 9.2 万元，北京市每万元研发费用产生新产品产值最低，仅为 3.0 万元。

研发人员产生新产品产值：天津市和浙江省位于前两位，每万名研发人员产生新产品产值分别为 523 亿元和 516 亿元，江苏省和上海市位于第 3 位和第 4 位，每万名研发人员产生新产品产值分别为 475 亿元和 472 亿元，广东省位于第 5 位，每万名研发人员产生新产品产值为 410 亿元，北京市每万名研发人员产生新产品产值最低，仅为 157 亿元。

10.7.3 论文创新效率比较

以每十亿元研发费用产生国际论文数和每万名研发人员产生国际论文数为指标，衡量北京市、天津市、上海市、江苏省、浙江省、广东省六省（市）的论文创新效率（图10-47）。

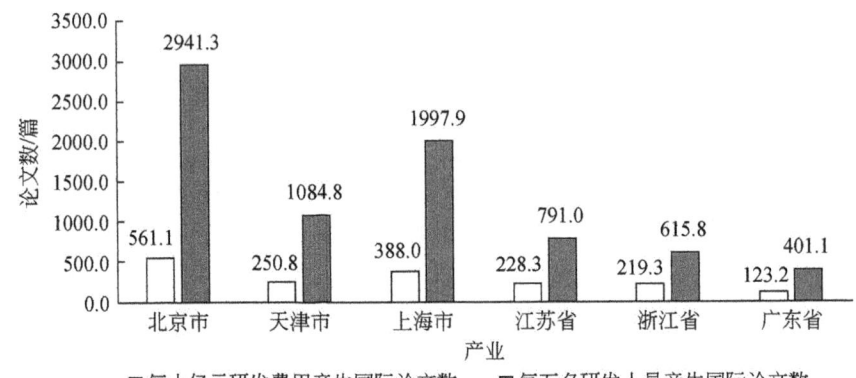

图 10-47 2012~2014 年论文评价指标三年平均值

研发费用产生国际论文数：北京市排第 1 位，每十亿元研发费用产生国际论文数为 561.1 篇，上海市排第 2 位，每十亿元研发费用产生国际论文数为 388.0 篇，天津市、江苏省和浙江省分别位居第 3、第 4、第 5 位，每十亿元研发费用产生国际论文数分别为 250.8 篇、228.3 篇、219.3 篇，广东省最低，每十亿元研发费用产生国际论文数为 123.2 篇。

研发人员产生国际论文数：北京市排第 1 位，每万名研发人员产生国际论文数为 2941.3 篇，上海市排第 2 位，每万名研发人员产生国际论文数为 1997.9 篇，天津市排第 3 位，每万名研发人员产生国际论文数为 1084.8 篇。江苏省、浙江省和广东省分别位居第 4、第 5、第 6 位，每万名研发人员产生论文数分别为 228.3 篇、219.3 篇、123.2 篇。

10.7.4 科学向创新产出转化

图 10-48 显示了科学向创新产出转化的流程。

图 10-49 和图 10-50 分别取 2013~2015 年六省（市）专利数/论文数和新产品产值/专利数的平均值，从侧面反映各地区科学向创新产出的情况，其中，广东省的专利数/论文数平均值最高；天津市新产品产值/专利数平均值最高。这反映出，广东省从科学论文向

第10章 六省（市）创新驱动发展若干指数分析比较

图 10-48　科学向创新产出转化的流程

技术发明转化的能力全国最强。天津市则是从专利向新产品的转化效率高。

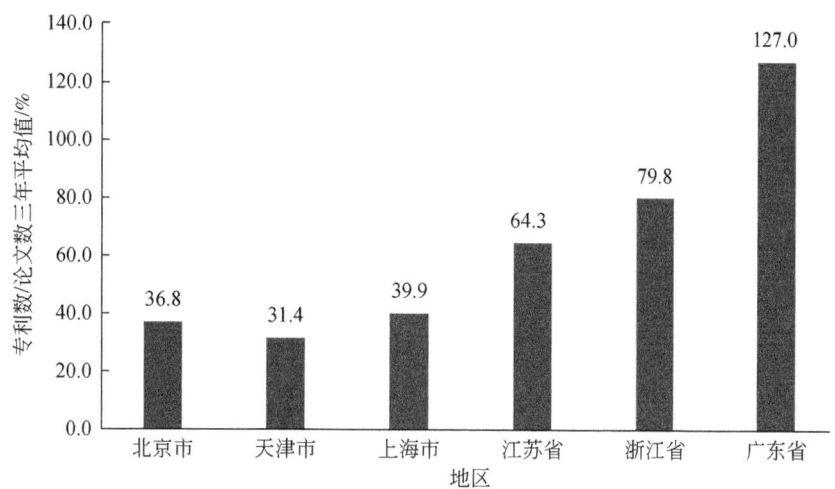

图 10-49　2012～2014 年专利数/论文数三年平均值

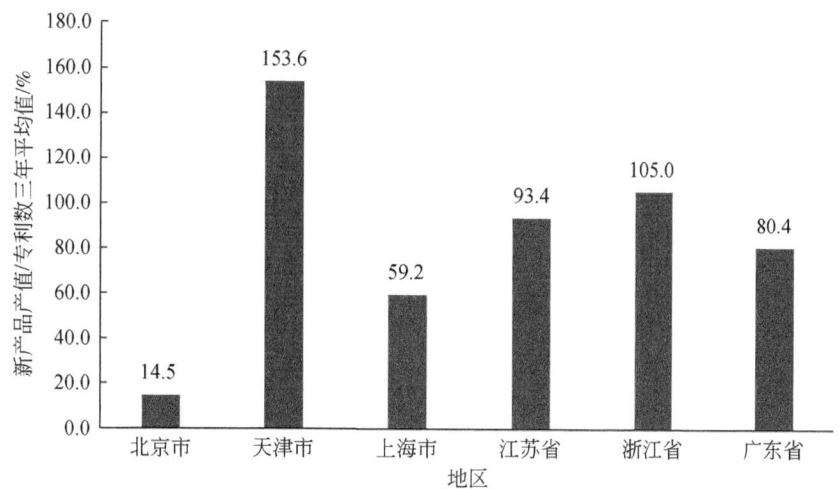

图 10-50　2012～2014 年新产品产值/专利数三年平均值

10.7.5 技术授权水平指标

比较六省（市）的发明专利授权率情况如图 10-51 所示，广东省最高，其次为上海市、北京市和浙江省，江苏省和天津市的专利授权率偏低。从这一指标可以看出，广东省发明创新的效率最高。

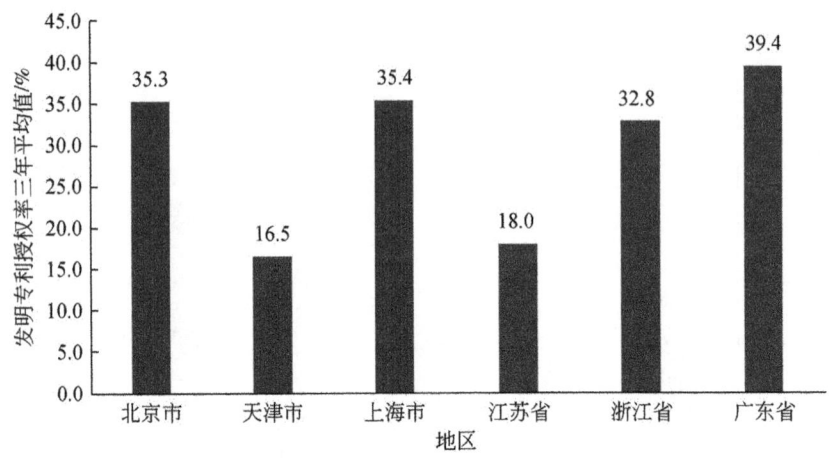

图 10-51　2012～2014 年发明专利授权率三年平均值

参考文献

艾亚. 2014. 建设经济强国需实施品牌战略. 国际融资,(5):15-16.
白少君,白冬瑞,耿紫珍. 2015. 中国企业创新驱动典型案例分析. 科技进步与对策,32(22):88-92.
蔡若愚. 2015-01-06. 浙江缺什么:大企业和大政府. 中国经济导报,第B01版.
蔡伟. 2014. 上海国企创新与转型发展研究. 上海市经济管理干部学院学报,12(6):1-9.
常奕舸,杭爱明. 2015. 上海民营企业创新能力的分析与建议. 上海企业,(9):68-70.
陈德军. 2016. 国家鼎革之际的地方记忆——1948年上海"国际化"计划考实. 史林,(3):153-168.
高丽娜,蒋伏心. 2017. 江苏新比较优势与产业升级研究. 江苏商论,(5):61-66.
顾彦. 2016. 江苏:创新能力全国居首的秘密. 中国战略新兴产业,(5):56-59.
黄鲁成. 2000. 关于区域创新系统研究内容的探讨. 科研管理,21(2):43-48.
姜绍华. 2015. 江苏创新驱动的"发力点"解读. 山东经济战略研究,(3):48-50.
江苏城市论坛. 2016. 江苏五大城市进军"新材料之王",石墨烯产业哪家强?https://wx.abbao.cn/a/
    14689-c252f43901090196.html[2016-09-29].
江耘,施佳秀,费必胜. 2016. 科技创新改变浙江经济"基因". 中国高新技术产业导报,第011版.
蒋宇铮. 2010. 上海科技创新的发展模式研究. 上海交通大学硕士学位论文.
雷新军. 2015. 上海拥有创新的"基因". 检察风云,(5):32-33.
李逢春,于诚. 2017. 江苏利用全球创新资源的实践研究. 上海商学院学报,18(1):16-27.
李平. 2012. 江苏创新型城市的评价和政策设计研究. 科技管理研究,(10):56-61.
李强. 2016. 特色小镇是浙江创新发展的战略选择. 中国经贸导刊,(4):10-13.
卢长利,常二鹏. 2014. "中国制造"向"中国创造演进:创新能力研究综述及对上海的启示". 生产力
    研究,(08):128-130.
潘冬青. 2013. 动态比较优势与浙江产业升级. 成都:西南财经大学博士学位论文.
秦佳文,陈冲聪,王爽. 2017. 上海创新生态系统思考. 合作经济与科技,(1):7-11.
苏靖. 2016-08-11. 创业创新的浙江基因. 浙江日报,第001版.
童昕,王缉慈. 2005. 北京与上海创新性产业比较研究. 城市规划,(4):35-40.
屠启宇. 2015. "十三五"期间提升上海城市创新能力的战略举措. 科学发展,(1):58-58.
王宝龙. 2017. 张江核心园生物医药总产值占上海半壁江山. http://www.cnepaper.com/zjb/html/2017-
    03/15/content_3_1.htm[2017-03-15].
王瑞荣. 2016. 创新驱动下浙江纺织服装业出口竞争新优势培育研究. 丝绸,53(3):69-75.
王小鲁,樊纲,刘鹏. 2009. 中国经济增长方式转换和增长可持续性. 经济研究,(01):4-16.
王祖强,张默. 2015. 浙江小微企业再创新优势的思路与对策研究. 浙江经济,(3):21-22.
魏达志. 2016. 上海创新发展遭遇四大瓶颈. http://sz.house.qq.com/a/20160831/035957.htm[2016-08-31].
吴婧. 2011. 江苏中小企业家创新能力研究. 特区经济,(2):64-65.
徐泽春. 2016. 上海中小企业创新能力短板何在——民建市委首次发布"上海中小企业创新能力调查报
    告". 联合时报,9-30:002.
颜鹏飞,汤正仁. 2009. 新熊彼特理论述评. 当代财经,(07):116-122.
杨小佛. 1993. 从开放口岸到国际性城市:上海和香港——深圳可以借鉴的历史经验. 特区实践与理论,
    (3):33-34.
杨忠泰. 2008. 基于国家创新体系区域化的区域创新体系建设. 科学学与科学技术管理,29(9):48-53.
郁可. 2016. "互联网+"环境下江苏创新生态系统培育研究. 现代经济信息,(22):44-45.

余日昌，王维. 2011. 围绕创新驱动战略发展江苏创新文化. 学海，(11)：210-214.

朱蓓倩. 2016. 上海外籍人口城市融入研究. 上海：华东师范大学博士学位论文.

朱革胜. 2013. 义乌改革与浙江国际贸易新优势的培育——基于商业模式创新的视角. 浙江经济，(5)：32-35.

朱国贤，王政. 2015. "浙江之变"积蓄突围力量. 今日浙江，(14)：34-35.

朱瑞博. 2011. 上海"高技术不高"的现状及其根源分析. 科学发展，(3)：63-71.

朱珊珊. 2015. "互联网+"促上海钢联业态创新. 上海企业，(7)：26-29.

朱志远. 2015. 以科技创新提升上海产业创新能力. 科学发展，(8)：11-16.

左沈怡. 2015. 上海有根深蒂固的创新基因——访复旦微电子集团总经理助理刘以非. 上海国资，(3)：69-70.

Aghion P, Howitt P. 1992. A model of growth through creative destruction. Econometrica, 60 (2)：323-351.

Aghion P, Howitt P. 2006. Joseph Schumpeter lecture appropriate growth policy：A unifying framework. Journal of the European Economic Association, 4 (2-3)：269-314.

Alvarez R, López R A. 2005. Exporting and performance：Evidence from chilean plants. Canadian Journal of Economics/revue Canadienne Déconomique, 38 (4)：1384-4000.

Armanios D E, Eesley C E, Li J, et al. 2016. How entrepreneurs leverage institutional intermediaries in emerging economies to acquire public resources. Strategic Management Journal, 38 (7)：1373-1390.

Aw B Y, Chung S, Roberts M J. 2000. Productivity and turnover in the export market：Micro-level evidence from the Republic of Korea and Taiwan (China). The World Bank Economic Review, 14 (1)：65-90.

Chen Y C. 2006. Changing the Shanghai innovation systems the role of multinational corporations R&D centres. Science, Technology and Society：An International Journal, 11 (1)：67-107.

De Loecker J. 2007. Do exports generate higher productivity? Evidence from Slovenia. Journal of International Economics, 73 (1)：69-98.

Etzkowitz H, Leydesdorff L. 2000. The dynamics of innovation：From National Systems and "Mode 2" to a Triple Helix of university-industry-government relations. RESEARCH POLICY, 29 (2)：109-123.

Freeman C. 1989. Technology policy and economic performance. London：Pinter Publishers Great Britain.

Hanusch H, Pyka A. 2007. Principles of neo-Schumpeterian economics. cambridge Journal of economics, 31 (2)：275-289.

Johnson B H, Lundvall B A. 1994. The Learning Economy. Journal of Industry Studies, 1 (2)：23-42.

Lee K, Malerba F. 2017. Catch-up cycles and changes in industrial leadership：Windows of opportunity and responses of firms and countries in the evolution of sectoral systems. Research Policy, 46 (2)：338-351.

Levitt B, March J G. 1988. Organizational learning. Annual review of sociology, 14 (1)：319-338.

Liu X, Schwaag Serger S, Tagscherer U, et al. 2017. Beyond catch-up——can a new innovation policy help China overcome the middle income trap? Science and Public Policy, 1-14.

Lucas R E. 1988. On the mechanics of economic development. Journal of Monetary Economics, 22 (1)：3-42.

March J G. 1991. Exploration and exploitation in organizational learning. Organization science, 2 (1)：71-87.

Nelson R R. 1993. National innovation systems：A comparative analysis. Oxford：Oxford University Press.

Nelson R R, Winter S G. 1982. An evolutionary theory of economic change. Cambridge：Harvard University Press.

Romer P M. 1986. Increasing returns and long-run growth. Journal of political economy, 94 (5)：1002-1037.

Romer P M. 1987. Growth based on increasing returns due to specialization. The American Economic Review, 77 (2)：56-62.

Solow R M. 1956. A contribution to the theory of economic growth. The quarterly journal of economics, 70 (1): 65-94.

Soskice D W, Hall P A. 2001. Varieties of capitalism: The institutional foundations of comparative advantage. Oxford: Oxford University Press.

Stiglitz J E. 2000. Economics of the public sector. New York: Norton.

Winter S G. 2006. Toward a neo-Schumpeterian theory of the firm. Industrial and Corporate Change, 15 (1): 125-141.

WIPO. 2015. World Intercultural Property Report.

Witt U. 2002. How evolutionary is Schumpeter's theory of economic development? Industry and innovation, 9 (1-2): 7-22.